美国国父列传：约翰·杰伊
The Founding Fathers of America: John Jay

[美] 威廉·怀特洛克 (William Whitelock) 著 潘洋 译

图书在版编目（CIP）数据

约翰·杰伊 /（美）怀特洛克（Whitelock, W.）著；潘洋译 .—北京：北京大学出版社，2014.1

（未名传记图书馆·美国国父列传）

ISBN 978-7-301-23487-7

I. ①约… II. ①怀… ②潘… III. ①杰伊，J.（1745—1829）– 传记 IV. ① K837.127=41

中国版本图书馆 CIP 数据核字（2013）第 305058 号

DOFF MRSF AND COMPANY
Copyright 1887 by William Whitelock

书　　　名：	约翰·杰伊
著作责任者：	[美] 威廉·怀特洛克（William Whitelock）著　潘洋 译
出版统筹：	高秀芹
责任编辑：	苑海波　张善鹏
标准书号：	ISBN 978-7-301-23487-7/K·0993
出版发行：	北京大学出版社
地　　　址：	北京市海淀区成府路 205 号　100871
网　　　址：	http://www.pup.cn　新浪官方微博:@北京大学出版社
电子信箱：	zpup@pup.cn
电　　　话：	邮购部 62752015　发行部 62750672　编辑部 62750883　出版部 62754962
印 刷 者：	三河市腾飞印务有限公司
经 销 者：	新华书店
	880 毫米×1230 毫米　A5　8.875 印张　176 千字
	2014 年 1 月第 1 版　2014 年 1 月第 1 次印刷
定　　　价：	29.00 元

未经许可，不得以任何方式复制或抄袭本书之部分或全部内容。

版权所有，侵权必究
举报电话：010-62752024　电子信箱：fd@pup.pku.edu.cn

目　录

001　第一章　序　言
005　第二章　青年及成年时期
015　第三章　殖民地税收
028　第四章　倾茶事件
038　第五章　准备召开大陆会议
045　第六章　1774 年大陆会议
055　第七章　1775 年大陆会议
067　第八章　美利坚合众国的独立
081　第九章　纽约会议
096　第十章　大陆会议主席
108　第十一章　出使西班牙
123　第十二章　1783 年的和平条约
142　第十三章　法国的密谋
157　第十四章　外交部长
175　第十五章　全国性政党

- *183* 第十六章　首席大法官
- *194* 第十七章　竞选州长
- *200* 第十八章　与英格兰的关系
- *213* 第十九章　与英格兰缔结和约
- *224* 第二十章　和平条约在美国
- *237* 第二十一章　纽约州州长
- *248* 第二十二章　杰斐逊当选美国总统
- *264* 第二十三章　在班夫德的退休时光
- *274* 第二十四章　结　论

第一章

序　言

　　如何衡量个人为国家服务的价值？如果以其担任公职的不同及其重要性来评判的话，那么美国历史上任何一位政治家都无法与约翰·杰伊媲美。

　　在美国早期历史上闪烁耀眼光芒的卓越人物之中，实在很难找到犹如约翰·杰伊这样的人物。他的聪明才智和道德天赋达到了完全的和谐统一，并将这两项所长应用于人生的最高目标，他一生要求自己尊敬并赞赏内心的坚持，做到不为激情所左右，以其清晰和睿智的判断妥善处理每一件事务。

　　虽然并非生就一副英雄气概的模样，也并未在史书上留下浓墨重彩，但是作为美利坚合众国的特派大使、外交部长、联邦最高法院的首席大法官和州长，作为推进美国独立、促成美国宪法通过的伟大的政治家，约翰·杰伊为国家做出了巨大的贡献，他的作为也对美国历史产生了持久而深远的影响，无愧于他所承担的职责和任务。在一生承担的职责中,杰伊始终运用他的长处为国效力,表露出的美德为其个人形象增光添彩,但是却遗憾地与公职晋升所需颇不协调。

约翰·杰伊个性纯良,能力超群,具有不屈不挠的决心和意志、坚守原则的信念,不仅赢得了华盛顿终生的友谊,还赢得了许多对他影响颇深的卓越人物的信任。因此当我们衡量他对国家的贡献时,势必将他列入那些指明美国国家政治发展方向,对美国国家政治前景施加了持久影响的大人物的名单之中。

使联邦党领导人名誉蒙尘的偏见,已经随着岁月的流逝而逐渐消散。如今我们已经能够公正地评判联邦党人的所作所为、功过是非,他们长久以来一直被误解为拒绝倾听公众声音,并因此饱受质疑。在这一点上,约翰·杰伊尤其不幸。但是他从未就诽谤污蔑其名声之事进行申诉,尽管当时这种中伤已经严重诋毁了他的名誉。甚至在约翰·杰伊退休隐居乡间的日子里,以及几年后联邦党人对全国政府的控制被颠覆时,出于党派利益而散布的诽谤和中伤仍然驱之不散,大家心照不宣地认定,针对约翰·杰伊的传闻或多或少具有事实依据。因此,在这样一位"名望远远低于其奉献的价值"的大人物头上,始终笼罩着一层阴云。

在过去的半个世纪中,联邦党人彼时大量的往来书信陆续公开发表,人们从中得以一窥各位联邦党人的个性特点。这些书信清晰地表明了每一位联邦党人都是最热切的爱国者,他们的所作所为绝无私利驱使,通过他们可以贡献出的最具理性和才智的方法,全力促进美国人民的福祉和幸福。约翰·杰伊的儿子所著的

《约翰·杰伊的一生及书信》便是其中最早的作品之一。如今,这部著作已经绝版,我们这一代人之中只有少数人知道这部著作的存在。作为一个伟大的国家政党的领袖之一,约翰·杰伊的名字在美国政治史上的地位必定难以忽视。以全新的角度再次解读约翰·杰伊的政治生涯,对于今天的读者来说大有裨益。这部传记向年轻的读者阐明了警世箴言——"腐败永远无法战胜诚实",而且表达了政府公职并非与一己私利相关,一个人也不应该为了追求更高的报酬去承担公共事务,谋求政治发展。

约翰·杰伊的一生可以分为三个阶段,这三个阶段恰巧惊人地与他的单身时期、婚姻时期以及鳏夫时期相对应。第一个阶段,直至约翰·杰伊参与公共事务为止;第二个阶段,从其参与公共事务直至杰斐逊总统宣誓就职为止;最后一个阶段,包括了他为期二十八年的退休时光。这部传记主要描述约翰·杰伊人生中的第二个阶段。约翰·杰伊从美国革命伊始就参与管理公众事务,其后更为国家效力长达二十五年。在为国效力的漫长政治生涯中,约翰·杰伊得到了公众的广泛信赖,为国家的发展提出各种有利建议,成为塑造美利坚合众国命运的伟人之一,并且无论在任何情况下,都表现出一名坚定的基督教政治家的优秀品质,永远忠于诚实正直的做人根本原则。

对于我呈上的这部约翰·杰伊传记,有些读者或许认为其中的史实资料过于繁杂,失去了传记的特性,仿佛成了一部历史书籍。但是为了深刻了解当时造成各个殖民地独立以及约翰·杰伊随即参与管理国家事务的前因后果,回溯美国革命之前的历史,追踪事件发展的轨迹，引用史料便成为十分必要之举。从美国革命初期参与管理国家事务直至退休，约翰·杰伊的生命与美国的早期历史完全融于一体，无法分割开来：我们的叙述在这一方面会细致入微，不会遗漏半毫，但是却可能因而削弱这部作品的宏大氛围。

　　只能从客观的角度写就约翰·杰伊的回忆录。如若有人试图向世人展现如约翰·杰伊以及乔治·华盛顿这样的伟人的内心情感世界，他的尝试只能流于失败。因此，由马歇尔和欧文所著的卓越的乔治·华盛顿的传记，大体上只是那一时期公共事件的再叙述。

　　作为一名卓越的联邦党人，约翰·杰伊成为杰斐逊领导的共和党人不遗余力攻击的对象。重新回顾约翰·杰伊的一生，是驳斥这些指控的最好方式。由于人们认为许多针对约翰·杰伊的指控都来自共和党领袖，因此我们相信，详细叙述杰斐逊在这一时期的思想动机和所作所为将能够最大限度地还原历史真相。在撰写这部传记的过程中，我们正是这样做的，我们希望这部传记的立场能够达到毫无偏见，并适宜地考虑到公正和史实。

　　前人曾经对激情澎湃的美国早期历史做出许多调查和研究，需要说明的是，在准备您即将读到的这部传记的草稿时，我们采纳了许多与我们的判断不谋而合的观点。

第二章

青年及成年时期

约翰·杰伊,是彼得·杰伊和玛丽·范·科特兰的第八个孩子,1745年12月12日出生于纽约城。杰伊家族中的一支由于不堪忍受宗教不宽容的影响,从波西米亚迁徙到了荷兰。随着南特敕令的废止,接踵而至的对新教徒的镇压导致杰伊家族的另一支也逃离了故乡。约翰·杰伊继承了胡格诺教徒坚定的道德准则,终其一生,这位坚韧的荷兰人后裔都无限热爱自由。我们回溯杰伊家族的先祖,可以发现他们无一例外,都聪慧敏思,有上进心,勤俭节约,同时又秉持狂热的虔诚,拥有无限的耐心和毅力。杰伊家族的先祖留下了丰厚的精神遗产,无疑成为后辈效仿的楷模。

令人尊敬的先祖用那锋利的马刺,
以同宗的美德激起后辈慷慨的心智!

约翰的父亲精力充沛,才智非凡。他不仅拥有敏锐的判断力,更具有纯洁崇高的道德品行。毫无疑问,父亲那令人崇敬的品性在约翰幼小顺从的心中留下了持久而深刻的印象。彼得·杰伊早年从事商业贸易,人到中年事业才渐有起色。彼得继而隐退,举家迁至纽约附近的韦斯切斯特县的拉伊,那时的约翰还只是一个婴儿。由于患上天花后没有得到适当的照顾,彼得有两个孩子丧失了视力,成为盲人。也许正是由于这次不幸,彼得才决定举家搬到平静的乡村生活。约翰的母亲与当时其他的美国妇女一样,全心全意地照顾家庭;然而她与其他美国妇女的不同之处在于,她的思想进步开化,能够承担起监管众多子女早期教育的责任。杰伊家的长子詹姆斯毕业后成为了一名医生,为了在职业上更上一层楼,他前往欧洲发展事业。在那里,他受雇于国王学院,由于表现出众最终还获得了由英国女王授予的爵士名衔嘉奖。在美洲殖民地与母国英国交恶,并最终爆发战争之前,詹姆斯·杰伊爵士回到了故乡,并同家人一起为北美殖民地政府效力。此时,约翰负责照料家中由于失明而丧失了劳动能力的两位兄弟。由于战争的严酷,约翰也自身难保,因此他能来承担起照顾家人的责任,不得不说需要很大程度的自我牺牲和奉献。约翰的付出得到了回报,尽管不得不承受无尽的痛苦,哥哥彼得还是通过不懈的努力,终于完成了普通教育,并证明自己成长为一名有影响力且有用的公民。约翰生性温柔害羞,深得母亲宠爱,母亲向他传授了一些英文的基本文法以及拉丁文的语法。约翰的学习进步很快,双亲显然十分满意。在约翰不到八岁的时候,父亲在写给一位亲戚的信中夸奖他:"约翰学习得非常出色。"在稍后的一封信中更是提及:"我的小约翰让我看到了未来充满无限希望，他的能力出众，非常喜爱读书。"约翰始终热爱、尊敬和关心着父母，证明了多年来双亲投注在他身上的关爱没有白费。

约翰先在一所普通的初级中学里度过了一段时光，后来师从一位私人家庭教师学习。在十四岁那年，他成为纽约国王学院的一名新生，在学识渊博而文雅的塞缪尔·约翰逊博士的指导下进行学习。当时的国王学院仍然处于发展的初期阶段，因此学院课程的设置并不完善。即便如此，这些课程也为每个修习的学生在各个学科领域都打下了坚实的基础。学生人数并不多，其中有比约翰·杰伊低一个年级的罗伯特·R. 利文斯顿，以及即将入学的古弗尼尔·莫里斯。

杰伊、利文斯顿和莫里斯三人很快就建立了真挚的友谊。我们可以想象这样的场景：三个年轻人在如今已经是纽约市政厅所在地的小森林里散步，讨论着刚刚颁布的和平条约的条款，热议着年轻的弗吉尼亚上校在布雷多克战役中的英勇表现，或者是憧憬着英国及其属国在"沐浴着大不列颠荣光下"年轻英国国王治下的幸福前景。正如此时纽约城的远大未来还未显现迹象，这几位年轻人伟大的人生旅程也还没有迈出第一步。爱默生曾经说过："如果我们童年时代的玩伴，后来成为了伟人和英雄，这完全不会出乎我们的意料。"正如诗中所说，这些男孩，此时还生活在白日梦中；但是即便是最生动的想象也无法预知，这几位年轻的朋友很快将团结起来，一起协助他们的祖国摆脱宗主国的控制，而且在未来的人生中，他们都将代表祖国，在海外身居要职——其中一位将参与宣告美国独立的条约的签订,并因此而名声大噪;另外一位将参与将一片面积广阔的领土并入美国版图的伟大事件。

之前在乡村初级中学的所学并没能为约翰·杰伊打下坚实的基础,现在他下定决心,不屈不挠地寻求弥补这一缺憾的方法。此时的约翰距离成长为一名真正的男人还有一段路要走;而所有有待完成的教育都是为了促使已经深种的种子萌芽、生发,提供良好的环境,使他能够充分发展个性。当我们回溯卓越人物的年青时代,将他们朝气蓬勃的青春年代与他已然筑就大业的成熟时期加以对比,总是一件十分有趣的事。关于约翰·杰伊童年时代的相关记录很少,但是关于他大学生活的记录却很详细。大学时代的约翰·杰伊虽然贫弱,但是他身上纯洁的道德光辉和高度的个人原则使他在师生中广受赞誉,并赢得了约翰逊博士的友情,此人其后在约翰·杰伊的政治生涯中起到了关键的作用。就在约翰·杰伊即将毕业的几周前,突然发生的一件意外变故充分展现了他的正直和坚持。他的同学们被校方盘问是否犯下了某种错误。约翰·杰伊被问及是否知道谁是违规者,他回答道:"我知道。"——"是谁?"——"我不想告诉你。"尽管约翰·杰伊一再重申尊敬学校的教师,毫无冒犯之意,但是正由于这一句拒绝的回答,他还是受到了留级一年的惩罚。后来还有一件小事,虽然微不足道,但是足以证明这位未来的律师与家庭之间存在着亲密无间的感情。当约翰·杰伊离开家,开始从事书记员工作的时候,他征求父亲的同意饲养一匹马,这样就可以每两星期与双亲共度一天。父亲欣然同意了他的要求。

当时的纽约城人口还不足两万人。纽约的居民保持了许多第一代北美移民的特性，他们的社会生活仍然十分排外；然而约翰·杰伊，作为玛丽·范·科特兰的儿子，他的造访一向受到最初到达纽约的荷兰移民的后代的欢迎。利文斯顿法官一家家境富裕且有教养，他们夏季居住在克莱蒙特，冬季则居住在纽约城里。无论在哪里，利文斯顿法官都以慷慨好客而著称。约翰·杰伊与利文斯顿法官的长子——未来的首席大法官——亲密无间，因此他毫无疑问成为利文斯顿法官的家中常客。这种亲密的交流很大程度上塑造了杰伊的性格和做事的方式。利文斯顿法官为人和蔼慈祥，坚决反抗英国进犯北美殖民地，很快就成为反印花税法案代表会议的成员之一。利文斯顿法官热衷于公共事务，在闲暇之余，常会讨论国会议事进程，他向年轻的客人指出殖民地向英国交出既定权利的举动包含着令人担忧的危险。这一时期，年轻的杰伊肯定与利文斯顿家族中另一名英俊而乖巧的孩子一起玩耍过——那名称得上是"家族中的本杰明·富兰克林"的孩子，未来注定会成长为伟大的慈善家和政治家、约翰·杰伊卓越的对手——爱德华·利文斯顿。

约翰逊博士退休后回到了英国，迈尔斯·库柏接替他担任纽约国王学院的院长。由于在神学和文学领域造诣非凡，迈尔斯·库柏声名远播，他还持有英国保守党的信条，极力维护英国皇室的特权。在迈尔斯·库柏就任院长的几个月后，杰伊顺利毕业。政治立场上的分歧从未影响两人之间的友谊，杰伊在其后的生命中，每当提起库柏博士，都充满了崇敬之情。杰伊毕业之后，汉密尔顿才入学,并以十七岁的小小年纪,通过舆论挑战自己的老师并获得了殊荣;后来还发生了因为惹怒了暴徒而不得不寻求保护的轶事。

以优异的成绩从国王学院毕业后,杰伊选择了从事法律职业为生,很快便在著名的律师本杰明·基萨姆的指导下进一步学习如何做一名好律师。那时在法律界寻求发展是一条崎岖之路,对大多数人来说并无吸引力,而且要有极度的坚韧和耐力才能最终取得成功。当时,布莱克斯通已经在伦敦发表了那篇重要的讲演;但是远在北美研习法律的学生们仍然不得不从父辈的古老文字中奋力解读出法学的原则和相关知识。经过四年紧锣密鼓的艰难学习,杰伊终于得到正式加入律师协会的资格。和蔼可亲的文法学家林德利·默里以其在文法以及教育领域的作品而闻名遐迩,当时与杰伊在同一间办公室里工作。在默里的自传中,他是这样评价这位同事的:"在那时,约翰·杰伊表现出来的天赋和美德已经显示出此人未来必定能够缔造伟业。他那强有力的推理能力让人印象深刻,考虑事情总是能够面面俱到,滴水不漏,而且做事勤勉、不知疲倦,他那坚定的意志力更是不同寻常。除此之外,杰伊的文法更是相当精彩,积累的各门知识储备可谓学富五车。"约翰·杰伊总是能够成功地赢得对他施以影响的人物的好感和尊重,在这方面没有人做得比他更好。虽然杰伊在神学观点和政治原则上都与上述在自传中谈及他的这位坦率的朋友迥异,但是默里与杰伊终生都保持着温暖的友情,并未因此而减少半分。在杰伊独立从事律师行业之前,他与基萨姆之间的关系便已经紧密无间,两人推心置腹,这种交情一直持续到基萨姆辞世。杰伊曾经说过:"基萨姆是我认识的人中最好的一位,也是我曾经拥有的最好的朋友之一。"令人感到欣慰的是,即便是在激烈的政治冲突期间,他们仍然并肩战斗,最大限度地支持联邦宪法,维护国家的荣誉。

在回到故乡正式从业的初期,杰伊曾经与好友利文斯顿合伙开设了律师事务所。但是,合作关系并未持续太久便宣告解散,或许两人都认为如果各自分开从业,可以更好地服务于雇主。对此,杰伊并不感到沮丧。他与其他律师不同,绝不可能任凭自己年复一年地适应着慵懒的法庭步伐。杰伊的工作能力超群,他的诚实、正直和勤勉终于被公众认可,很早便赢得了许多雇主的青睐,生意颇为兴旺。但是他太过专注于工作,很快便伤及身体,通过积极持续的锻炼才恢复了健康。当纽约殖民地与新泽西殖民地就边界问题产生争议的时候,英国政府委派调查团前来调停解决此事,杰伊在委员会中担任秘书。这一职责占用了他大量的时间,耗费了许多精力,但是正是由于杰伊的卓越表现,调查很快便得出了结论,呈于相关官员案前,很快终止了这场争端。这件事情更加增加了他的名望。

在杰伊正式进入法律行业不久,出于"交流社会话题以及促进彼此进步"的目的,业界的核心成员创立了每周聚会的俱乐部。这个俱乐部的成员中包括历史学家史密斯、约翰·杰伊、本森、利文斯顿家的两兄弟、莫里斯以及杜安。大家协议,在俱乐部中禁止讨论"本省的党派政治",然而由于成员中颇有几位具有高涨的爱国热忱,在聚会中总免不了谈及当局现今的政策。俱乐部成员中有幽默而和蔼的威廉·利文斯顿以及基萨姆,至少保证了俱乐部设立的其中一项初衷得以实施。众所周知,俱乐部里的讨论实际上对最高法院的判决颇有影响,特别是在做出涉及司法方法的判决方面更是如此。

约翰·杰伊是俱乐部的成员之一,因此得以被引荐到威廉·利文斯顿的家中。正是在这里,他遇到了这位绅士年方十六岁的女儿莎拉·范·巴罗·利文斯顿。随着与莎拉的不断深入接触,杰伊发现这位淑女思维敏捷,品质出众,她的聪明才智毫不逊色于美艳动人的外表,年轻的律师不禁为她深深倾倒。然而,直到1774年的春天,莎拉的父母再次搬到新泽西的伊丽莎白镇后,两人才喜结连理。有编年史记载了婚礼当天的盛况:"约翰·杰伊与美丽的莎拉·利文斯顿在伊丽莎白镇举行了结婚仪式,缔结美满姻缘,纽约的大多数显赫人物都出席了这场婚礼。"约翰·杰伊与莎拉·利文斯顿的婚姻是爱情的结晶,不论从哪一方而言,都不是一场政治婚姻。这一点可以从两人长达三十年的和美幸福的家庭生活得到证实。杰伊父母的通信表明,莎拉很快就赢得了杰伊家族的喜爱,而且多年来始终与杰伊家族保持融洽的关系。但是自从结婚以后,公共事件便塑造并控制了莎拉的私人生活。如今的约翰·杰伊已经成为一家之主,组成了美满的家庭,因此或许是时候去追求持久而成功的职业生涯了。他已经成为纽约数一数二的顶级律师,他出众的法律造诣和卓绝的法庭掌控能力为其树立起了很高的声誉。纽约省(殖民地)副总督科尔登认为他是卓越的律师;约翰·亚当斯在写到杰伊的时候,也形容他是一名勤奋的学生、一名优秀的演说家。作为一名成功的男人,约翰·杰伊得到了民众的充分信任,人们不仅尊敬他的职业天赋,更加认可他正直的道德品质。杰伊的婚姻使他在社会上的根基更加稳固,和美的家庭使他可以更加全心全意地探寻改善社会福利的方法。杰伊的岳父从法律界退休后,杰伊自然而然地向他寻求帮助,拮取岳父大人那壮阔而成功的法律人生中难得的经验和感悟。

但是,改变却很快来临。国家向杰伊安排了比在法庭上为个人的利益唇枪舌剑更加重要的任务。虽然在北美殖民地与英国的诸多争议中,杰伊相信正义势必站在殖民地一方,但是我们没有找到任何证据显示他在这一时期便参与争论,发表过任何言论。因为论战主要发生在他作为从业律师以及结婚的时期,当时的杰伊忙于寻找客户,剩余的时间还要努力俘获利文斯顿小姐的芳心。当时英国坚持其在殖民地的税收权力,但是在如何实现这一目标的方法上,英国政府却时常摇摆不定。杰伊或许认为,只要英国放弃对北美殖民地不切实际的权力诉求,双方的争端便可以很快解决。即便在波士顿倾茶事件发生之后,杰伊或许依然认为英国政府在做出惩罚整个殖民地的决定之前必定会踌躇再三,他们完全可以将这次事件视作不过是情绪激动的老百姓的一时冲动而已。

如果杰伊真的这样期许,那么在他的蜜月期刚刚过去的冬天,希望就彻底破灭了。《波士顿封港法令》的实施使杰伊认识到,英国议会与北美殖民地之间的矛盾已经形成无法调和的危机,他觉得自己此时必须参与其中。波涛汹涌的政治生涯自此在杰伊的眼前展开,他毫不犹豫地投身于政治洪流中。踏出这样的一步,就意味着要付出大量的辛苦劳作,要具备高度的自我牺牲精神,而且必须要放弃自己的律师职业。但是这是一条责任之路,引领杰伊走向更高的荣誉。经过六年律师职业的磨炼,杰伊已经完全具备承担公众服务职责的能力。从他积极地加入为殖民地出谋划策的行列开始,杰伊便再也没有放下斗争的武器,直至北美殖民地成功地伸张自己的立场,直至美国最终取得独立。

第三章

殖民地税收

从本质上来说，英国与其北美殖民地之间的关系，与法国及西班牙与其殖民地之间的关系大为不同。一般来说，直接受辖于英国国王的皇家殖民地，由英国国王直接对其实施最高权力，且英王有权从此地直接征收税赋，但是北美殖民地并非属于这类皇家殖民地。北美殖民地以英国国王向个人或者公司颁发授权委托书或者宪章的形式来管理，授权委托书或者宪章规定的权利大小和范围各自不同，在殖民地设立的总督便是连接殖民地人民与母国的唯一纽带。大多数的授权书或者宪章都明确规定，前往北美殖民地的移民及其子女都应当被视为在本土出生的国民，享有与本土国民同样的豁免权和特权；英格兰本土现行的法律同样适用于殖民地，且北美殖民地所制定的法律必须与英国本土法律相一致。英国国王允许北美殖民地拥有自己的自治权，并承诺为殖民地提供保护；作为回报，殖民地的移民则必须效忠于英国国王。每一个殖民地都依据不同的宪章或者授权书建立，彼此之间处于完全独立的状态；但是禁止殖民地与外国直接进行商业活动；殖民地人民作为自由人，受普通法保护，除非经由自己选派的代表，否则不得向殖民地征税。

幸运的是，英国各党派的政治家或多或少都认为，建立北美殖民地是为了促进母国的商业和制造业的发展。这是所有英国制定相关殖民地立法的主旨思想。虽然北美殖民地的人民盼望英国将其视同己出，但是英国一直将北美殖民地看作次等的附属地。1660年，英国王政复辟之后，为了保证英格兰联邦能够与荷兰船只争抢国际航运生意，英国修订了著名的《不列颠航海法》。原《不列颠航海法》禁止外国船只承揽英伦三岛与北美、北非及加勒比海各殖民地之间的航运业务，规定这些业务只能由英国的船只承接，其他国家的船只不得介入，而此次新颁布的《不列颠航海法》再次扩大了限制的范围。原《不列颠航海法》允许殖民地之间进行航运贸易，但是在新的法令中，明确规定北美殖民地只能从来自英国本土的货船进口商品，严令禁止殖民地进口任何来自其他国家货船的商品。即便实行了这样严苛的航海法，英国议会还不满意，在威廉国王治下的英国议会进一步要求，所有北美殖民地的商品只能出口到英国本土；因而实际上完全遏止了殖民地的自由贸易，只有英国商人或者英国货船主认为生意有利可图，才会与殖民地进行贸易。除了以英国的出口商品来满足殖民地居民的各种日常需求之外，英国此举意在囤积居奇，完全垄断殖民地的贸易。因此这也就意味着，除非通过英国贸易商的中介，马萨诸塞湾殖民地与弗吉尼亚殖民地之间将无法进行渔业和烟草的交易。换句话说，英国的港口成为北美殖民地所有贸易产品的唯一市场出口；而英国制造的产品成为北美殖民地唯一可以使用的商品。埃德蒙·伯克不禁感叹，这完全是贪得无厌的垄断。

在当时的历史背景下，新《不列颠航海法》的出台毫不奇怪。原因之一来自英国的商业贸易和海上力量的不断增强；原因之二在于频繁的海上战争和洲际战争给英国带来了严重的经济损耗，为了维持庞大的战争开销，英国政府便采取了这样的措施。新颁布的《不列颠航海法》能够保证英国本土不受战争攻击，本土的工业不受战事侵扰。富饶多产的殖民地向母国源源不断地贡献着财富，在当时几乎耗尽了所有其他欧洲国家资源的宏大战争中，英国正是因此才得以保持繁盛，立于不败之地。

然而，违背公平和贸易原则的法律终究无法得到严格的实施，尽管英国颁布了新的《不列颠航海法》，当时大规模的非法贸易行为仍然十分活跃。无论如何，《不列颠航海法》的条款明确传达出直至美国革命期间，英国国内对于北美殖民地的普遍看法和情绪。所有殖民地立法应当秉承自由主义原则的声音都被屏蔽，英国政府明显地不鼓励殖民地进行自由贸易，所有提倡自由贸易的言论和提议都被百般阻挡和压制。"我们的属地"以及"我们的臣民"等称谓成为英国对殖民地的惯用表达语；就连一向反对英国的殖民地税收政策的辉格党议员查塔姆伯爵也在国会中宣称绝不允许殖民地生产哪怕一颗平头鞋钉，却忘记了禁止殖民地生产，实际上是将赋税转移到北美殖民地消费者身上。

总之，英国的殖民地政策具有鲜明的商业特性，政策的制定主要是为了促进英国本土经济的发展以及全国的利益，而并不关注殖民地的政治发展；北美殖民地因而在很大程度上得到了自由发展政治制度的机会，就北美殖民地人民的实际情况而言，他们的选择则非民主制度莫属。要知道，第一代移民在初登美洲土地的时候，就已经种下了民主制度的种子。封建主义的摇篮和家乡在欧洲。北美移民对于贵族政治也完全不感兴趣，因为在大多数的北美殖民地中，居民的财富还没有富裕到足以划分社会等级的程度。实际上，英国母国政府只要不干预殖民地的自治政府，放弃对北美殖民地进行税收的企图，北美殖民地就不会反抗母国提出的需求。殖民地需要英国的保护，英国也担负起了这一责任。从商业贸易以及国家发展的角度来说，资金是重要的必备条件，殖民地的商人和银行家可以为英国的经济发展提供所需的资金，可以向大西洋对岸的客户提供慷慨的财力支援。北美殖民地人民富足，英国向其征收的税赋对于他们来说算不上是负担，或者说，并没有让他们感受到剧烈的痛楚。原因在于农业是北美殖民地人民从事的主要行业，长期以来他们很少认真对待来自母国的法规限制，并且此项税收还常常不能得到严格执行。所有殖民地人民都显示出对母国的极大依赖，因为母国正是他们祖先的发源地，殖民地人民珍视的个人自由和民权思想也来源于母国英国。殖民地人民为母国的荣光和伟大而深感自豪，同根同源的同胞情谊激起了他们强烈的感情，也使他们愿意向母国靠拢。英国长达四个世纪的议会政治传统，也深深影响着北美殖民地的政治制度。英语文学和英国法律等文化传统相辅相成，《圣经》和莎士比亚的语言同是他们的母语。

虽然移民身居新大陆，但是对美洲的热爱还未深植于心；他们仍然把英格兰称作真正的"家乡"。对于先祖曾经生活过的那片土地，殖民地人民心中充满了强烈的感情，每当母国遭遇困境，他们都会不计成本、不遗余力地向母国贡献人力和财力，以帮助其分担全世界范围的战争开销。

上述便是直至英国国王乔治二世统治结束时，英国与北美殖民地之间的关系。英国保护北美殖民地的安全，作为回报，英国垄断了规模和价值都呈现逐年递增趋势的殖民地进出口贸易。但是，英国始终极力避免干涉殖民地内部事务及其政治发展。由于距离英国中央政府山高水远，无疑导致许多殖民地建立了在当地具有绝对权威的自治政府。比如马萨诸塞湾殖民地，在一百年前就宣称自己拥有完全的立法权和行政权。总而言之，在北美殖民地的英国臣民享有很大程度上的自由，作为母国的附属地，生活得兴旺、幸福而满足。然而，毫无疑问的是，随着殖民地规模的扩大以及能力的增强，殖民地与母国之间的关系最终将会经历一场不可避免的改变。舒瓦瑟尔当时已经预见到北美殖民地有一天会寻求脱离母国而独立，贤明的重农学派代表人物安·罗伯特·雅克·杜尔哥也认为北美殖民地独立的趋势无法逆转并对此表示满意；但是我们在同时期的北美殖民地的相关文献和记录中，却没有发现有人提出类似的独立言论，只有零星意见谈及美洲殖民地的独立是在遥远的未来才有可能发生的事情。记载下来的北美殖民地的独立设想呈现出这样的画面，未来的英国将会出现一位乐于统治并管理殖民地的明君，同时，具有契约精神的大臣在侧共同商讨公共政策，使殖民地打破与母国的平衡关系，进而最终切断那条联系母国和其跨越大西洋的后辈之间的纽带。

七年战争后，作为大赢家的英国得到了数量使人难以置信的战利品，因而迅速崛起。虽然英国此时拥有傲人的军事力量，但是巨额债务却吓呆了英格兰的纳税人。上任国王的荒淫无度曾经使英格兰人民感到震怒，而如今他们年轻的君主（乔治三世）品行端正、颇具内在美德，虽然他的才智有限，但是还是赢得了人民的信任和尊敬。不过遗憾的是，这种信任和尊敬很快便由于驱逐威尔克斯事件、"朱尼厄斯书信"（有人化名为朱尼厄斯在伦敦一家报纸上发表抨击英内阁的信件）以及北美的动荡而被无情地动摇。年轻的国王高贵威严，他的性格融合了尽责谨慎、怀抱成见和固执己见等复杂的个性；国王的个人意愿时刻影响着国家事务，并烙下了深深的印记。在他统治的早期，由于其强大意志力的逼迫，迫使英国宪法也不得不向他的个人意愿低头。

在结束了与法国的战争后，英国内阁最重要的任务便是考虑如何调整税收，以填补空虚的国库。纽卡斯尔和沃波尔的党羽在国会中仍然占据统治地位，自从皮特从议长的位置上退下来以后，国会的腐败现象便日益增多。托利党领袖被排斥在国家政治之外的时间已经长达半个世纪，如今辉格党的寡头统治终于被推翻，胜利者及其追随者必须得到利益补偿。于是胜利者们得到了首次发行的国债，经过再次销售，他们获得了巨额的利润；国会中的议席公开交易给政治上的支持者，于是在国会的长椅上，便坐满了领取"抚恤金"的人和禄虫（指为个人私利而上任的官吏）。当腐败逐渐侵蚀耗尽了公众德行和个人道德的时候，这一切对于国家立法机关的有害影响便明显地暴露出来。如何扩大自己的权力？如何笼络新的政治盟友？如何平息纳税人的愤怒？这些都成为摆在国王乔治三世面前的棘手问题，亟须寻找到解决方案。

乔治三世就这些问题向皮特妻子的弟弟格伦维尔寻求帮助。作为一名政治家的格伦维尔对税收问题颇有研究，与其他的政府专家一样，他认为所有的政府都包含着重要的税收职能，在这一方面他自认为了解得十分深刻。埃德蒙·伯克曾经愉悦地描述格伦维尔为"他就是那种将法令看做商业贸易，将税收看做国家收入的人"。或者如同斯威夫特评价他的前任："他认为政府统治的全部艺术都包含在进口肉豆蔻和腌制鲱鱼上。"乔治三世在一定范围内，对事物的理解相当精准，他叱责这不过是一通自命不凡的纸上谈兵。但是鉴于格伦维尔在内阁会议中提出了可行的方法，他的傲慢态度得到了宽恕和容忍。为了解决乔治三世的难题，大臣们应该向哪里寻求解决方案？难道还有比大西洋彼岸附属殖民地更好的答案吗？殖民地经济繁荣，能够承担较重的税赋，这一切显而易见。殖民地还曾经自愿向英国缴纳超过标准的税赋，以帮助母国度过战争难关；作为最高立法机构的英国议会嘉奖了北美殖民地的爱国热忱，并向殖民地返还了部分税款。格伦维尔提议，初期向殖民地征收税款的数额不会太高，但是一旦向殖民地征税的原则得到一致认可，缴税的数额毫无疑问将会提高。他认为，所有殖民地——不论是凭借宪章建立的殖民地，还是私人建立的殖民地——都应当降至与皇家下辖省份同等地位，英国政府应当直接对其征收持久而稳定的赋税,同时也要实行严厉的商业立法管理。政府随后还会陆续通过其他方式管理殖民地税赋,这些措施将一并有效地摧毁殖民地非法但是却利润可观的商业贸易。换句话说,英国必须抛弃仅仅将殖民地作为英国销售本土产品从而赚取暴利的市场的政策,需效仿西班牙的税收体系,直接向殖民地强行征税。

我们可以想象,向北美殖民地征税的提议对于乔治三世来说是多么顺耳。此时的乔治三世正想方设法填补亏空,为堵上国内纳税人唠叨抱怨的嘴巴而头痛不已。一直以来,乔治三世都希望能够摆脱辉格党对政府的控制,将英国政府置于皇家权威的掌控之下。正在此时,大西洋对岸的授权状一事及时地落到了国王的手中,使他得以完成自己的目标,向他的朝臣和腐朽的贵族提供公职犒赏。英国举国上下基本上对于向殖民地征税没有表示异议,因为如此一来税赋的重担将会在很大程度上转移到北美人民的肩上,而英国议会从来不会倾听北美人民抱怨的声音,他们的意见对于英国国内的政治竞选也向来毫无影响。

18世纪初,威廉·基思爵士曾经提出向北美殖民地征收印花税的议案,此次格伦维尔提议的《印花税法案》的初期税收征收方式与基思议案十分类似。格伦维尔向北美殖民地的代理人通告了英国政府的意图,并在正式实施该税法之前,允许他们用十二个月的时间搜集所代表的利益团体对《印花税法案》的反馈意见。在与本杰明·富兰克林博士的交谈中,格伦维尔表达了英国政府迫使殖民地上缴部分所得的坚定决心,表示向北美殖民地征收印花税意在支持大英帝国政府;但是格伦维尔同时也表示,如果北美殖民地能够找到一种比印花税更容易接受的税种的话，英国政府愿意听从殖民地人民的心愿以之取代印花税。但是，富兰克林博士并未就英国对殖民地征收赋税违反宪法提出质疑，或许是由于在宾夕法尼亚殖民地——当时富兰克林代表的唯一一个殖民地——的宪章中明确规定英国议会保留向殖民地征收税款的权利。要知道，在任何其他殖民地的宪章中都没有这种附带条款。

在英国议会下院讨论对殖民地征收印花税的议案并寻求批准的过程中，议员们纷纷表示向北美殖民地征收某些英格兰本土也在收取的印花税种类，是合情合理的行为；因此宣告来年将会正式出台向北美殖民地适当征收部分印花税的法案。新税法将有策略地逐步展开执行，随着时间的推移递增上缴税款，以减少反对意见，而且征税的条款看上去也公正合理。如此说来，北美殖民地的人民对此当然不会有任何的异议和反抗！实际上，《印花税法案》中规定的向北美殖民地征收的税赋，仅是英国本土国民承担的同种税赋的一部分，而且从殖民地上缴的税款收入也将主要用于支持殖民地的内部建设。英国议会下院普遍认为，此次制定的税收间接而适度，由于采取殖民地本地收缴的形式，因此只需委派几个税务官便可进行实际操作。

议会再度开会议事后，《印花税法案》呈交给议员们进行第二阶段的讨论，仍然没有听到反对的声音。作为一部涉及国家财政收入的法案，它也没有收到任何表示反对和异议的请愿书。于是，《印花税法案》得到了议会上下两院的一致通过，甚至连自由党人士也没有对它特别关注。尤其在上议院，全体议员都对该法案将给英国带来的利益表示赞赏。然而，北美殖民地的人民向来对危机防微杜渐，能够从不足巴掌大小的一块阴云中发觉潜在的暴雨危机。阴云越变越大，渐渐压低逼近，最终暴雨会冲垮堤坝，那是他们的祖先以生命为代价，倾其所有筑就的堤坝，而且决堤后的洪水还会持续侵蚀这片大地。幸运的是，殖民地人民都有为自由奋斗到底的美德，一定会对逼近的危险进行坚决的反击。现在看来，在英国财政大臣宣告将对殖民地收缴印花税之后，拖延了如此之久才通过《印花税法案》或许是一个巨大的错误。如果他当时能够立刻实施印花税法，北美殖民地只有零星的反对声音，还无法汇成反抗的洪流，或许在人们发觉潜在的危险之前，《印花税法案》就已经正式推行了。

不久之后，英国辉格党人才意识到，如果乔治三世在北美殖民地的政策得到成功推行，他很可能继而在英国本土实行武断的军事掌控，如此一来王权的力量得到了加强，将会危害国内的政治体制。正如伯克所说："国王无疑将把握时机，铸就一部强大有力的发动机，发动起来将会摧毁英格兰的自由。"

英国议会于 1765 年 3 月通过了《印花税法案》，税法将于当年 11 月正式生效。尽管殖民地早已知晓英国正在制定对其征税的法案，当地人民也已经高度关注《印花税法案》的具体条款，但是该税法即将实施的消息传来，还是让他们惊愕不已。殖民地很快沸腾起来，对《印花税法案》的斥责从十八世纪末开始一直持续了一百年之久。这是一场狡诈的阴谋，必须在萌芽时对其进行彻底的反击。根据约翰·汉普登的估算，虽然殖民地人民每人缴纳的印花税不过几个便士，但是此事涉及整个殖民地的自由，绝对不容妥协。《印花税法案》正式生效的那天，殖民地警钟长鸣，鼓声震天。前来收取印花税的税务官被强迫辞职，有些地区的人民则决定完全不理会什么《印花税法案》，照旧进行着贸易，绝不缴纳新税赋。还有许多地区的商人达成协议，除非英国废除《印花税法案》，否则自新年始将不再进口英国商品。人们焚烧纽约副总督科尔登的肖像，迫使他不得不逃到英国要塞寻求保护。英国议会决定在北美实施《印花税法案》的消息传来时，弗吉尼亚殖民地议会正在开会。年轻的律师帕特里克·亨利抗议道，只有殖民地议会才拥有对殖民地征税的权力，任何人违背这一原则都应被视为殖民地的敌人。马萨诸塞湾殖民地同样坚决地反对《印花税法案》，宣称只有殖民地议会才有权通过管理殖民地的相关法律，同时号召其他殖民地加入到反抗英国强加给殖民地的《印花税法案》的行列中来。

詹姆斯·奥蒂斯发表文章，阐述了殖民地人民拥有与英国本土出生的国民同样的权利，因此英国议会向北美殖民地征税的行为与此严重矛盾，侵犯了殖民地人民的固有权利。这篇文章一石激起千层浪，进一步点燃了殖民地人民的反抗热情。也就是在此时，北美殖民地联合起来的趋势初现端倪。北美殖民地的人们开始偶尔使用"美洲人"一词来代替"殖民者"；而且由于这桩麻烦事源自北不列颠人首相比特伯爵武断的建议，因此人们开始以"不列颠的"一词代替原来的"英国的"一词。

1765年10月，响应马萨诸塞湾殖民地的号召，来自九个殖民地的代表聚集在纽约商讨大计。与会代表斥责英国议会未经殖民地同意，便向殖民地人民征收不合理的税赋；而且就北美殖民地不再进口英国商品达成协议，并向英王乔治三世及英国议会上交请愿书，要求废除《印花税法案》，纠正不公。北美殖民地对于《印花税法案》的激烈反抗传回英国，在各个阶层中都引起了极大的轰动。团结起来的殖民地人民对《印花税法案》进行了消极但却坚决的抵抗，当时英国议会正处于休会期间，对应当采用何种方式来应对这种情况，政府内阁仍然一头雾水。英国还不能立刻出动军队，而且此时也没有军队可用。殖民地法庭的法官们对殖民地的反抗表示同情，陪审团成员也由反对《印花税法案》实施的人士组成。辉格党领袖终于注意到，如果继续按照英王乔治三世的海外殖民地政策执行下去，势必引发令人恐惧的危险和后果。当议会再度集结时，殖民地已经找到了许多能言善辩、极具影响力的支持者向英国政府施加压力。在此之前，英王乔治三世已经厌倦了啰嗦傲慢的格伦维尔，于是改组了新一届内阁成员，由罗金汉侯爵担任首相组阁，伯克担任首相私人秘书，多德斯韦尔担任财政大臣。新一届内阁在如此复杂的环境下走马上任，只能提议废除这部明显违背了英国宪政精神的《印花税法案》。然而，乔治三世却将北美殖民地的反抗视为大逆不道，藐视皇家权威，践踏母国司法，因此坚决反对废除《印花税法案》。不过经过再三犹豫之后，乔治三世还是放弃了他的坚持，但提出必须在废除《印花税法案》的议案中附加如下条款——无论在任何情况之下，英国议会都保留为北美殖民地立法的权力。这是多么致命的补充条款！如果说北美殖民地的爱国者们曾经就到底是英国国王还是英国议会是最高权威、到底是国王还是国会通过了对殖民地不利的税法,产生了意见分歧,但是这条补充条款一旦生效,每一位殖民地人民无疑都会团结起来反抗英国!因为这样的补充条款将一举扫除所有殖民地人民的公民自由。查塔姆伯爵宣称《大宪章》、《权利请愿书》和三大成文法是英国宪法遵循的《圣经》;但是一旦乔治三世坚持的补充条款生效,殖民地人民会就此被剥夺所有等同于本土国民的权利。罗金汉侯爵的政府维持了不到一年便宣告解散,重组的政府由新晋的查塔姆伯爵担任首相,查尔斯·唐森德担任财政大臣。

随着英国政府对其政策做出些许调整,北美殖民地的骚动不安很快便平息了。殖民地人民幻想着这场胜利建立了"无代表不纳税"的原则,希望未来可以与母国相安无事,不再受到侵扰。消除了殖民地现阶段的不满后,英国再次强调了国会至高无上的权力和地位,但是这样的举动不过是为了挽救国会的尊严,并没有强行施加任何法案的目的,至少迄今为止,英国只在规范殖民地商业贸易这一方面有所行动。随着《印花税法案》的废除,纽约殖民地的人们认为事情得到了最终的解决,狂喜的市民拆下船上的桅杆,将乔治三世和查塔姆伯爵的半身像高高顶起,并将其插到城中最高的地方。

第四章

倾茶事件

　　查塔姆伯爵顺应民意，走马上任，领衔组阁。但是他身体羸弱，病痛缠身，间隔许久才能参加一次内阁会议，甚至只有那些已经进入详细讨论和考虑中的事务才会征询他的意见。实际上，查塔姆伯爵政府是在没有领袖的情况下制定各种国家政策，推进法令实施生效的；因此当巨浪来袭，查塔姆伯爵政府难免面临风雨飘摇的尴尬境地。查尔斯·唐森德是那个时代的人中翘楚，虽然性格反复无常、任性顽固，常常情绪失控，但是他的头脑聪敏，令人佩服。历史上，由于他再次激化了英格兰与其北美殖民地之间的冲突，并最终导致殖民地脱离英格兰而独立，成为美洲人记住他的名字的主要原因。在一次下议院的论战中，唐森德鲁莽地宣称自己将设计一份从殖民地征税的法案，而不会引起殖民地的反抗。由于当时无法请示首相查塔姆伯爵的意见，于是辉格党内阁便负责这一法案；这一举动背叛了辉格党成员的原则，反而与长久以来他们一直坚决反对的政策同流合污。

《唐森德税法》规定，自英国输往殖民地的玻璃、颜料和茶叶等一律征收进口税。为了让殖民地人民更加容易地接受这一法案，税收所得将用于支持殖民地政府和维持当地的司法运转。《唐森德税法》实施时，将在波士顿成立贸易委员会，议会将赋予其合法的辅助税收职能。对此，詹姆斯·奥蒂斯慷慨激昂地表示反对，指出这种举动完全违反了宪法原则。该法案的条款中还包括英国海军需配合管理各种殖民地商业贸易相关行为，旨在摧毁殖民地与英国以及西班牙属西印度群岛之间繁荣的运输贸易。在不久之后进行的国会讨论中，唐森德更提出向派驻北美殖民地的军队提供特需物资，并计划军队登陆后向其分配合适的驻扎地。

与唐森德的期望正相反，北美殖民地人民全盘反对他的计划，对于他慷慨地将所征税款用于殖民地本地建设的提议一点也不领情。殖民地不需要英国来保护自己不受国内敌人的侵袭，他们珍视维持自治法庭和自治政府的权力。由于拒绝提供军事补给，纽约议会被即刻解散；马萨诸塞议会也被强加同样的罪名而宣告解散。根据政府的命令，已经到达北美殖民地的英国军队驻扎在法纳尔厅以及其他公共建筑物中。

伦敦主教夏洛克向英王乔治三世提议，应当在北美殖民地设立圣公会主教，将殖民地置于英国国教的保护之下。流言跨越大洋抵达美洲，引起了新英格兰地区新教徒的警觉。母国此举引起了殖民地人民的怨恨，殖民地上下普遍抱持坚决抵抗英国进犯的决心。

法王路易十五带着浓厚的兴趣关注着英国与其北美殖民地的冲突,并于1764年派遣蓬勒瓦前往北美洲,搜集当地人民的对英情绪和生活状况,及时回报国内。四年后,舒瓦瑟尔认为他当年做出的北美独立的预言即将成为现实,指示位于圣詹姆斯的使节雇佣一位可靠的代理人。未来的笛卡尔布男爵担当了这一角色,他根据指示穿越北美殖民地,以体察当地民情,搜集情报。

在与英国政府不断出现的矛盾冲突中,北美殖民地方面处理冲突的人才能力超群,尤其令人印象深刻。北美殖民地的律师是最早一批精通布莱克斯通关于普通法研究的律师,而且在矛盾冲突中,这些精英律师的切身利益也深涉其中,因此他们热切地寻求解决问题的方法。律师们研究了矛盾冲突的焦点,明晰了作为政府根基的原则,用富有技巧的推理论证出英国政府提议法案的专制本质。而在另一方,英国的代表律师则写些陈词滥调,他们的劳动只为了得到工资,丝毫不带有个人感情;或者如同约翰逊博士一般为政府工作,但是他已经得到了政府提供的回报。殖民地村庄的领袖们此时受到爱国主义观点的鼓励,内心激情澎湃,他们已经做好准备,将爱国激情传递给每一位跟随者。殖民地的激昂情绪已经到达了极限。每个村庄都举行了会议,家家户户都越来越熟悉和明了现在的状况。

当人们不再信任最高权威存在的根基,这通常是一种不祥的变化。如今在殖民地人民心中升起了对殖民地与母国之间关系的深切质疑。英国是否有权管理居住在北美殖民地的臣民,甚至是否有权垄断控制他们的商业贸易?英国迄今为止一直采用允许殖民地自由贸易的方式进行管理，如今为何一反常态？杰伊继而宣称，上述问题的答案是否定的，殖民地人民有权利选择任何喜欢的政府类型。而最主要的原则便是，上缴赋税和选送代表两者紧密不可分割，而且这一点在英国宪法中也被着重强调。杰伊指出，在规范商业贸易的伪装下，英国的政策实际上将上缴赋税和殖民地代表这两个问题分裂开来。英国国王和议会宣称有权禁止北美殖民地的制造业，有权决定殖民地的贸易对象。英国现在开始修改殖民地宪章的条款，以控制和影响北美殖民地；在殖民地的土地上保持常驻军队，并强迫殖民地为支持驻军而缴税。英国皇室委派的总督们被授意扣留其他的评估不予批复；无需合法理由申请特殊搜查令，税务官有权闯入殖民地民宅、货栈和店铺，挨家挨户搜查违禁物品和非法走私的货物。此外，强行要求殖民地政府必须实施某些法律；如果它们拒绝，那么殖民地议会便会被强令休会甚至解散。而且，殖民地高级法官的任命全凭英国国王的个人喜好，而低级别法官如果没能达到在英格兰操行政绩良好的法官标准，总督可以在掌握其不称职的证据后，将其免职；政治犯将被转移到其他殖民地（国家）法庭进行审判，同一殖民地（国家）的人禁止入内；由总督委派的治安长官有权选择陪审团，而迄今为止，陪审团成员都是由当地居民选举的。我们可以看出，提出以上这些要求，纯属暴君所为并且十分危险，在17世纪，试图实施上述部分政策的英国国王丢掉了他的脑袋；而且如果这些法律得以实施，殖民地人民的生命、自由和财产只能听凭大西洋对岸不负责任的权贵任意处置。詹姆斯二世的政策严重破坏了英格兰的贵族政治，法国皇室的苛捐杂税击垮了农民，如今在北美殖民地，正在发生类似的状况。

然而，就英国对殖民地征税一事，殖民地的民意领袖中也存在着认识上的差异。有些人认为应当区分两类赋税，一类是为了取得财政收入而征收的税赋，另一类是为了管理殖民地商业贸易而征收的税赋。有些人承认英国议会的最高权威，但是由于议会中并没有殖民地选派的代表，因此他们无权向殖民地征税。还有些人持保守立场，认为英国国王和殖民地立法机构有权对殖民地征税。无论如何，所有意见都表示效忠母国主权，但是必须明确相关的权利和义务。虽然并未在英国国王的协助下建立殖民地，但是为了回报英国保护北美殖民地免受外国敌人武力侵袭，殖民地愿意承认英国政府对殖民地商业贸易拥有的垄断管理权，并自愿为大英帝国的防务做出应有的贡献。

其实，英国国王和议会若想此时不失威信地从如此站不住脚的法案中后撤，与殖民地重拾和谐景象，还为时不晚。但是头脑顽固的乔治三世和目中无人的议会却根本不想做出任何让步。

1770年，英国内阁再度重组，诺斯勋爵担任首相一职。诺斯勋爵为人和蔼可亲，善良慷慨，善于言辞，机智风趣，是一位非常受欢迎的人物。他对乔治三世忠心耿耿，也帮助国王达成了许多目标。但是他的名字注定要在现代英国最腐朽和不幸的一段历史中频繁地出现。如果在和平时期，或者是在另一位君主的治下，诺斯勋爵很可能会成为一名极其成功的首相，但是他的性格却不适合直面最终撕裂整个政治世界的暴风骤雨。诺斯勋爵的个性不够强硬,无法抵制乔治三世的再三诱哄;而且在环境逼迫不得不做出让步的时候,他又不懂得如何恰到好处地掌握让步的分寸,既不使支持者感到失望沮丧,也不会让对手感到欢欣鼓舞。

殖民地组成的抵制英货、拒绝进口英国商品的联盟起到了预期的效果。抵制运动很快导致英国遭遇商业困境,全国的制造商和贸易商向上下两院递交的请愿书如雪花般铺天盖地,一致要求废除向殖民地征税的可恶法案,以恢复贸易活力。对此,首相提议,取消三年内的进口商品关税,但是仍然保留对茶叶征收进口税,每磅茶征收三便士。首相解释道,仍然保留茶叶税,是为了彰显国会对于贸易的管理权威。为了与北美殖民地达成和解,首相还提议,所有从英国开往殖民地的货船,到港贸易时每英镑还可以退还七便士的税款。殖民地的反抗至此可谓取得了部分的胜利。但是人民受到胜利的鼓舞,希望可以进一步取消所有不合理的税收。由于坚持认为英国政府无权对茶叶征收进口税,殖民地人民基本上放弃了对茶叶的消费,这导致东印度公司的库房里积压了大量的茶叶。情况一直在恶化,库房里的茶叶越积越多,直到东印度公司由于财政窘境而无法继续坚持下去,不得不于1773年向英国政府寻求帮助。英国政府继而做出了更大的退税让步,调整到与英国进口关税持平的水平上,这使得美洲进口商比英国进口商每磅茶少缴纳九便士。在这样的优惠条款下,装载了各种商品的英国货船启程前往美洲的各个港口。如今,事态的发展使英国和北美殖民地不得不直面争端。殖民地一方一致拒绝缴纳税款,尽管英国政府极力调整政策,甚至减免了大部分的关税,但实际上殖民地认为不应该支付哪怕一分钱税款，因为英国政府根本无权对殖民地征税。于是，英国议会是否有权在不取得当地人民同意的基础上对其征税这一问题，到了不得不解决的时刻。

英国货船即将到达美洲的消息不胫而走，当货船抵港的时候，殖民地人民已经做好了准备。在有些港口，代销人迫于压力不得不将茶叶再次装船，运回英国；在有些港口，根本就禁止英国货船靠岸；还有些港口，把茶叶存放在地下室或者其他潮湿的地方，茶叶很快就腐烂变质了。在波士顿港，人们采取了更为极端的方式。乔舒娅·昆西描述了那时的情绪，她觉得如此怨恨和恼怒，耐心于此时已经不是一种美德。波士顿人民下定决心，这些令人厌恶的货船绝对不能靠岸；英国政府同样也打定主意，货船不卸下茶叶绝不启程返回英国。虽然波士顿人已经十分警觉，但是为了防止英国人将茶叶偷偷走私上岸，一些有名望的市民组织起来，效仿18世纪初在伦敦街市袭击夜间行人的年轻贵族，称自己为"年轻贵族流氓"。他们趁着夜色偷偷摸上了英国货船，撬开货箱，把所有茶叶通通倒入大海。当冷静而有序地完成了这次毅然之举后，他们安静地分散开来，各自回家。

一石激起千层浪，波士顿人的举动彻底激怒了英国人，全国上下掀起了声讨巨浪。这一举动被视为极度藐视议会权威，议会发觉如果任其逍遥法外，将会使殖民地人民视英国权威为无物，殖民地抛弃一切权威的严重后果便是宣告脱离英国而彻底独立。被殖民地蔑视的英国议会盛怒不已，决定立刻惩治波士顿城以及马萨诸塞湾省。英国政府强令波士顿港于6月1日关闭，不再装卸任何货物、商品以及贸易物品；海关办公室移至萨勒姆港，总督和议会也将在此地集结。英国政府接着颁布法令，专横地更改了马萨诸塞湾殖民地的宪章，规定从此所有行政官员和法官都由英国皇室直接委派。而且进一步规定，在协助地方治安长官时被指控犯下杀人罪行者，对其审判将移至大不列颠或者其他殖民地进行；除非处于选举时期，否则没有地方长官的允许，公众不得私自举行集会。上述所有政策都得到了乔治三世的首肯，其中更有部分出自乔治三世本人的建议，指示首相将其具体呈现为法律。

英国用这种方式对波士顿进行全面的报复。波士顿的居民，不论是保守派还是爱国者，都不得不因为几个人的破坏行径而惨遭践踏。从查理一世时期赢得的殖民地独立的司法权，如今被个性与其相似的乔治三世收回，他剥夺了殖民地人民集会的权利，否定了殖民地人民反抗统治者的权利，而不论统治政策是多么专制和有违宪法。英国政府更以禁止召开波士顿议会的方式，沉重打击了新英格兰的民主生活。一旦由英国皇室委派并提供薪俸的官员负责征收殖民地赋税的制度确立起来，一旦法官的任留全听凭英国国王的意愿，加之禁止殖民地人民举行和平集会，很难看出殖民地还有什么保障能够阻止英国政府的进一步侵袭。

英国即将采取严厉的惩罚性法律的消息传回美洲，殖民地的人民立即沸腾了。对于忠诚的波士顿城以及马萨诸塞湾殖民地遭受的不幸，大家深感同情，各个殖民地都踊跃地进行援助。殖民地的人民认为，就英国人损失茶叶的价值来说，这惩罚未免过于严苛，而且此举是所有的北美殖民地为捍卫自由而进行的反抗。在波士顿发生倾茶事件，不过是由于当时该城对英国茶叶税的反抗最早最激烈，而且近期英国的一系列征税法案只是拉开了颠覆殖民地人民所有权利的政策的序幕。

波士顿港在英国政府的强令下按时关闭，终止了一切贸易活动，致使依靠贸易获利者损失惨重，殖民地经济萧条。但是港口的关闭却无法击垮殖民地人民战斗的精神，更无法使其对大英帝国政府既定权威的抵抗减少半分。来自马萨诸塞湾殖民地各个城镇的代表们聚集起来，决议彻底断绝与英国的进口贸易，抵制英货。不久之后，塞缪尔·亚当斯组织了通讯委员会，帮助辉格党人掌握了最有力的战斗武器。马萨诸塞湾殖民地议会激烈反对英国议会的政策，强烈谴责英国更改殖民地宪章条款的行径。马萨诸塞湾殖民地还印发传单，向其他北美殖民地呼吁，在当前危机下，各殖民地应当保持思想一致，统一行动。殖民地的人民则不顾严苛的法律，仍然不时地更换地点举行集会，使爱国的热忱之火熊熊燃烧不灭，保证并激励着殖民地的代表们在与英国的对抗中始终坚持独立而坚定的立场。

来自弗吉尼亚殖民地的声援最为直接有效。幸运的是，当《港口法案》通过的消息传到美洲的时候，弗吉尼亚的议会正处于会议期间。在伦道夫、李和亨利的领导下，弗吉尼亚议会立即着手准备声明，并对外发布，表示坚决反对近期英国施行的法令，并将6月1日设为蒙羞日，号召弗吉尼亚人民禁食祈祷。总督被弗吉尼亚议会大胆谴责英国立法的行为激怒，下令立即解散议会。议员们并没有因此而胆怯，而是在罗利酒馆再度集结，谴责《港口法案》,同时坚称攻击一个殖民地,就是对全体殖民地宣战。议会更指示当时早已成立的通讯委员会在其他殖民地间传递和交换相关意见,商讨为了殖民地共同的利益,每年召开一次北美殖民议会的可能性。

英国政府向来反对美洲殖民地成立统一的共同议会。早在1697年,佩恩就曾经向贸易委员会递交"联合各个美洲殖民地的计划";富兰克林也曾经在阿尔巴尼会议中提出类似的建议,但是他们都失败了。然而如今,正是由于马萨诸塞湾殖民地遭遇了不幸,爱国领袖们的头脑中自然而然便想到联合所有的美洲殖民地。建立美洲殖民地议会的想法也开始逐渐浮出水面,即将变为现实。英国国王、英国政府以及国会的种种行径促成了代表全美洲殖民地利益的议会的出现,来对抗在此地要求更多权利的英格兰。在美国革命之前的美洲殖民地与英国的矛盾冲突中,从英国的角度来说,她一直担心其后裔与母国分离、独立成国,但是很快这种恐惧就成为了现实。

第五章

准备召开大陆会议

5月16日下午,波士顿港口即将关闭的消息传到纽约,在纽约商人中引起了轩然大波,他们不得不眼睁睁地看着自己的权利和财产听凭他国政府的任意处置。纽约殖民地立即召开了会议,指派五十名市民组成通讯委员会,募集捐款,并且以其他一切可能的形式援助和鼓励兄弟城市波士顿城。当携带消息的特殊信使在第二天到达纽约的时候,当地居民正在召开公众大会,人们已经选出了委员名单,等待议会批准。有几位在英国出生的卓越商人也参加了委员会,鉴于他们与故国的亲属联系紧密,人们希望可以通过这种亲密关系引导和掌握运动的发展。许多支持英国政府的人也参加了委员会。实际上,正如托利党历史学家琼斯所说,这些亲英人士占据了委员会中的大部分位置。

纽约殖民地议会首先确认了名单中的人士的确拥有为争取殖民地的利益而服务的意愿,继而在原有名单中又加上了一个名字,三天后名单上的全部人选终于得到了一致通过。又过了四天，当选委员中的杰伊、洛、麦克杜格尔和杜安向纽约会议汇报了起草的纽约殖民地对波士顿通讯委员会来信的回复。由杰伊起草的回信中这样写道："此事涉及所有北美大陆殖民地，除了在联合行动和一致赞同的前提下，别无其他应对方法可想。因此，我们确信此时正是各个殖民地选派代表，召开大陆会议的最佳时机，而且不应有任何拖延。"

这次全体殖民地代表参与的大陆会议开启了美国历史的全新篇章，对于最早提出召开大陆会议的荣誉到底应当归属于哪个殖民地，则一直存在着许多争议。但是毫无疑问的是，每个殖民地此时都有联合起来的想法。萨姆·亚当斯去年就曾经提出各殖民地联合起来的提议；随后，当时身处伦敦的亚瑟·李也曾经写信表示应该召集全体殖民地都参与的议会，这封信正在从伦敦寄往美洲的路上。美洲殖民地面临的困境如此复杂，任何一个殖民地都无法独自脱身。正如《伊索寓言》中描述的故事那样，威胁所有人的危险自然会将大家团结在一起，互相支持着寻求安全的解决方案。而且，在大陆会议之前曾经成功举行过全体殖民地参与的会议，如今他们需要做的，不过是重新聚集在一起，向大西洋对岸的敌人展现彼此属于不可分割的团结阵营。

弗吉尼亚殖民地自认为是促成大陆会议的功臣，因为正是由于弗吉尼亚殖民地议会被解散，才促成了各个殖民地之间达成协议，共同商讨抵抗英国政府法案的最佳方法；而纽约殖民地则以杰伊回复通讯委员会的信件为凭，试图证明纽约在推动各个殖民地联合起来这件事上居功至伟。然而事实上,弗吉尼亚和纽约都没有资格获得这一殊荣。就在《港口法令》通过的消息传至美洲不久,5月17日在普罗威登斯召开的城镇大会上首次公开提出联合各个美洲殖民地的方案,普罗威登斯镇的民众要求其代表对殖民地议会施加影响,以通过法令,组成"为了建立坚固联盟"的全体殖民地议会。四天后,殖民地重要的城市费城也加入到此次运动中来。费城商人在回复波士顿的信件中表示,似乎有两种方法能够迫使英国政府收回成命:一种是已经提议的停止进口英国货物;第二种是召开各个殖民地选派代表参加的殖民地大陆会议。他们接着补充道,有理由相信"费城人民同意第二种方法更加有效可行"。正如我们所知,纽约和弗吉尼亚委员会于5月23日同时提出召开全体殖民地大会,但是没有任何证据显示这四个殖民地在提出倡议时知晓其他殖民地也提出了同样的诉求,因此也就无法证明他们的行动是受到了其他殖民地的影响。

　　英国政府的报复措施本来只针对马萨诸塞湾殖民地,迄今为止,矛盾冲突也主要集中在该殖民地境内。因此,马萨诸塞湾殖民地主动寻求其他殖民地的援助仿佛并不合适,但是它热烈欢迎其他姊妹殖民地的自发援助,并且在他们的热情首肯下,定于当年秋天在费城召开大陆会议。纽约委员会是纽约殖民地范围内唯一对抗英国政府政策的组织,因此选派前往大陆会议的纽约代表这一任务责无旁贷地落在它的肩上。选举于7月4日举行,提名代表包括菲利普·利文斯顿、罗伊、奥尔索普、杰伊以及杜安,这五名代表中有三名商人和两名律师。第一位被提名的菲利普·利文斯顿十分富有，用亚当斯的话来说，是"一位坦率正直的男人"，一名勇敢坚定的爱国者，在签署了使美国获得自由的《独立宣言》之后一年，在任上离世。杜安和杰伊在签署《独立宣言》的时候都是大陆会议的成员，但是他们却没有其他同僚那样幸运，当时两人正出席纽约殖民地议会，因此丢掉了在这份流芳百世的宣言上留下自己笔迹的千载难逢的机会。罗伊颇为同情英国议会；而奥尔索普则是一名完全无法容忍殖民地与母国分离独立的人，当美国《独立宣言》通过时，他退回庄园隐居，其后流亡英格兰。候选代表中的两名律师都是坚定的圣公会教徒，因而英国托利党领袖幻想着同样的宗教情感或许能够使两人采取倾向于母国的立场。

在那段时期，纽约城的大小事务主要由商人阶层管理，他们认为自己能够不受干扰地自由统治这片殖民地，而且迄今为止，商人阶层一直掌握着处理殖民地与英国之间争端的权利。然而，流传甚广的民主思想此时开始挑战他们的权威。对近期商人阶层处理事务的质疑声音，支持者们这样回应道："组成委员会的五十名绅士中大多数是商人，他们拥有财产，正直诚实，具有卓越的理解力；他们对于公共利益的热忱不容置疑，他们在社会上的显赫地位足以证明他们是担负公众信任的合适人选。"然而，纽约殖民地技术工人的人数也越来越多，很快上升为颇有影响力的群体。他们也拥有自己的行业组织，在反对英国政府的报复措施上，比商人阶层的意见更加统一。如果与英国的交恶发展为战争，那么很大一部分的战争重担将不得不落在他们的肩膀上。在这样的情况下，技工阶层自然会认为他们必须参与到选派大陆会议代表的讨论中。

在纽约城中,还有另外一群辉格党人,他们称自己为"自由之子"。"自由之子"在《印花税法案》时期与英国爆发的激烈冲突中表现活跃,更于《港口法令》通过时重新组织起来,沿街宣传,谴责这种野蛮的行为,他们的热情已经被点燃,做好了诉诸武力反抗英国政府的准备。苏格兰人亚历山大·麦克杜格尔担任"自由之子"的主要发言人和领袖,"从事商业贸易的绅士们"或许是为了安抚麦克杜格尔这个极端不稳定因素,通过委员会提名他为大陆会议代表候选人。麦克杜格尔精力充沛,勇敢无畏,而且意志坚定,近期曾经由于散布妨害政府权威的言论而入狱,他总是喜欢将事情推向极端。麦克杜格尔的如意算盘是,代替这五名代表中的其中一位——通过他所控制的民众的协助,他就能够得到这个代表的名额。因此,麦克杜格尔向商人阶层建议,参加大陆会议的代表名单应当提交给技术工人以获得他们的批准,然后还要征求城市中所有拥有不动产的市民的意见才能最后确定。高贵而有名望的商人阶层自认管理政治事务的能力与经营商业的能力同样出色,不愿意将制定好的方案提交他人审定,于是否决了这一提议。麦克杜格尔及部分支持者因而退出了委员会,召集会议反对商人阶层选举出来的大陆会议代表名单,期间麦克杜格尔发表了激烈极端的意见,而忽略了其他缓和的建议。然而,麦克杜格尔并未反对杰伊和杜安担任纽约的大陆会议代表,因为麦克杜格尔曾经与两人共事,他清楚地了解两人对于殖民地的忠诚,会为保卫殖民地利益而做出无私奉献。

麦克杜格尔退出委员会后,组织"自由之子"召开会议,试图缔造一个政党并自行选举参加大陆会议的代表。他在会议中提醒市民警惕商人阶层的委员会，激励市民效仿波士顿城，声援抵制进口英货的倡议。此时，城中爱国者们的言辞已经变得越来越严苛，举动越来越激进，但是如果过激行为造成殖民地的辉格党人与许多在英国政府的朋友们公开分裂，就会给殖民地的利益造成灾难性的影响。"年轻的西印度群岛人"亚历山大·汉密尔顿时年十七岁，他睿智地嗅到了危险的气味，出人意料地出现在会场，并以伶牙俐齿的巧妙言辞成功劝阻了可能发生的极端事件。会议最后通过决议，严厉抨击《港口法令》，宣称关闭任何一处殖民地港口都是违反宪法的行为，攻击任何一个自由殖民地就是攻击整个北美殖民地，并且发誓效忠于大陆会议的所有决议。虽然风波暂时平息了，但是汹涌的大浪并未立即退去。第二天上午，在商人阶层委员会的会议室里，委员们谴责了麦克杜格尔擅自召开非常规会议，以严厉言辞批评麦克杜格尔及其追随者召开会议的初衷不过是出于嫉妒，而且企图导致殖民地的意见分歧。另一方面，技术工人组织的代表团向各位大陆会议代表发出询问，要求他们声明在即将在费城召开的大陆会议中采取的立场，以及对其追求目标的陈述，并宣称如果代表们给出的答案不能让他们满意的话，技术工人将重新选举自己的大陆会议代表，以取代现在的代表。已经获选的代表们在没有参与任何具体的程序前，便无一例外地爽快表示，将在即将召开的大陆会议中竭尽全力，推行能够促进所有殖民地福利的任何政策。

然而，麦克杜格尔召开的会议却对纽约殖民地的商人阶层产生了决定性的影响。商人阶层在谴责麦克杜格尔的同时，意识到如果不能统一诉求，必将带来意见分歧，进而将给殖民地招来致命的危险。于是他们提议在原来只包含商人阶层的委员会中吸收一名来自技术工人组织的代表，一同游说纽约的纳税人，因为最终将由纳税人来批准派往大陆会议的代表名单。这一方案并未使人满意，虽然商人们选出的大陆议会代表名单早前已经得到批准，但是如今仍然决定在市政厅展开最终一轮投票。提名代表们显然认为，在如今这个重要的时刻，应当团结殖民地的一切力量和团体。于是在第二天上午，大多数提名代表发表联合公开声明，陈述自认已经合法当选为大陆会议代表，而即将在市政厅召开的会议显然具有不同的目的，提醒民众清醒认识蓄意制造分歧的行为将带来严重的后果。然而，虽然选举大陆会议代表的过程十分曲折，频繁出现的麻烦事将一切搅得一团乱，但是却使商人阶层最终放弃了独自控制纽约政治生活的权利。委员会最终决定在每个区都设立投票点收取纳税人的选票，由商人组织和技术工人组织组成共同委员会来监管选票。最后，全体一致通过已获提名的五位大陆会议代表正式当选。此次事件确认了在纽约殖民地所有阶层都有权参与政治生活，保证了未来政治议事中的和谐氛围，纽约城的政治生活很快便与波士顿城变得一样的民主。

　　从纽约殖民地其他地区选举出来的三名大陆会议代表最后与纽约城的五名代表汇合，组成八人代表团，代表纽约殖民地参加大陆会议。杰伊在伊丽莎白城与岳父汇合，两人一起前往费城。其他代表则一起离开了纽约，离开家乡的时候，朋友和支持者们簇拥着肩负重任的会议代表，一直护送到河畔。

第六章

1774年大陆会议

美洲十三个殖民地派出的卓越代表在预定时间齐聚费城，共商大计，只有佐治亚殖民地没有派遣代表前往。1688年光荣革命时期的英国议会已经为北美殖民地此次集会做出榜样，在没有合法召集的前提下举行会议，目的是制定政府的宪政体制。在会场上，大多数的代表完全是从未谋面的陌生人，彼此平生第一次相见。代表中有许多声名远播的热情爱国者，以及热衷于维护美洲权益的卓越律师，他们的美誉早已超越所在殖民地的地理界限，其他地区的同僚也都曾经耳闻他们的大名。但是他们代表的各个殖民地的广大民众的希望、目标和感受，仍然需要代表们加以申明和协调。自从约翰·亚当斯被提名为大陆会议代表开始，他就以罕见的机智老练，在北部的殖民地不知疲倦地努力协调，以达成目标。亚当斯一到达费城，就想方设法去了解南方殖民地的诉求与北方殖民地的迫切要求之间的差异。正如亚当斯所记录的那样："各个殖民地在宗教生活、教育程度、生活方式和利益诉求等方面都存在巨大的差异，以至于达成联盟似乎是不可能发生的事情。"在马里兰殖民地以北，基本上看不到奴隶的踪迹，因此南部各殖民地的居民在生活方式和公民个性方面都与北部殖民地大为不同。那么北部的马萨诸塞湾殖民地与南部的马里兰殖民地的代表们能够真诚地达成一致意见吗？毕竟接下来所有的事情都仰仗这两大殖民地的联合才有实现的可能。无论如何，这两个殖民地对于英格兰政府对北美殖民地的不公待遇都心存不满。

召开大陆会议的提议已经获得了普遍的认可，费城市民热情地接待了这些来访的代表们。他们在一栋朴素的建筑中集会，商讨事务，这栋大楼由费城的木匠负责照看（木匠厅）。为了尊重弗吉尼亚省在北美殖民地中的重要地位，主持大会的职务由弗吉尼亚省议会议长佩顿·伦道夫担任。伦道夫是一名出色的律师，曾经担任弗吉尼亚省司法长官，在家乡享有盛誉。查尔斯·汤姆逊被委托担任大会秘书。对于能够出席大陆会议，汤姆逊感到十分高兴，他从未梦想自己的名字有一天会永垂不朽。汤姆逊被召唤至议会担任此项新职责的时候，他正与自己的新娘在街上散步。得到通知的他马上前往市政厅，正式就职上任。汤姆逊回忆到，当他沿着市政厅的走廊往上走的时候，看到的每张脸上都写满了沉思和焦虑。大陆会议的代表们所从事的事业没有先例可循。大陆会议既不是具有行政权力的政府，也不是立法机构。实际上，大陆会议理应仅具有建议权，然而它却被赋予了比任何协商性会议所得到的大得多的权力。

在北美洲的历史上，从未有人目睹如此多位具有超群能力、完美的道德价值、品格崇高令人尊敬、个性魅力十足的人物齐聚一堂的景象；从来不曾有任何一个群体承担过如此重大的责任，而责任的重压要求这些卓越人物必须取得巨大的成果；也从来不曾有过承载了如此众多的信任的会议，最终达成的结果获得了如此普遍的满意。除了两位大陆会议代表之外，其他所有参加大陆会议的代表都出生于美洲。其中大多数代表都大学毕业，在当地市民心目中都是颇具影响力的领袖。在大陆会议中，社会各阶层的利益都得到了体现，富人与劳工并肩落座，未受过高等教育的普通人与学富五车的绅士一起商讨政事，因为讨论的问题切实影响到每个人的自身利益。查塔姆伯爵曾经对富兰克林说过，这次大陆会议是自希腊和罗马时代以来，人类历史上最具荣光的一次盛会。马萨诸塞湾殖民地派出两位亚当斯作为代表，康涅狄格殖民地派出谢尔曼作为代表，马里兰殖民地的代表是蔡斯和帕卡，南卡罗来纳殖民地的代表是拉特里奇，而弗吉尼亚殖民地的代表除了亨利和李之外，还有那位无可比拟的伟人，伟大的战士和政治家，命中注定很快即将承担重任的华盛顿——

> 在巨人阿特拉斯的肩上，
> 是那几乎无法承受的重担。

杰伊时年二十九岁。他卓越的天赋和崇高的爱国热忱在家乡纽约众口交赞，他的名字在费城也是颇有人气。虽然杰伊可能是这次崇高而担负重任的大陆会议代表中最年轻的一位，但是他在工作中全心投入，证明了自己无愧于纽约省的代表一职。

鉴于大陆会议的议题严肃而沉重，会议开幕伊始便陷入深深的沉默中，直至帕特里克·亨利用慷慨激昂的雄辩打破了沉默。帕特里克·亨利首先指出各个殖民地所犯下的错误，严厉地批评地区分立主义思想，并且大声疾呼："我不是弗吉尼亚人，而是美洲人！"帕特里克·亨利的有力话语表达了这片土地对美利坚民族主义的渴求。这种革命性的言论使许多保守的与会代表大吃一惊。杰伊继而在会议中表示，英国对于美洲殖民地的干涉还远远没有结束，英国政府此时采取的武断的高压政策仅仅只是一个开始而已，在新宪法形成之前应当先取缔这种高压政策。紧随亨利的意见，强硬的公理会教徒塞缪尔·亚当斯发言认为，应当要求英格兰教会的牧师开放其后的祷告会。

读者们或许还记得一幅名为《大陆会议中的开幕祈祷》的版画。达奇牧师身穿弥撒礼服站于讲台前；身边围绕着成群的长老会教徒、贵格会教徒、浸礼会教徒以及圣公会教徒——此时没有宗教派别之分——大家共同祈愿万能的上帝赐予大陆会议光明，引导北美殖民地重塑与母国的和谐关系。或许没有任何单独的一位代表能够成为人民的护民官，塞缪尔·亚当斯仍然期待施行与母国分离的政策；但是英国国王与政府的所作所为却加快了殖民地与母国分离的步伐，结果在不到两年的时间里，美洲殖民地就实现了独立。

由于显而易见的原因，大陆会议闭门开会讨论。所以在会议中被否决的提案，以及会议中不时展开的热烈讨论，都没有记录保存下来，这令人感到十分遗憾。因此，为了了解大陆会议的进程以及如何达成决议，我们不得不依靠会后向全世界公开发表的宣言，以及参加大陆会议的代表们中的佼佼者的零星回忆。然而，众所周知，整个会议的氛围都是以协商、达成一致为主，即便持有偏见，在当时也让位给关乎殖民地政体福祉的重大问题。

就每个殖民地选派多少名代表参加大陆会议，并没有明确的限制；按比例来说，规模较大的殖民地在整个美洲的地位可能更加重要一些，但是由于当时并没有对殖民地的财富和人口做出可信的调查，大家一致同意，参与大陆会议的每个殖民地应当占据平等的一票。就此，我们发现在大陆会议伊始，便潜藏着在今天美国宪法中已经发展完善的宝贵精髓。大陆会议宣称代表人民的声音，承认每个殖民地都拥有平等的权力；在日后的美国历史发展中，我们发觉这一原则被应用到了未来的参议院和众议院建设中。弗吉尼亚殖民地叮嘱其代表在大陆会议中申明本地困境和遭受的痛苦的时候，不要超出现有形势和问题的讨论范围；由于上述原则得到了来自马里兰殖民地和北卡罗来纳殖民地的代表们的一致同意，因此此次大陆会议将讨论范围限制在实际问题上，而不像法国大革命的国民大会那样，将议题扩展到宽泛且毫无边界的理论和抽象问题上。

在彼此交换过意见之后，大陆会议的代表们一致认为首先应当向全世界表明，美洲殖民地联合起来追求的是正义的目标，从而博得在英格兰本土秉持宪政自由观点的朋友们的支持；其次，大陆会议须向英国国王真诚谦卑地请愿，希望能够使乔治三世收回针对北美殖民地的苛令。代表们继而决定借助英国同胞在殖民地的利益诉求迫使英国国王改变心意。为了更加有效地实施这一策略，殖民地将暂停与英国的一切贸易活动，直至矛盾得到彻底的解决。在进一步论证第一种方法如何具体实施的时候，代表们就两份文件达成协议。第一份文件激励出席大陆会议的代表们坚定现有的立场，锲而不舍地持续当前的伟大试验，准备好迎接未来任何可能发生的偶然事件。第二份文件是大陆会议向没有委派代表与会的殖民地发布声明，征询他们是否同意大陆会议的决议，并恳请他们的加入和帮助。

由于如上各种讨论主题各异，大会分别组成不同的委员会负责商讨，每一个委员会中都包含了许多能力超群的会议代表。大陆会议准备了一份陈述美洲殖民地人民权利的概述，并且明确地列出每一项侵犯了美洲人民权利的英国政策。人们相信，这份概述出自数人之手，文辞精巧、逻辑严密，并且无可辩驳地包含了英国与美洲矛盾的全部问题。在这篇概述中，北美人民坚持维护的权利都是他们从前毫无疑问地享有的权利——生命、自由和拥有财富的权利，以及集会讨论公共事务的权利。除此之外，在建立殖民地的宪章中早已给予殖民地某些权利让渡，英国普通法也赋予殖民地相应的权利，这些原则和条例自殖民地建立伊始便已经实施生效。概述接着列举了英国议会侵犯美洲人民上述权利的种种例证，要求英国政府废除其现行政策，只有这样才能重新恢复英国与殖民地之间的和谐关系。通过发布这样的声明，大陆会议并没有以各个宪章殖民地省份的立场在说话，而是代表整个美洲殖民地，在全世界面前发出了一个国家最初的声音。

下一步重要的举动，是以北美殖民地的立场向英格兰人民发出声明，而这个重要且艰巨的任务落在了杰伊的肩上。杰伊深知这篇声明的重要性，他知道自己必须竭尽全力，将平生所学发挥到极致，才能胜利完成这个艰巨的任务。他离开下榻处，把自己关在一个房间里，在那里冥思苦想写就了这篇声明。稍后，杰斐逊在不知道作者的情况下，赞扬这篇声明出自美洲文才第一人；韦伯斯特也认为这篇声明位列"第一届大陆会议无与伦比的精妙文章之首"。一位资深的评论家认为："若要从大陆会议中涌现的多篇精妙文章中，选取一篇更好地选择和阐述了既定目标，或者是言辞更加激荡、辩辞更加雄壮的文章，恐怕实在是非常困难的一件事。"但是杰伊写就的这篇声明的确属于个中翘楚，以简洁而生动的语言，号召英格兰人民见证殖民地人民的忠诚和友谊，并表述了殖民地人民愿意对大英帝国的普通防务事宜做出贡献；宣称殖民地人民不应由于从大英帝国移民海外，就丧失了身为自由人的权利；向英国人民指出英国现行殖民地政策的错误所在；实行宪政的政府珍视的原则如何被粗暴地侵犯；号召同样珍视自身自由的英国人民阻止英国政府侵袭海外同胞的行为。这篇言辞得当的美文一下子便确立了杰伊的声望，而且这种尊敬持续一生，从未减少半分。

呈交英国国王的请愿书由狄金森撰写，在回溯了英国议会近期对殖民地施行的法案后，狄金森请求国王保护殖民地的利益，处理此事。

大陆会议还通过声明抗议在美洲殖民地常驻军队，抗议强行关闭波士顿港，抗议在加拿大省推行天主教合法化的法案。在自由精神的感召下，大陆会议的代表们进一步决定自来年12月始，不再参与奴隶贸易，也不再出于售卖奴隶的目的而雇佣船只，或者向贩卖奴隶的货船提供补给等。除非英国政府改变当前非法侵犯了美洲人民权利的政策，否则美洲将持续抵制与英国的商业贸易，而且建议在不同的港口设立委员会监督这项政策的实施。

　　大陆会议点燃了整个殖民地的公众热情，不论是美洲的朋友还是敌人，都迫不及待地期待着会议的最终结果——殖民地的朋友们担心大会最终会产生不和谐的结论，或者会提出一些不合时宜的方案；而殖民地的敌人们则热切地盼望发生如下一种或者两种情况——胆怯保守的人们由于害怕大陆会议感情的表达过于激烈而对其敬而远之；热情高涨的人们由于害怕踌躇的忠告会在民众中蔓延而对其不予认可。然而，当大陆会议结束后，充满期待的世界终于看到了美洲殖民地代表们努力工作达成的会议成果，所有人都为其正确的判断、不卑不亢的尊严，以及恰到好处的节制而惊叹。大陆会议在如此不经意中完成了一项伟大的任务。由于其品质卓越且调查详尽，会议中发表的声明和文件都广受赞扬，引发了国内外卓越人物就该问题的深度思考。声明采用了庄重而坚定的论调，显而易见地传达了与母国修复裂痕的愿望，使大陆会议赢得了许多考虑周详和足智多谋的人们广泛的支持和信赖。辉格党人一致通过了大陆会议的决议，托利党人也只能在抵制英国进口贸易的政策上吹毛求疵，寻找错误。为了正确评价大陆会议，只需将大陆会议的记录与不消几年后的法国大革命国民大会的记录做一比较，便可一清二楚。查塔姆伯爵写道："我对于大陆会议取得成果的满意已经无法言表，会议以难以置信的智慧和决心，完成了如此艰巨且精细的事业。"

大陆会议声明的发布得到了广泛关注，在团结各个北美殖民地反抗英国政府权利诉求的同时，也成功地影响了英格兰公众的舆论。在此之前，英国政府可是得到了全国各个阶层的一致支持。如今，当英国政府在北美施行的野蛮且完全违背宪法的政策经大陆会议揭发，英国国王以令人印象深刻的话语确认，在英国的政策实施后，殖民地的反抗还将继续下去，英国公众很可能会质疑过去对殖民地的政策是否明智，对于是否继续原有政策充满疑虑。请愿书上呈给英国议会，给辉格党议员查塔姆伯爵提供表达这一疑虑的良机，而辉格党在海外殖民地中的影响力如此之强大，致使英国国王和政府有好几年的光景不得不屈从于在辉格党及民众中广泛蔓延的信念。北美殖民地奋力争取的原则，正是在一个世纪以前从斯图亚特王朝手中剥夺走，后奉于汉诺威王朝手中的那些权利。

在上一个世纪中，斯威夫特曾经提议封锁英国与爱尔兰之间的一切商业贸易联系。但是，根据此时事态的发展，北美殖民地主动实行这种权宜之计是否得当，十分值得怀疑。封锁贸易的方法曾经在与爱尔兰的交涉中起到了很好的效果，这一点毫无疑问。但是北美殖民地此时只是希望实行短期的商业管制，而不是挑起一场灾难性的长期战争。然而，事态开始发生变化。英国与北美之间的贸易已经开始衰退，完全的暂停贸易政策尤其严重地伤害了北美殖民地在海外支持者的利益。当第二年双方爆发战争的时候，北美殖民地无法得到必要的供给，而如果前些年没有实行贸易禁运，这些供给本应早早准备就位。

英国议会实行了对北美极不友好的《魁北克法案》，对于试图在国家和教会中维持自由的人们来说，这一法案不啻扭曲民意的可耻诉求，英国政府后来一定能够痛苦地意识到《魁北克法案》的失策。几个月后，北美殖民地派遣卡洛尔、蔡斯和富兰克林到加拿大鼓励当地的支持者，此行的主要目的就是减轻当地天主教徒对于南部边界的北美殖民地新教徒兄弟的仇恨和敌意。

持续五十二天的大陆会议终于闭幕了。在闭幕前，代表们以睿智的洞察力判断政治局势必发生进一步的变化，因此约定来年5月再度聚首，共商对策。如上便是庄严的第一届大陆会议达成的部分协议和成果。与会的爱国者们如今各自返回家乡，将在费城亲身感受到的革命激情和无畏精神带回家乡，传递给邻里。此时，宝剑仍然安于鞘中！

第七章

1775年大陆会议

杰伊去费城参加第一届大陆会议的时候,他的声望还没有超出纽约省的范围,对于其他殖民地的人们来说,他并非声名显赫、举足轻重的大人物。然而,杰伊除了年纪尚轻,其他各个方面的能力却都超过了同行的大陆会议代表,因此在会议中脱颖而出。虽然当时看起来,他不太可能对大陆会议的决议产生决定性的影响。但是,他在第一届大陆会议中表现出高涨的爱国热情、卓越的能力、机智老练以及成熟的政治素质,使他赢得了其他与会代表们的尊敬和信任。会议结束后,对杰伊的赞誉之辞广为传播,人们公认他命中注定将在未来纽约省人民与专制政府的进一步对抗中,责无旁贷地承担起领袖职责。

对于大陆会议通过的具有政治家才干和气度的决议,纽约省本来打算在避免过度激化民众情绪的情况下默默地执行;然而为了使封锁英国进口货物的政策更加行之有效,负责实行这项政策的几个委员会必须采取大张旗鼓的姿态,以及高效的行动。不论杰伊之前对于这项政策的看法如何,如今他已经下定决心将之通力贯彻到底,因而相应地宣布,任何违反禁运政策的举动都将被视为重罪,必将引起公众的愤怒和声讨。

杰伊自费城返回家乡,马上就参与到这项并不讨人喜欢的工作中来。而且他的五十一人委员会完全是出于其他特殊而不同的目的组建的,这让这项本就困难重重的任务变得更加棘手。很快,难题就一一显露出来。纽约城是一座贸易重镇,如今实行抵制英货进口的政策,会导致城中许多富有的贸易商人遭受不小的损失。如果一直这样下去,原本大笔流入他们荷包的财富就会慢慢干涸。于是早在去年的6月份,纽约的商人们就表达了对于抵制英货进口政策的不满,纽约城总督以及许多拥有大地产的富翁也站在商人的一边,积极反对抵制英货。小股的英国陆军和海军的到来,更令商人们下定决心,忽视大陆会议要求禁运的决议。

在这样的形势下,委员会发觉已经难以承担赋予的新职责,因此向纽约市民求助。5月,在委员会的建议下,纽约市民批准了由一百人组成的新委员会取代原有的委员会。杰伊仍然是委员会其中一员。在杜安的协助下,杰伊负责制定新委员会的章程。新章程并没有明确定义新委员会的责权范围,实际上它的管理权限包含了所有关乎公共福利的事务,而且所有事务都必须公正而逐步地得到执行。原委员会一直与全北美殖民地的爱国组织保持紧密联系,如今这项职责由新委员会接替承担。新委员会的确代表了纽约社会的各个阶层,新鲜血液的注入为委员会带来了活力和全新的精神面貌。委员会号召每一名市民都要武装起来,积极参加民兵训练；建立巡逻队，禁止向驻扎在波士顿的英国军队提供给养；监视港口船只，防止英国货船偷偷卸货；将未经允许停靠卸货的英国货船重新装船；宣布任何违反抵制英货进口政策的敌人都将被视为人民公敌，逃不过人民的声讨。纽约城的市民看起来已经承认委员会为主权代表，将除去纳税权力的一切权力，都赋予了这个其实在法律上并不负担任何责任的"观察委员会"。虽然百人委员会始终没有浇熄反对的声浪，但是它精力充沛地实行各项积极措施，有效阻止了效忠派在公开场合表达异议或者对政策的不满情绪，因此也增强了纽约城其他地方的民众意见的影响力。杰伊给伦敦市长写了一封信，扼要重述了美洲人民遭受的不幸，宣称即便是面临内战的威胁，美洲人民也不会向英国议会低头，乖乖缴纳赋税。

纽约城中辉格党商人的革命热情也被激发出来，他们效仿在波士顿的兄弟们，登上一艘刚刚从英格兰抵达纽约港的货船，将船上装载的十八箱茶叶统统倒入河中。

此时正值大陆会议即将再次集结。英国政府对于任何将导致北美殖民地联合起来的举动都非常恐慌，因此指示各级行政机构尽一切努力"阻止代表们参加新的大陆会议；告诫与会代表如果参加大陆会议，英国国王对此会极度不满，因此拟参加的代表最好缺席此次集会"。

然而，他们的努力完全没有效果。纽约城之前选举参加大陆会议代表的方法并不正规，派往费城参加第一届大陆会议的代表中只有几位来自纽约城其他地区的代表。因此，被视为辉格党人政权代表的百人委员会建议，应当从省内各个县选举代表，于4月集结参加第二届大陆会议。在这种情况下，亲英政府人士在纽约城聚集起来反对选举活动。他们后来还指认，选举过程充满了骚乱，毫无秩序。琼斯法官说道，效忠派占据了合法投票人数的四分之三，他们集结起来向投票点行进；但是他们的对手却将游荡少年、失业水手以及黑人集合起来对抗，威胁任何一个反对他们的人。纽约省首府奥尔巴尼的投票结果显示，大多数选票支持仍然委派上次参与大陆会议的代表团此次前往参加新的大陆会议。百人委员会对于此次选举实施的方式感到不满。尽管上一次参与大陆会议的代表们此次获得全体一致通过，杰伊还是建议搁置选举结果，重新举行投票，这次只有自由人和自由的财产所有人才有资格投票。4月20日，召开了选举大会，会议持续了四天。选举最终决定，除了洛之外，将派遣所有参加第一届大陆会议的代表此次再度前往费城；洛出于个人原因，自动请求解除担任大陆会议代表的进一步责任。将要一同参加会议的新代表还包括克林顿、刘易斯·莫里斯、斯凯勒、利文斯顿和弗朗西斯·刘易斯。

纽约省议会的辉格党人试图推动批准第一届大陆会议的决议的尝试失败了，而他们在派遣代表参加于来年5月开幕的第二届大陆会议的问题上也同样失败了。在其他殖民地，土地持有者的分布比较分散，而从能够形成稳定的社会基础，得以滋生和建立自由主义制度；而在纽约，土地大多集中在少数人手中，他们同情并拥护母国的贵族政治制度，因此在这些人的影响下，纽约殖民地议会成为母国政府权力诉求的支持者。纽约殖民地议会通过决议，批准了英国政府的政策，使隔海的英国政府感到心满意足；然而在殖民地内部，他们的行为被视为弃绝美洲人民的权益的可耻行径。在群情激愤的形势下，英国政府命令总督特莱恩迅速回到纽约殖民地应对危机，并且对纽约公众的需求做出一切可能的合理让步。如果特莱恩总督当时人在纽约，凭借他卓越的能力、旺盛的精力和广受民众欢迎的程度，应该可以在维护英国国王在纽约的绝对权威方面，做得更加出色一些。但是危机发生时，特莱恩正在休假，身处英格兰。受人敬仰而忠诚的老科尔登不得不暂代特莱恩行使总督职责。但是科尔登完全无法抵抗那些充满攻击性、咄咄逼人的纽约爱国领袖们。他能做到的不过是被动的抵抗。科尔登在5月初绝望地写给达特默斯的一封信中提到："人民完全拜倒在当地自治政府的权威之下。"后来，当美洲独立的消息传来的时候，纽约城的市民们冲破了所有的束缚，抢走了军用物资储备，拖倒了伫立于鲍灵广场的英国国王的雕像，将其熔化铸成子弹，用来射杀英国军队的士兵。

观察到事态已经发展到如此激烈的程度，杰伊率领的委员会开始准备联盟章程，恳请所有签署者在宗教、荣誉和对于殖民地的热爱之情下，坚定地否决所有英国议会对殖民地征税的企图。非常明显的是，此时纽约省议会的议事氛围已经与在民众中蔓延的热烈情绪极为不符，因此委员会做出大胆的决议，号召民众选举出新的代表，组成新的纽约省议会。当选举结果生效后，新的纽约省议会于5月下旬在纽约城正式成立。作为民选代表的载体，新的纽约省议会享有管理纽约殖民地的全部权力，而在这之前则由总督和省立法机构享有这些权力。在英国国王治下的最后一届"合法"的纽约省议会已经于 4 月初开幕,在会上通过了决议,向乔治三世、英国上议院和下议院分别寄送纽约人民请愿书。在这之后不久,科尔登就住到了英军舰船上,在那里与来自英国政府的政客频繁会面,签署软弱无力的法律,试图打击正在兴起的民意政权。

大陆会议代表们再度聚首费城,在如今的州议会大厦共商大计。这次,每一位与会代表都秉持着与英国长期议会开幕时同样坚定的决心。莱克星顿的枪声还没有散去,他们的爱国热忱由于回荡的枪声而愈加澎湃。大陆会议的代表们感觉到,为了阻止暴君的北美政策,所有能够尝试的和平方法都已经穷尽,此时除了放弃效忠英王,将北美独立一事提交大陆会议审议以外,再无他法可想。在波士顿,充满敌意的双方正处于武力对峙阶段。乔治三世已经收到北美殖民地递交的最近一次请愿书,却冷漠傲慢地不予回应。殖民地代表的勇气受到嘲笑和奚落——曾经在美洲服役的一位英国军官就曾在下议院中夸下海口,只要率领五个团,就可以扫平整个北美殖民地。查塔姆伯爵提出的与殖民地和解的议案遭到严厉拒绝,而这位军官这番自大的论调却受到了下议院议员的一致赞赏。殖民地想要风光荣耀地与英格兰达成和解,避免战争,如今看来是不可能的事情了。

在崇高的爱国主义热情的驱使下,所有与会代表都表明了坚定的决心,如若必要,必以武力保卫北美的自由。然而,大多数人对于北美迈出最终独立的一步仍然犹豫不决,因此限制他们冲动的兄弟们采取鲁莽的举动。有些人仍然心存幻想,希望英国国王能够秉承正义和慷慨,而如狄金森等人则认为"太过仓促和急切地推进北美独立事宜，恐怕只会打破反对阵营的界限"。他们认识到，如果现在采取行动，欧洲所有的传统和社会影响都会与北美为敌；他们也知道，许多北美殖民地还没有做好与母国分离、从而独立的准备。年纪较长且行事谨慎的会议代表感到必须向人民充分阐明大陆会议已经穷尽了一切可能和平解决争端的方法，如今已经无路可退。他们可能曾经认为，英国政府的所作所为最后将不可避免地导致殖民地与母国分离，从而使双方都自然而然地接受美洲独立的事实。华盛顿和杰伊长期以来一直持有上述观点。

第二届大陆会议的代表名单几乎没有更改，最显著的改变是宾夕法尼亚殖民地委派刚刚从欧洲返回殖民地的富兰克林为会议代表。此次大陆会议的主席和秘书都沿用第一届大陆会议的人选。马萨诸塞省议会议长汉考克第一次参加大陆会议，当主席佩顿·伦道夫离开费城回到弗吉尼亚主持省议会的时候，汉考克代替伦道夫主持大陆会议。伦道夫天性谦虚谨慎，对于担任会议主席一职颇有些犹豫不决，而性格豪爽的本·哈里森正站在他的身边，他用强有力的臂膀一把抱住伦道夫，把他按坐在主席的座位上，并大声说道："我们选举出来的大会主席正是母国英国不肯赦免之人，我们倒要给他们看看，我们有多么蔑视他们。"6月，伦道夫在大陆会议的代表座席由杰斐逊接替。杰斐逊是一位瘦瘦高高的年轻人，黄棕色的头发，灰色的眼睛，比杰伊大几个月。虽然杰斐逊此次未能在大陆会议中发言，但是他激情四射、优美精炼的文笔，为其赢得了与会代表的一致赞赏，也使他建立起了良好的声誉。命中注定，就在不久之后，这位年轻人的声望将会急剧增长。

上述代表们的意见分歧造成会议伊始并未达成任何统一的意见和决议。然而战争却已经打响了，盖奇统领下的英军此时被围困在波士顿。强大的英国增援军队即将抵达纽约；省政府曾经征询向纽约逼近的英军的意图，得到的回答是英军绝不允许任何侵犯英国国家利益的行为，要以暴制暴，以武力镇压当地的反叛。虽然英军的战争企图已经昭然若揭，但是大陆会议此时还没有准备好发出敌人一旦登陆，或者一旦发动进攻，便予以武力还击的决议。5月18日，在大陆会议踌躇不决，难以下达命令的三天后，据军情回报，提康德罗加以及克朗波因特两地及其物资都被英军占领。对美洲人来说，这不啻一个清晰明确的侵略战争信号。于是，美洲人终于采取了行动。他们占领英国国王在美洲的堡垒要塞；扣押英军军火弹药；囚禁英军士兵。然而，除非大陆会议给予伊桑·艾伦领导的反抗组织以相应的责任和权利，他的所作所为便沦为彻底的叛国罪。但是大陆会议对于颁布这样的法案极不情愿，但是却也不愿意对英国表示屈从，包括放弃收缴的财物和军火，释放英军囚犯。[1] 然而，事情很快就有了结果。即便在邦克山战役激起全殖民地的反抗热情之前，殖民地人民对于最后的判决也已经做好准备，不再犹豫。在接到伊桑·艾伦夺回泰孔德罗加要塞的消息一周之后，大陆会议一致通过决议，由于英国军队司令官盖奇首先挑起了战争，殖民地方面为了保护自身利益，必须对其进行反击，新英格兰的军队将作为大陆军，在波士顿城下集结。殖民地政府下

---

[1] 独立战争期间，伊桑·艾伦及"绿山健儿"与入侵佛蒙特家乡的英军抗战到底。——译注

令，劫掠英国商船的行为合法化，美洲殖民地的港口向全世界开放，附属于英国的最后一点残留痕迹也被悉数抹去。

6月15日，大陆军的总司令人选终于确定下来，美洲幸运地得到了乔治·华盛顿。正如我们所知，华盛顿曾经参加了第一届大陆会议，帕特里克·亨利曾经这样评论华盛顿：虽然许多伟大政治家的雄辩口才远远胜过华盛顿，但是华盛顿毫无疑问是大陆会议中最伟大的人物之一。他被弗吉尼亚殖民地再次选为参加第二届大陆会议的代表。鉴于他丰富的经历，华盛顿被指派制定殖民地政府军队管理条例，主持所有处理军事事务的委员会。华盛顿的同僚睿智地一致通过，选举他在即将爆发的冲突中担任殖民地军队的最高长官，这一选择被证明是无比明智之举。只有康威小团体及其支持者曾经质疑过华盛顿的智慧；凭借华盛顿那睿智的判断力、毫不矫揉造作的谦逊、高贵的品格和坚韧的个性，在美国革命时期所有服役部门中才能达成难得的和谐氛围；也多亏了华盛顿，美洲的军事力量才能完全彻底地听从行政部门的调遣和安排。主要在华盛顿的提议下，选举了许多政府官员，帮助实现这一艰巨的重任。华盛顿便成为北美殖民地人民日间的云柱，夜间的火柱。[1]杰伊被委派参与数个重要的委员会，这样的荣誉表示着杰伊多年来的努力获得了认可，他的当选可谓实至名归；而且由于杰伊仍然写出妙笔生花的文章来，他的声望仍然在持续增高。人们看到这些委员会不断推出重要的决议，但是在这背后的辛苦却不为人知，

---

[1] 此语出自《圣经》。——译注

杰伊为此付出了比应尽的责任更多的努力。

睿智的富兰克林一直希望北美各殖民地更加紧密地团结在一起,因此他向大陆会议提交了一份各个殖民地联合组成邦联的计划。然而,联合的计划对于大多数殖民地来说都太过激进,因为大部分殖民地都认为如果采用这种方案的话,只不过是没有提及"独立"的字眼,实际上已经执行了独立的实质。

大陆会议代表们已经签署了提交给英王乔治三世的第二封请愿书。其实,在第二届大陆会议刚刚开幕的时候,就已经提出了向乔治三世递交第二封请愿书的提议,但是这一提议被与会代表们拒绝。乔治三世对于北美殖民地递交的第一封请愿书的态度,使代表们觉得没有必要再一次向英王递交请愿书。但是杰伊坚持认为:在号召人民拿起武器进行反抗之前,必须向人民证明我们已经穷尽了一切可能性,尝试了一切可能避免流血战斗的方法;杰伊习惯于在其后的人生中不停谈起第二封请愿书在独立进程中的重大影响:正是由于乔治三世否决了第二次请愿,殖民地人民再无任何其他选择,只能拿起武器,抵抗到底。大陆会议最后不情愿地接受了向乔治三世递交第二封请愿书的提议,但是代表们对于北美殖民地任何与母国分离的举动都持反对意见。得知新泽西殖民地议会在托利党总督的影响下,正筹划向英王乔治三世递交请愿书,大陆会议连忙派遣杰伊、威思和狄金森等人前往新泽西,劝阻省议会这种不合时宜的举动。杰伊和威思简短地分析了当前的形势,威思还进一步指出,大陆会议已经通过向英王乔治三世递交第二封请愿书的决议,如今北美殖民地应当向乔治三世展示美洲人民将一起战斗到底的决心。杰伊宣称,北美殖民地不再期望从乔治三世处获得公允和怜惜,向英王的请愿不再仅仅是一种形式,而是在获得全体殖民地一致同意的条件下,为纠正英王错误的北美政策的重要方式。于是,新泽西总督威廉·富兰克林企图将新泽西殖民地与其他殖民地分裂的企图,就这样被击败了;结果第二天,威廉·富兰克林就恼羞成怒地解散了新泽西省议会。

在积极准备战争的同时,大陆会议并没有忘记海外同情北美殖民地的朋友们。会议公开发表了一封写给大英帝国人民的信,还有一封写给伦敦市政府的信件。在写给大英帝国人民的信中,大陆会议澄清北美殖民地没有任何独立的企图,并表达了美洲愿意遵守在七年战争结束之前通过的各项《航海条例》。但是这封公开信同时也表达出势必对所有侵犯北美殖民地人民权利的举动抵抗到底的决心。在第二封写给伦敦市政府的信中,大陆会议感谢伦敦市民长期以来对北美殖民地的一贯同情和支持,感谢伦敦市政府向北美殖民地提供的持续援助。大陆会议也没有忘记感谢牙买加和爱尔兰。爱尔兰抓住宝贵的机会,强迫大英帝国政府对其让步,在这样危急的时刻,正是爱尔兰威胁性的强硬态度延缓了英军的行进速度,否则他们早已经抵达美洲。在写给爱尔兰国民的信中,杰伊说道:"上苍保佑坚不可摧的联盟拥有丰富的资源,我们坚定地信仰上帝在所有的人类事件上必然秉持公正立场,因此我们将毫无疑问地奋起反击所有针对美洲的阴谋诡计和肆意胡为的英国政府……请接受我们最诚挚的感激之情,你们总是对我们友善和气,关爱有加……如果我们偃旗息鼓,收起刀枪,乖乖归顺，听凭被残杀和毁灭，以满足大不列颠政府那高傲的野心，填满大不列颠政府那贪婪的欲望，那么我们必将一无所有，必将被繁荣昌盛永远抛弃，根本配不上我们祖先的威名。因此为了保卫我们的生命和财产安全，我们选择拿起武器，准备战斗。直到针对美洲的暴政得到移除，直到大不列颠那咄咄逼人的进犯者停止战争和仇视，我们才会停止抵抗和战斗。"

  为了即将到来的战斗，美洲已经做好了一切准备。大陆会议发表声明，向全世界表明了美洲殖民地拿起武器、反抗英国政府的正义性和必要性。虽然外界普遍认为这篇声明出自狄金森的笔下，但是其实狄金森和杰伊两人都在准备这份令人钦佩的声明的委员会中。在声明中，狄金森表明美洲人民已经在敌人的逼迫下拿起武器，将对任何侵犯毫不犹豫地进行反击，使用武力保护自由，坚定决心——宁可自由死，绝不奴役生。狄金森进一步宣称："我们已经计算过进行这场战争的成本消耗，发觉没有任何事情比自愿甘当奴隶更加可怕。我们追求的事业是正义的，我们的联盟完美无缺，我们拥有丰富的资源，而且毫无疑问，来自海外的协助也是唾手可得。"

  在战争即将爆发的情况下，在做好了所有可能的准备后，大陆会议指定一天进行禁食和祈祷，为陷入苦难中的美洲祈福。第二届大陆会议已经召开了八十天，负担着难以想象的沉重责任。此时，天气已经进入炎热的夏季，而且在等待事态进一步发展的现阶段，已经没有其他决议可以商讨。因此，大陆会议将重要的权力赋予委员会之后，进入休会期，同时商定在9月份再次聚首。

第八章

美利坚合众国的独立

大陆会议于9月份再次开幕,此时英国国王乔治三世、英国政府以及英国议会对大陆会议刚刚通过的决议已经做出了回应。国王、英国政府和议会都没有做出任何让步和妥协,他们的强硬态度暗示着,英国已经下定决心,欲将美洲殖民地削弱成为英国铁腕下无条件屈服的附属地。递交给英王的请愿书是弥合双方裂痕的最后尝试,随着这一尝试的失败,杰伊深感已经无法从大西洋对岸的政府获得任何希望,因此全力支持北美殖民地立即采取行动,脱离英国独立。

英国政府立刻在德国招兵买马,雇佣军队;并在豪氏兄弟(理查德·豪与威廉·豪)的统帅下集结了规模惊人的陆军和海军,让人印象深刻,准备以武力压制北美殖民地直至其彻底服从母国意愿。在其有限的权力范围内,大陆会议虽然已经布置了所有能够做出的准备,来应对美洲殖民地的这场致命危机;然而在当时,大陆会议的责任其实更多地只是在行政事务方面。大陆会议号召各个殖民地对即将到来的大规模侵略做好准备，命令军队占据有利地形，建立防御工事，建议各个殖民地出于安全考虑，将可能会对美洲追求的正义事业造成不利的人们从边境地区转移到殖民地内陆地区，向每一级的政府官员适当传达备战细节，接下来就只能冷静而坚决地等待着战争的到来。

狄金森曾经宣称，在这场对抗中，北美的外国援助可谓唾手可得。夸下海口的时候，他实际上并未预料到援助真的来得这么快。11月，狄金森、富兰克林、杰伊和其他两人被委派组建秘密委员会，与支持北美殖民地独立的国外相关人士建立联系。富兰克林立刻给人在伦敦的亚瑟·李写信，同时还写信给身处荷兰海牙的大仲马，更与法国政府和其他同情北美独立的力量频繁接触，以获知在美洲寻求独立的道路上，能够从这些外部力量获取什么样的鼓励和援助。这些信件几乎无法送达；由于在夜里召集会议，与会成员不得不选择不同的路线前来开会，以逃避监视。法国驻伦敦大使是邦武卢瓦，此人自愿协助美洲独立事业，在巴黎与许多重要人士相熟。他从不展示任何文件，言谈举止也十分谨慎，但是却暗示法国将对北美购买和运输战争物资采取纵容态度，不会干预。他还说，可以帮助北美殖民地选择信誉好的中间人与法国政府进行沟通，并警告北美不要向法国派遣全权大使，因为不论在巴黎发生什么事情，伦敦都会立即知晓得一清二楚。他似乎对于委员会的深谋远虑印象深刻，在给他的雇主法国大使的信中提到："北美委员会由几位头脑敏锐的人士组成，他们行事谨慎。"这种印象似乎是美洲和法国几乎同时对彼此的印象,也拉开了两国关系的序曲。

我们总是倾向于将大陆会议构想成类似今天在宪法框架下的美国国会,被赋予了完全的立法权力,明确地列出了国会的责任,谨慎地定义了国会的权力范围。这样的想法完全是大错特错。当年的大陆会议只能提出建议,而不能立法。它只是一个巨大的委员会,出于殖民地之间彼此支持、抵御共同的外敌的缘由而组织起来,而且大陆会议的影响力完全取决于其决议是否合理和明智。始终牢牢铭记这一点,大陆会议代表们谨慎行动,但是始终在推进事业的进程,始终与公众情绪保持一致,只是有时稍微超前一些。

矛盾冲突的进展使北美民众认识到,只有通过在同一方向上更加深入的努力,才能够达成诉求。北美的许多地区都摆脱了英国国王的权力控制;许多官员由于实行英国议会的法律而受到惩罚,甚至被撤换;殖民地公开展开了对抗英国军队的战争;也公开地宣称蔑视效忠英王的举动,正义站在殖民地政府一边。连接社会各个环节的纽带全面松懈,只是通过整体的忍耐才得以维持。盎格鲁－撒克逊对于法律的尊敬如此根深蒂固地根植于人民的天性中,使得在这种情况下社会秩序仍然能够得以维持。

新年伊始,社会各界热烈展开了从英国正式分离是否明智的讨论。北美殖民地的贸易已经向全球各国开放,民众并未被迫近的侵略行径所吓住,公众意见迅速地转向支持美洲独立。但是,在有些地区,事态的发展引发了巨大的忧虑,因此大陆会议谨慎地采取行动,希望让大多数公众最终感到独立一事已是无法避免,直到取得圆满的结果。去年11月,新泽西殖民地曾经表示"对于这种独立提议的厌恶","极度憎恨这种独立情感",并指示她的代表团"彻底摒弃任何独立的主张"。1月,马里兰殖民地也指示她的代表团拒不支持任何从英国分离的提议;而地位重要的宾夕法尼亚省也同样反对美洲的独立举动。

5月15日,在约翰·亚当斯的建议下通过了决议,建议那些"尚未建立适宜的政府的殖民地,尽快采取行动,以总体上最好地服务于他们的选举人和北美殖民地"。会议代表们将这一决议的通过视作实质上的美洲独立信号。在推行这一决议的过程中,虽然英王的权威仍然存在,但是却不断遭遇挑战,殖民地主权力量因而逐渐在殖民地人民心中生根。仍然需要进一步的行动,而且需要迅速地行动。在各地委派委员会之前,只有9天的时间"来仔细思量美洲殖民地独立事宜"。针对李先生提出的倡导殖民地自由和独立的决议,大会指定一天来专门讨论独立事宜,命令杰斐逊、富兰克林、亚当斯、利文斯顿和谢尔曼联合起草一份宣言,用以宣布北美殖民地的独立。6月10日,大陆会议展开了关于独立的讨论,持不同意见的双方在论战中都非常活跃。反对美洲殖民地独立的主要理由在于在这样的关键时刻亮出独立的立场实在不合时宜。宾夕法尼亚省委派了七名代表参加大陆会议,其中大部分代表坚守宾夕法尼亚省之前的立场和指示,反对此时独立。来自马里兰殖民地和新泽西殖民地的大部分代表也同样反对此时独立;马里兰的代表则分为势均力敌的两派。来自纽约殖民地的代表并没有就独立问题收到来自省内的任何指示。在做出如此重大的决定之前,全体一致、毫无异议是十分重要的。因此会议延长了讨论时间,一直等到独立的洪流势不可挡地涌入殖民地。

6月21日，新泽西殖民地授权其代表团，"如果形势必要且符合时宜，可以赞同采取独立立场"。4天之后，宾夕法尼亚省的代表团也采取了类似举动；很快，马里兰殖民地也紧随其后宣布同意独立。纽约殖民地的代表团虽然没有投票权，却承担着批准独立决议的权力；而来自特拉华殖民地的代表们——在分裂之前——对独立也给出了肯定的答案。7月的这一天，是永远值得铭记的一天。就在这一天，所有13个北美殖民地，通过各自选取的代表，对北美独立的决议给出了肯定的答案。通过这一重大的决议，标志着北美展开了世界历史上的新纪元，激发了所有国家人民追求自由的事业的热情和渴望，它的影响将毫无疑问地延伸至后世数代。大陆会议命令将北美的独立宣言正式地写在羊皮纸上；8月2日，《独立宣言》呈于大陆会议庭上，与会代表们在宣言后郑重签字。当时，有些投票支持独立的代表由于处理各省事务未能亲临签署《独立宣言》现场，有些人将这些代表的名字附在宣言正文后。然而在签署《独立宣言》之前，在豪氏兄弟率领下的英军便已经驻扎在斯塔腾岛；将美洲人赶出加拿大的卡尔顿此时正身处尚普兰湖。在这样艰难的局势下，在大会秘书身边的威廉·埃勒里亲眼见证了每一位与会代表在签署《独立宣言》时的情景，他宣称在每一张面孔上看到的，都是无畏的决心。

重农学派代表人物安·罗伯特·雅克·杜尔哥曾经认为，如同果实成熟时自然地从树上脱落一般，殖民地在时机成熟时也会自然地与母国分离；但是母国政府对于殖民地的怀疑和猜忌，以及她对大西洋对岸附属殖民地采取的限制的、非法的且心胸狭窄的种种政策，最终导致了北美殖民地在时机并未成熟之前，便宣告脱离母国独立。在七年战争结束后，英格兰沉迷于强大军事力量带来的荣光中，变得骄傲自大、目空一切、专横跋扈，早已忘记了在马斯顿和内斯比的铁甲船上，来自新世界兄弟的后裔也曾与他们并肩战斗，身上也流淌着与他们一样的血液。此时，大不列颠的民众已经不再向权贵低头，但是民主的力量仍然没有超越千百年来贵族的力量。超过一个世纪的自治政府的训练，已经使美洲人民完全掌握了自主管理事务的能力。

让我们回到殖民地本身的情况这个话题上，当时的北美殖民地可谓十分虚弱，毫无防御无法自卫，没有同盟，同时还受到英国强大的海军和陆军的威胁。如今看来，对于北美殖民地的英雄主义、雄图伟略，以及令人崇敬的无比尊严，我们不得不说十分令人震惊和钦佩，敢于在此时向刚刚大挫了波旁王朝锐气的强大英国扔出铁手套，发出挑战书。

将北美的独立运动看做一场革命，这是传递给公众的错误印象。埃德蒙·伯克将北美殖民地的独立视为被阻止的一场运动，这场运动并不具备革命特质。当法国的革命者们寻求摧毁法国过去与现在的所有联系时，美国的建国之父们则更加明智，努力尽量减少撕裂维系当前社会发展，联结殖民地过去与现在的纽带。普通法的原则并未伤及分毫，就连普通法实行的程序也被视为神圣不可侵犯。在北美独立运动中，并没有对既有社会秩序的无情颠覆。独立后北美的政府仍然保持旧有的形式，法庭也按照原来的方式在各地分布。这次所谓的革命，就如同 1688 年的英格兰光荣革命一般，只不过是王朝的更迭，以保证人民享有自由。北美放弃了向英王效忠，并不是因为他是一位国王，更不是意欲改善现行的制度，而是由于英王对北美殖民地实行的政策会危及护卫北美民众与生俱来的权利、特权以及豁免权。独立的目标在于保护上述权益，当目标达成，法律体系和社会框架都大体上保持原样。就如同联结婴儿和父母的细细的线，效忠的纽带一旦被切断，在独立的政治氛围中，人人都成长得更加健壮和强大。

如果您认为各个殖民地都一致同意北美追求独立事业，那您同样大错特错了。在各个殖民地中，都存在人数众多且颇具影响力的少数派，反对北美殖民地从母国分离。还有许多人，刚开始的时候对于英国的北美政策恨之入骨，随着时间的流逝他们的立场却慢慢后撤，选择不再支持大陆会议，即便是当形势已经相当明了，必须使用武力才能维持殖民地权益的时候也是如此。母国政府的政策算不上极具压迫性，不过她的政策的确在几个问题上戳痛了美洲人。在产生矛盾的问题的早期阶段，既是抽象的原则问题，又是消除现有痛苦的实际问题。马萨诸塞湾省的人民以及弗吉尼亚省的上层社会人士发起了美国革命。

从地理位置上看，北美的定居点范围有限，如同一条缎带，窄窄地集中在大西洋沿海地带。各个殖民地之间被宽广的不可逾越的森林和湍急的河流远远分割开来，彼此之间互通的道路少之又少，各地民众很少往来，各个殖民地的地域大小不同，个性特质不同，各自的民族特性也大不相同。富兰克林一度认为各个殖民地之间的彼此猜忌将会成为联合的巨大障碍。从英国迁往美洲的移民分为两类，其中一类在北美东部定居。那里的农场地域范围有限，土地相对贫瘠，只能负担节俭节约努力耕种的家庭过上勉强糊口的生活，即便每个家庭成员都竭尽全力贡献力气卖力耕种。常常不得不与严苛的天气竞争，这里的移民养成了坚韧的个性和自力更生、自强不息的性格，除非遇到巨大的紧急状况，否则一切事情都依靠自己解决，绝不求助于邻居。

而另一类移民居住在弗吉尼亚殖民地，那里土地广阔无垠，常常限定继承，由奴隶耕种，所有者以族长家庭的形式各自分开居住。他们享受着自由，拥有贵族式的、慷慨的好客氛围。由于同样的隔绝状态，也培育出对于独立同样的热爱。每一位美洲移民对于母国英国都充满了感情，通过家庭纽带以及生意关系与母国紧紧相连，这种联系比殖民地彼此之间的联系要亲密得多，数量多得多。很难期望殖民地会将宗教异议、社会偏见抛在一旁，联合起来用武力推翻母国政府在殖民地的统治，更遑论这一母国比世界上其他母国更加自由，也正是在英国政府的保护下，北美殖民地之前才能享受到史无前例的繁荣昌盛。

约翰·亚当斯，"美国革命的马丁·路德"，曾经预测大约有三分之一的殖民地人民反对脱离英国独立。被豪将军的军队从波士顿赶到哈利法克斯的众多难民曾经说过，即便在波士顿这一北美殖民地发起反抗起义的温床上，仍然有数量众多的人口效忠英国国王。或许在重要的纽约省，我们能看到更多的英王支持者，因为当年有许多贵族从英国迁移到纽约省定居，这里的旧贵族人数比任何一个殖民地都要多。格林将军认为，支持美国独立的不动产持有者不超过人口的三分之一。生活在靠近内陆地区的美洲移民，即便在发生武装冲突的时候也可以向内陆撤退，但是那些居住在长长的海岸边疆的移民则惧怕遭受野蛮的侵袭。皇后县是当时人口最繁盛的县之一，但是它却几乎全体一致反对辉格党人的独立决议，当爱国人士命令该县选举时，该县拒绝实行选举，并最终由于藐视法庭而被置于管制之下。

弗吉尼亚殖民地在其卓越的子民的领导下，很早就表示坚决支持美洲追求宪法原则，马里兰殖民地很快也跟随它的脚步。但是在卡罗来纳殖民地，民众中普遍流传着不赞同大陆会议决议的情绪，因为大批苏格兰人在1645年的运动中离开苏格兰，涌入卡罗来纳殖民地。皮特在为汉诺威王朝争取支持者方面并非没有获得成功，原来忠于斯图亚特觊觎王位者的人们，如今正努力寻求武力措施，因为正是借由武力，他们之前才将斯图亚特王朝成功移植到英国的土地上。受到从北美逃回英国的人们的意见影响，英国政府对于北美殖民地的普遍抵抗十分焦虑，但是这些人在希望和个人利益的驱使下，很可能自然而然地曲解了事态的真实发展状况。

在英美冲突的早期阶段，不论英国人出现在美洲的任何地方，都会受到朋友们的热烈欢迎，并向他提供必要的补给。但是很快地，殖民地居民拒绝公开提供给英国人任何协助。尤其在英军撤退之后，生活在北美殖民地的英国人发现自己毫无保护地身处对其充满蔑视的邻居中间，而且来自政府的保护和怜悯微弱得不值一提。

杰曼改变了战争的性质，英军士兵在某些地区嗜血的行径，迫使往日的朋友也反目成仇，武装起来，兵戎相见。事实上，英国人的失败很大程度上源于殖民地中有太多的托利党人。众多美洲人曾经积极参加了法国革命战争，英国政府起初还希望凭借这些经验老到的老兵，只需要不多的欧洲兵力便可重获和平景象，因为可以从殖民地效忠人士中征到已经做好准备上战场的志愿者。结果几乎没有人愿意为了基本上与自己毫不相关的事业离开自己的家人和温暖的家庭，去承担作为一名士兵必须要面对的艰难困苦。在征募的小支军队中，最有效率的组织便是弗格森的军队，但是却在国王山全军覆没；以及西姆科的著名的巡逻队，这些士兵以对这个国家的充分了解，相当出色地证明了他们所提供的服役的确无与伦比。

从与美洲殖民地爆发矛盾冲突直至美国革命结束后，在回顾这段时期发生的历史事件的时候，人们恐怕会对期间不同的英国内阁政府几乎毫无例外的软弱印象深刻。履行英国国王的愿望是内阁官员保住饭碗的试金石，因此有精力和能力的政治家便被排除在内阁之外，甚至被逼迫站在对立的立场之上。在内阁官员之中，没有如同首相查塔姆伯爵那样权威的统领人物，能够号召起全国团结一致的力量，展开行动。才能逊色的人占据着高官的位置。在英王的怂恿下，政府官员们提出了一系列明显地违反宪法的政策措施，尽管已经得到警告一旦颁布这些政策必将遭受抵死反抗。然而，政府不仅没有做好应对反抗的准备，或者撤回这些违反宪法的政策，相反，他们彻头彻尾地以虚弱无力且踌躇不定的姿态，不经过深思熟虑便轻率地制定计划，并将执行计划的重大责任赋予毫无能力和上进心的代理人。急迫的形势呼唤军事天才的出现，希望他们能够平定战乱，而重新恢复和平秩序的重任就这样落在豪和克林顿等司令官的身上。

最初，曾经有人提议任命克莱夫男爵为讨伐美洲军队的司令官。如果真的任命成功的话，美洲独立就不可能维持多长时间。如果那位"天生的将军"果真在美洲着陆并被委以重任，如同豪将军那样，担任三万名精锐士兵组成的军队的司令官，他绝不会允许在长岛取得胜利后，让落败的华盛顿逃过东河；而且他会跨越泽西岛，绝不停下搜捕丢盔弃甲、沮丧万分的大陆军队的脚步。克莱夫男爵一定会立刻攻下费城，即便大陆军在特伦顿取得了令人惊喜的大捷，也无法扭转大局，灾难的浪潮并未调转方向。北美殖民地居民已经被英国军队从加拿大赶出来，四处笼罩着一片忧愁的氛围。如果英军就在那时来上一场击倒性的大胜利，在法国介入到美洲独立战争之前，必定会给美洲独立的爱国者们压上最后一根稻草。殖民地联盟并非紧密地团结在一起，合作无间。他们"仍然羽翼未丰"，北美的民族特性"还只是一块软肋，尚未形成无坚不摧的强壮筋骨"。大陆会议只是一个顾问性质的委员会，在行使主权方面几乎无能为力，更不敢向各个殖民地索要财政收入，或者是征用各个殖民地的人民，它每日签发的文件也变得越来越不足为信，无足轻重。

在这种情况下，北美殖民地的军队分布得非常分散，纽约和费城只由少数守军护卫，在新英格兰以南的殖民地很可能落入敌手，而且大陆军能够掌握的地区将越来越小。但是任命威廉·豪少将为英军司令，就意味着美洲的独立事业必然取得成功。邦克山一役决定了这场战争的输赢。豪将军一直认为，北美移民生性胆怯，大陆军这种非正规军不敢与英军正面遭遇。但是在邦克山展开的这场血腥的战役中，大陆军的英勇表现出乎豪将军的意料，他保住防御据点的企图失败了，而且在豪将军的头脑中驱散了大陆军不堪一击的幻想，这次战役给了他一场永生难忘的教训。在独立战争余下的日子里，豪将军总是惧怕再次失败，因此坐看机会流逝，不断延误战机。如果是一位更加勇猛、更加激进的司令官，一定不会这样做。

早在美洲殖民地宣布与母国分离、取得独立地位之前，英国辉格党人内部就对当时实行的北美政策一直存在着意见分歧。但是如今，事态已经尖锐地发展成为两个极端的选择，要么使殖民地彻底地臣服，要么任由它完全地独立。辉格党人一直采取坚决支持北美殖民地独立的官方态度。《独立宣言》是否是权宜之计，无论对此是否存在不同的看法，辉格党人也绝不容许在公开场合表达异议，除非在英国的保护下。在美洲，每一位公民都被号召表明自己的立场。英国国王对于殖民地的主权已经完全被移除，或者如果必要，权力也从原来掌控殖民地的人们的手中转走，在其中的几个殖民地省（州），建立了自治政府。殖民地邦联将自己视为独立国家，向世人展示着美洲人新的面貌，与所有独立的国家一样，拥有相应的各种合法权益，在世界列国中争得一席之地。然而，所有这些诉求，都必须以铁血宝剑来捍卫和证明。

各个殖民地共同面对的危机将彼此拉到了一起，并建立了和谐的联盟，不过大陆会议对于它的成员并不具备任何司法裁判权力。大陆会议可以发布命令，但却不具备执行的权力。大陆会议可以承担债务，但是却无法创造财政收入来支付；大陆会议可以缔结协约，但是却不具备执行协约条款的权力。它在当前工作中的低效表现得越来越突出和明显，但是忽略了公众的不满声音，大陆会议仍然准备出台《邦联条例》，打算赋予这一中央集权机构更多的权力。弗吉尼亚州在同意这一做法的同时，坚持提出本州边界将要无限制地向西延伸。但是由于西部地区土地广袤无垠，只有通过各州的联合努力和彼此牺牲，集中所有州的财力人力物力，才能进行征服和开发。因此，其他各州都认为弗吉尼亚州的要求十分过分，西部地区应当作为共有财产用以偿还独立战争中发生的债务。但是出于保护邦联的极度渴望，除了马里兰州以外的所有州都默许了弗吉尼亚的做法。马里兰州通过其代表向大陆会议传达了如下意见："这些土地由更具野心的动机而攫取，她（弗吉尼亚）没有任何权利占有这些土地。"马里兰州议会也宣称，"马里兰州的人民认为自己拥有权利，与联邦中其他州的公民一样，对于坐落在州边疆以西的广袤土地拥有固有的权利。"虽然盼望与姊妹州弗吉尼亚建立紧密和谐的关系，马里兰州在这个问题上仍然非常坚决，下定决心绝不批准提议，不妥协，直到问题解决到她满意的程度。然而，马里兰州也表示："如果能够附加一条或者多条条款，以国会决议的形式，明确限定西部边界将一直延伸至密西西比河或者南海，并且邦联保留上述边界以西所有土地的权利。如果那样的话，我们就加入邦联。"最终弗吉尼亚州迫于巨大的压力，不得不放弃了原来的提议。我们可以这样认为,如果弗吉尼亚州没有撤回她对西部土地权利的诉求,北美殖民地"永恒的联盟"以及建国之父们渴望的"更加完美的合众国",可能永远也无法实现。如果弗吉尼亚占据了向西直抵密西西比河的广阔土地,她将毫无疑问地脱离联邦,自行建立一个独立的共和国。

第九章

纽约会议

北美的爱国领袖们发誓将奉献全部的生命热情,倾注所有的财富,来维持业已切断了与大英帝国所有联系而独立的美利坚合众国。这句话中的每一个字都举足轻重。英国在北美的统治权威的确已经被颠覆,如今在矛盾冲突的殖民地中暂时也看不到英军的影子;但是英国政府官员在国会中确认,闪烁着寒光的宝剑已然出鞘,接下来将实施更加严厉的措施,以彻底镇压北美的叛乱;即将压境的英国军队,犹如暗黑的阴云,盘旋在美利坚合众国的边境,威胁着推翻这个新生的国家。接下来的这段历史时期,是美国革命史中最黑暗、最艰难的岁月。美洲人民由于疾病而大批死亡,由于受到强大对手的挑战而沮丧灰心,而且美洲人从加拿大被赶了出来,这也造成了灾难性的后果。迄今为止,没有任何一个盟国敢于公开地伸出援手。就好像入伍的新兵,美利坚合众国的各州还没有学会如何彼此依靠,他们之间还存在着不信任。邦联发行的纸币贬值到一文不名,而且邦联也没有制定任何条款,储备未来的军事力量。在签署《独立宣言》之前,还有这样一个小插曲。纽约的托利党人与华盛顿和其他的高级官员迫于战事不得不匆忙逃走,使得纽约城不得不对旋即抵达的英军投降。当时,在纽约的辉格党人中普遍蔓延着沮丧失望的情绪,苏格兰人亚历山大·麦克杜格尔在写给杰伊的信中说到,许多德高望重之人拒绝接受民兵委任,这些重要的职务已经虚席数周,希望能等到合适的人选。为了给他人做一榜样,鼓励大家加入军队,杰伊本人自愿加入了军队,为其服役。

英国政府早已怀疑美洲殖民地有一日会寻求独立,因此他们下定决心,在从殖民地取得收入的同时,把殖民地附属于母国的纽带收得更紧。最近事态的发展令杰伊感到满意,不经过抵死搏斗,英国政府不可能轻易放弃原来的意图。当时也不会有任何和解的可能性,能够与美利坚合众国的荣誉、自由和未来的发展相匹配。杰伊继而认为,北美殖民地的彻底独立对于保护殖民地安全来说是十分必要之举,大陆会议也急切地尝试每一种可能的方式,努力地为每一种可能发生的情况做好准备。

杰伊参加大陆会议的时候,同时也被本州选为参加省会议的代表。当省议会于1776年5月14日在纽约城再次召开的时候,在同僚的要求下,杰伊离开费城,在省议会开幕十一天后加入进来。杰伊还没有坐稳,就收到了主张各个殖民地分别建立自治政府的提议,提交给杰伊和其他代表审议。纽约的省议会代表们被授予行使本省的最高的行政权力,不过迄今为止,只有在情况极度危急的时刻才在要求下行使如上权力。他们忙于一场保存地方自治政府权力的战斗,如果省议会在没有得到特殊的保证的前提下便通过这一提议,他们就会因使用并未被赋有的权力而违背原则。在这次会议的驱使下,委员会通过杰伊,汇报了一系列决议,宣布省议会的组织和召开只有一个目的,那就是抵抗英国议会的篡权,要求选出代表参加大陆会议,对形成州宪法的权益进行探讨,而且假如大多数代表批准通过,他们将被授予制定如此宪法的权力,这被视为保护公民权利、促进公民幸福的最好方式。杰伊在费城大陆会议中的同僚们,为脱离不列颠独立做出了范例和榜样;在杰伊的例子中,提议中的机构将被赋予的权力范围如此广泛,足够使它拥有决断未来可能会出现的每一个其他问题的权力。迄今为止,仇敌的铁蹄还没有践踏到纽约的土地,纽约人民也能够就与公众的政治条件联系如此紧密的问题,自由地表达他们的愿望和意见。

因而,被赋予了巨大的绝对权威的新的纽约会议,于7月9日相聚在怀特普莱恩斯,杰伊作为来自纽约城的代表参加会议。《独立宣言》此时已经被纽约州采纳并生效。杰伊作为委员会主席,于7月9日下午提交报告:"大陆会议的决议宣告联合殖民地中包含的是自由和独立的州,这一点是无可反驳、毋庸置疑的最后答案。如果残酷的形势迫使联合殖民地遭遇不可避免的危机,我们将会以生命和财富为代价,与其他殖民地一起促成联合殖民地的实现。"这份报告得到全体一致的通过,纽约会议同时还印刷了许多《独立宣言》传单,在纽约居民中传发,以告知公民独立的消息。作为传达人民心声和感情的机构,纽约会议通过了这份决议,于是纽约州人民撤回了他们对于英国政府的效忠，并宣布所有支持英国国王，或者是向敌人提供援助或者物资、住宿等行为都会被视为犯有叛国罪。在杰伊的提议下，犯有上述罪状的人将会被处以死刑。然而，不论杰伊在管理公众责任方面有多么严苛，他对于任何个人，既没有表现出粗鲁刻薄，也没有严厉的苛责。随着恢复了和平，过往的意见分歧被渐渐遗忘，旧日的友情又重新燃起。

北美殖民地独立的拱门，自弗吉尼亚殖民地和马萨诸塞湾殖民地这两块基石之上升起，不过，若不是作为拱顶石的纽约殖民地撑住了拱门的结构，这座伟大的拱门也将轰然倒地。此时的局势充满了危机，美国正处于矛盾冲突的顶点。入侵的军队时时打断纽约会议；印第安人及其白人联盟威胁着她的北部边境；纽约州内人民情绪不满，在上一任英国皇家总督的煽动和刺激下不断爆发叛逃暴乱。这些都是纽约州此时必须面对和克服的难题。豪将军率领的英军进攻纽约，使杰伊不得不逃离家乡，在接下来的两年中，杰伊所有的智慧、能力、时间和热情全部奉献给了新生的共和国；所有人都将他视为值得信任的领袖；在祖国危难之际，他挺身而出，鼓励胆怯者，给他们以信心；扶持弱者，将美国所有的资源动员集结起来，抵御外敌。绝对不向英军让出寸土，让他们占领美国境内任何一个据点，杰伊支持采取这样的政策，当守不住一座边境城市的时候，宁可把它烧掉，把周边城市的人民撤至腹地，将其变成孤城。但是这样的策略对于公众情感来说，太过英雄主义；而且，虽然华盛顿收到命令，如有必要可以摧毁城市，但是在独立战争余下的时期，纽约一直作为英军的仓库和司令部所在地，并未被摧毁。

困难，在某些时候也预示着机遇。纽约会议遭遇被围困的艰难处境似乎激发了与会代表们更大的能量和更加坚定的决心。豪将军意欲占领北河，从而将新生的美国一分为二。为应对英军的战略意图，纽约会议特意委派一个秘密委员会，阻止英军航海。作为委员会的领导成员之一，杰伊毫不松懈地持续工作了数周，在他的努力下，建立了一套护照系统，以阻止城市之间的情报流失。在这套系统被证明不甚有效之后，纽约会议又组织了另一个委员会，对叛国通敌行为进行调查、审判和打击。该委员会被赋予无上权力，可以将叛国的托利党人逮捕投入监狱、解除其武装，或者驱逐出境，或者在一定限度内，迫使托利党人按照规定为其住所提供安全保护。实际上，该委员会被授权在全州范围内实施管理范围广大的、精力充沛的警察系统，而且在杰伊积极而警惕的领导下，大家的努力收到了令人愉悦的回报，成功阻断了通敌行为，摧毁了国内叛徒与英国的联系，保证纽约州始终忠于美利坚合众国坚持的独立事业。

随着华盛顿撤回新泽西，普遍的失望情绪在人民心中蔓延，这一形势驱使英国司令官声称，可以特赦那些自愿重新效忠英国的北美臣民，为他们提供保护。在这种形势下，纽约会议随即向市民发表了公开的声明，这篇声明出自杰伊笔下，在纽约州起到了非常好的效果，令大陆会议还将这篇声明的原文翻译成德语，用国家经费印刷出来，将其推荐给"美利坚合众国的所有公民，提请严肃关注"。这篇言语流畅、文采出众、栩栩如生的声明这样说道："他们告诉你们,如果你们投降,你们将得到保护;他们的国王会既往不咎,还给你们和平;他们的国王将会恢复——而不是撤销——所有对美洲的残酷的政策和做法,而且还会对你们青睐有加……除了绝对的、无条件的服从和奴隶般的顺从,你们还从这里面听到任何别的信息?……如果英国国王不想哄骗和欺骗你们,为什么不对你们清晰地说出具体的条款?为什么不说清楚如果你们遂了他们的意,满足他们的要求,英国议会是否还会对你们征税?在这类关键问题上,他们保持着沉默,除非能够授予特赦的权力暗示着调整声明和得到特权的权力;或者除非在他们看来,只是苟延残喘地活着就是美洲人民能够享有的唯一权利……如果英国国王真的想要和平,为什么要求军队截获你们的舰船,并没收充公,在舰船上的所有人员都将被加入英军的战斗人员编制,被强迫与自己的同胞作战——向自己的邻居和朋友们举起屠刀——或者更确切地说,向他们自己的父亲、母亲和儿女们痛下杀手——而所有这一切都将发生在这些和平大使们最终来到我们的土地上之前?……如果在他的脑袋里哪怕有一丝的和平的主意,为何他还下令焚烧你们的城市,摧毁你们的国度,饿死你们的兄弟,折磨你们的同胞直到他们惨死在监狱里?……如果他们的头脑中不仅只有毁灭、摧毁、流血屠杀,为什么他们还调遣了四千英里之外的德国雇佣兵远渡重洋来到此地?……他们抢劫你们的房子,强奸你们的妻子和女儿,遗弃你们幼小的婴儿,将所有家庭置于赤裸的、悲惨的、无助的境地,任凭你们陷入欲望、饥饿、狂风暴雨之中,面临悲惨的死亡威胁;为什么你们要背负所有这些悲痛、屠杀和残酷?他们告诉你们，就是为了将你们置于服从境地……如果我们之中有任何人完全失去了荣誉感，他的荣誉感完全死去，丧失了对于祖国的热爱；如果我们之中有任何人对于自由、美德和宗教的真诚召唤充耳不闻；如果我们之中有任何人将祖先的壮丽历史和后代的福祉抛在脑后；如果我们之中有任何人无论是对于其他国家的成功范例，对于源自理性和自然的命令，对于他们应该为上帝、自身和他们的后代承担的责任，全部无动于衷；如果我们之中有任何人不论受到何种伤害，不论争取何种目标，不论给未来子孙后代留下的是福祉还是诅咒，给全人类留下的是阵阵掌声还是声声责骂，不论所作所为能够获得'伟大法官'的赞赏还是不悦，或者说不论今天及以后的行径将带来幸福还是悲惨的结果，以上所有这些都无法令其心动——于是我确定他们注定要做奴隶，除了极度的痛苦和磨难，什么权利也没有。……但是我们为你们筹划了更好的未来。我们相信，也被劝说认为，你们将如同真正的男人那样，承担起自己的责任，兴高采烈地将你的事业依靠伟大且公正的'裁制者'。如果你的努力换来了胜利，所有自由人享有的福祉将是你的回报和荣耀；即便你在这场战斗中落败，在尽力后，你将了无遗憾地在天堂幸福地与上帝同在。"

纽约会议负责保证避免州内部分裂，面临残忍的外敌来犯，它背负的责任十分艰巨、持久，而且常常非常危险。随着战事的不断进展，议会的会议地点也从怀特普莱恩斯转移到哈莱姆，后来又辗转确定在菲什基尔、金士顿，最后转移到了波基普希。全员参加会议几乎是不可能实现的事情，因此当与会代表不足法定人数无法召开会议的时候，议会就会委派一个特殊委员会来商讨事宜。于是，不是这个委员会就是那个委员会，总是处于开会期间；数月来，委员会的会议记录大多由如下内容组成：与大陆会议的代表们、华盛顿和其他军事机构之间的通信；将沿海地区的物资转移到内陆地区的指示；逮捕对政府心存不满者，惩罚通敌卖国者，打击拒绝接受美国货币者等。议会为大陆军提供补给和食物，通过购买物资、制造衣服、借贷钱币等方式支持大陆军，并照顾从纽约逃出的沮丧的难民，同时还要对付印第安人。委员会经常更改开会地点，许多次会议地点都不为人知，连委员会的支持者们都不清楚到底在哪里开会。因此，我们发现委员会曾经在"奥戴尔之家"集会，不久之后，又转移到"约翰布莱奇"聚集，显然选址是为了更加靠近敌人，便于近距离观察敌人的行动。杰伊在这个委员会中的角色十分活跃，在代表本州参与的制宪机构中也同样如此，委员会中很大部分的事务都落在他的肩上。杰伊每天都参加会议，只有一种缺席会议的可能性，那就是他将年迈的父母转移到安全的居所的时候。杰伊在长岛上的农场已经被英军占领，他的妻子与岳父在新泽西找到了庇护所，此时对于杰伊来说，没有家事能够让他分心，他可以一心一意地专注于公共事务。

纽约会议的主要目的就是为新生的纽约州起草一部宪法，但是其他事务的压力导致制宪一事只能暂且拖延一下。8月1日，纽约州组成了一个十三人的委员会，杰伊担任委员会的主席，委员会的职责在于"准备一份构建政府形式的计划"，并且要求这份计划必须要在8月26日向州议会提交！然而，这份计划书直到第二年的春天才呈于州议会案上，供议员们逐段逐段地仔细讨论。在杰伊起草的计划提案中，他非常谨慎地故意忽略一些重要的条款，打算当宪法真正在整体上置于考量之下的时候，再将这些重要条款以补充条款的形式补充上去。就在他提交了计划之后，他不得不回到行将离世的母亲床边，陪伴母亲的最后时刻。使他感到懊恼的是，当他重返会场，发现他的提案在几乎没有什么改动的情况下已经在上一个周日投票通过了。杰伊对于这桩鲁莽的行为十分生气，宣称这就好比庄稼在成熟之前就被收割，本应饱满的谷粒如今落得枯萎干瘪的下场。杰伊本来希望在宪法中加入一条废除州内奴隶制的条款，本打算通过这样的提议，"当与公共安全以及财产权一致的时候"，让纽约州作为全美国第一个移除在殖民地时代就一直流传的遗存糟粕，而获得无限荣耀。杰伊在废除奴隶制方面的努力得到了他的朋友古弗尼尔·莫里斯的大力支持，但是哈德逊河沿岸各县的代表对此都投了反对票，因而此时在州内废除奴隶制的尝试失败了。杰伊个性坚毅，永远牢记自己的奋斗目标，二十年后他的梦想终于达成——作为纽约州州长，他将自己的名字签署在了宣布在纽约州境内所有公民都获得自由的法案上。杰伊从胡格诺派教徒的先祖那里继承了对于天主教会说教的反感，因此曾经努力试图在州宪法中加入一条条款，剥夺那些认为教皇或者牧师有权废除盟誓，甚至有权赦免一个带罪之人的选举权。很幸运，杰伊的这一提议被否决，在纽约州始终采取的是无限制的宗教宽容政策。

　　殖民地的权利在很大程度上取决于皇家宪章的规定；很自然，

这些可以作为提供给美利坚合众国的重要参考，而且在很多情况下成为最后确定的宪法的来源。正如我们所知的那样，由大陆会议授权，几乎每个州都建立各自的独立政府；罗德岛和康涅迪格州仍然保持他们的宪章，宪章中包含着保卫安全的内容，这对于他们的公民自由来说非常重要。除了宾夕法尼亚州之外，各州政府的最高立法机构都分设两院，行政机构和司法机构也在各自的权力范畴完全分开而独立。所有州都采用共和政体，与美国人民的总体特征相符合。在各州政府看来，从人民处得到的授权意味着得到人民的信任，人民为了得到安全的保护而赋予政府权力。

　　纽约州的宪法仍然持续有效，几乎长达半个世纪的时间里鲜有增补；由于其包含了许多杰伊当时的思想，其后更体现在美利坚合众国的宪法中，在这里最好列举出一些条款来。纽约州宪法首先复述了大陆会议取得的进展和决议，各个州接下来采取的行动，以及各州原有的皇家总督已经被抛弃等情况，之后宪法进一步解释道："从此时起，所有权力回归人民；"而且"以纽约会议的名义，根据纽约州的良好市民授予的权力，在此规定、决议并宣布，不论以何种诉求方式，没有任何权力，能够凌驾于纽约州人民的权力之上，规定、决议并宣布法律的权力必须来自纽约州人民，而且必须得到纽约州人民的批准……英格兰的普通法，以及1775年4月19日之前实施的所有法律，仍然持续生效；除非由法律裁决，或者是在他的同胞法庭的审判下，任何人都不得被剥夺选举权或者被剥夺任何一种合法权利"；而且"纽约州人民享有自由选择宗教信仰的权利，实施宗教行动和信仰、宗教崇拜、宗教职业，都永远被允许"。杰伊相信，拥有土地的人应该是这块土地的真正统治者；据此，授予州众议院和州参议院相应的立法权力，州众议院议员将由每年拥有价值在二十先令以上的不动产收入的公民投票选举；而州参议院议员则须要土地年收入在一百镑（纽约货币）以上的公民投票选举。州长、首席法官以及最高法院的法官组成了委员会，有权修改所有法案，并且对所有法案的实施具有否决权，就如同日后美利坚合众国总统对美国国会的法案具有否决权一样。民众大会每年要从每个选区选举一名参议员，这名当选的参议员将与州长一起，任命所有的服务于公众的政府官员。正是由于之前英国皇家委派的地方长官滥用行政权的行为激起了民众的警惕，美国刚刚摆脱了这种臭名昭著的坏影响，因此代表们希望保护新政权。为了防止滥用委任重要职位的权力，决定将这一权力分开，却忘记了这样做的同时也相应地减少了每部分应当负担的责任。这种宪政组成特征成为当时巨大的政治腐败的源泉，产生了不适宜的权力冲突，因此在杰伊担任行政长官的第二任期结束后，在大家的一致同意下，取消了这种权力分配设置。

这就是于1777年4月20日夜里，纽约州采纳的一些政策，只有一点稍微负面一些——由于事务形势复杂纷繁，所有政令并非如同今天常规的政治做法，交由人民进行投票批准，而是只是由政府秘书直接对公众公布，通常他会站在位于伊斯珀斯的法院门前的一只大桶上面，高声诵读决议。在全州范围内如何建立、完善这一制度还有很长的路要走；毕竟敌人还占领着纽约州内部分地区，不满情绪在其他区域蔓延，如何完善政治制度只能留待日后深思熟虑，眼前的安全问题才是生死存亡的关键。纽约州组建了在利文斯顿领导下的五人委员会，准备出台一系列计划，设置能够运转的新的州政治机构。选择合适的人选来担任州行政长官和立法机构的领袖，当然需要些时间；因此在举行行政长官和立法长官选举，并完成司法系统组织构架之后，纽约州会议授予安全委员会非常规的无限权力，用以维护社会秩序，但是最终该委员会还是被取缔。

　　杰伊被选举为大法官，他之前的合伙人罗伯特·R. 利文斯顿担任首席法官。杰伊和利文斯顿两人都是最后的纽约州议会的代表。在接下来的四个月中，两人担负的责任固定不变，工作非常费力艰难。那段时期，伯戈因率部从北方入侵，克林顿统军从南方进犯，大陆军放弃了提康德罗加，圣莱杰与其印第安盟军沿着莫霍克河谷不断向前拓进。由此带来的沮丧失望以及不信任，导致严肃但却忠诚的斯凯勒被剥夺了大陆军的统帅之位，而且也鼓励了那些不忠诚的人为了颠覆初生的共和国而进行通敌行为，将自己的祖国亲手送到敌人的虎口。杰伊认为，政府的目标在于统治，因此赋予委员会实行专制管理的权力，以鼓励在这样极端危急的情况下所需的绝不妥协的勇气和意志。纽约州内对于新政府持有不满情绪的人被杰伊的举措威慑，公开的通敌行为被严惩，一系列措施鼓舞并激励了情绪低落的爱国者，帮助他们继续组织抵抗继而完成了新政权的建立。不久之后，随着伯戈因的投降，纽约州终于将英国人从侵占的美洲土地上彻底驱逐出去。

　　虽然乔治·克林顿被选为州长，并于7月宣誓就职，但是他仍然在前线带领军队与敌人作战，这个阶段州长的权力主要转由安全委员会实行。在新的州宪法的规定下，新的立法机构将于9月集结开会，每件事情都在体系化、规范化的进程中。如今，在纽约广阔的土地上建立起了民选政府，合众国联盟坚固不可动摇，英国人夺回殖民地的最后一丝希望也已然落空——这就是造就完美拱门的最后一块基石。当纽约会议忙于制定本地宪法的时候，美国国会也忙碌地做着同样的事情。虽然没有瑞士人那样激情四射，也没有荷兰人那样坚忍不拔，而且享有和平的时间珍贵稀少，《邦联条例》仍然坚持尊敬全体国民的情感和意愿，是建立有效的政府机构的先决条件。南卡罗来纳州很快也跟随纽约州的脚步，通过了永久性的州宪法。美国国会终于可以发表声明，宣称"由各自的州政府组成的邦联，如今已经设立完毕，开始精神饱满、干劲十足地实行着不被限制的自主权"。

议会曾经提名杰伊而非克林顿作为纽约州州长的候选人，但是杰伊婉拒了这份荣誉，他自认为担任现在的法官职务将"更有用处"。虽然去年春天就已经委派杰伊担任纽约州大法官，但是当时公共事务的状况一直使其无法履行职责。然而，如今其他行政部门都已经成功地展开了工作，作为美利坚合众国邦联法律的阐释者，纽约州的最高司法机构尽快行使其职能，势在必行。9月9日，纽约州第一届最高法院在金士顿开庭。狂暴的独立战争使美国人民处于水深火热之中，没有人能够预测这场战争何时才能结束。那年的杰伊只有三十岁，经过公众政治生活的长期锻炼，杰伊已经长成为成熟的男人。身材高挑，仪态挺拔，身着的法官长袍更增加了他的威严。纽约从英国的附属省变为拥有主权的独立州，这样的变化具有特别重大的意义。杰伊怀着深情说道，神圣的上帝借用君主的暴行作为工具，打破了受其限制的臣民的锁链。他回顾了导致美洲殖民地与大英帝国分离的原因，并指明了美洲独立的必要性以及美洲公民因而承担的责任所在。在对新制度的几项特征做出评论后，杰伊继续说道："但是要铭记的是，不论你们的宪法烙上多么明显的智慧、经验和爱国主义热情的烙印，就如同造物主缔造了一对完美无瑕的父母，让他们呼吸，赋予他们生命，使其拥有完美的对称、合适的比例和优雅的外观，作为后代，最重要的仍然是必须吸收父母的精髓，并借此加速自己的成长。让美德、荣誉、对自由的热爱、对学问的热爱成为并持续成为宪法的灵魂，成为我们这一代以及未来子孙无限延续的幸福来源。罪恶、无知、猜忌防范，将会是摧毁它的唯一敌人。"如同杰伊发表的其他作品一样，这篇声明一经面世便吸引了公众的高度关注。由于文字优美流畅，爱国热情充沛高涨，因而很快便被人们频繁传阅。杰伊作为大法官的任期在立法机构第一次会议的时候结束；但是任命委员会再次做出新的任命，批准杰伊继续担任大法官一职。遗憾的是，我们没能找到当时杰伊法庭处理案件的记录，杰伊在担任纽约州大法官的短暂时期做出的判决也没能流传下来。在过去的很长一段时间里，杰伊居无定所，对于一个喜欢家庭生活的男人来说，这始终让他难以忍受。现在，杰伊决定将暂避在新泽西的家人们接回纽约，同时接受自己在州政府的大法官职位。在得知杰伊的打算后，天性慷慨的斯凯勒送给他一栋位于萨拉托加附近的农场作为居所。然而，对于这样的盛情好意，杰伊却不得不婉拒推辞，因为父亲此时需要杰伊持续的照看。由于妻子离世、家园被毁，父亲彼得·杰伊的精神遭受了严重的打击，一蹶不振；年迈悲伤的父亲需要儿子的温柔关爱，此时杰伊更愿意待在父亲的身边。

除了担任大法官，杰伊还是修订委员会的成员之一，所有法案在成为法律之前，都要递交该委员会审批。因此杰伊在州议会的会议期间必须全程参与立法过程。夏天，杰伊与古弗尼尔·莫里斯一起前往大陆军司令部，目的在于劝说华盛顿增强兵力，展开与伯戈因率领的英军的对决。然而当英军占领了位于海兰兹的要塞，火烧金士顿之后，这一切表明了纽约正处于英军武力的威胁之下，处境异常危险。作为纽约州大法官的杰伊，与其他州政府官员一起，选择了西点作为新的要塞，抵御英军的进一步侵略。

第十章

大陆会议主席

　　从殖民地时期开始，就纽约省与新罕布什尔省之间的无主土地归属问题，多年来双方一直争论不休，纽约省和新罕布什尔省都声称拥有这片土地的主权。争议被提交到英格兰当局，英国政府决定在这件事上支持纽约省。但是在此期间，新罕布什尔省一直对这片觊觎的疆土提供补助，当时受到新罕布什尔省支持的土地持有者已经享用了这些特权，结果这片土地却成功归化在了纽约省的境内。当英国政府做出支持她的决定后，纽约决心不仅要在争议地区扩展自己的管辖范围和权力，而且还要正式宣布对这片土地的所有权。而居住在这片土地上的新移民将这片荒郊野地精心耕种成硕果累累的田野，通过辛勤汗水的浇灌赋予这片土地以价值，他们自然反对这一不公平的决议，最后坚称他们完全独立于纽约而存在。于是，在美国革命期间，纽约和新罕布什尔都向大陆会议提出上诉，纽约决定委派杰伊作为大陆会议的代表，以保卫纽约在争议地区未曾落实的权力。然而，杰伊在出任纽约州大法官后，随即辞去了大陆会议代表的职务，因为宪法规定除非"在特殊情况下"，否则禁止公务人员身兼两职。而 10 月份召开的州立法会议马上宣称如今便处于宪法允许的"特殊情况之下"，于是杰伊再次当选大陆会议代表，在州长的委任下于 11 月 18 日启程，作为纽约的代表参加大陆会议。大陆会议代表的任期持续到来年的 3 月，而且明确规定此后杰伊将"不再担任"大陆会议的代表。

杰伊在离开两年多之后，于 1778 年 12 月 7 日再次回到费城，担任大陆会议公职。虽然大陆会议主席劳伦斯对此并不满意，但是他控制了自己的情绪。杰伊在抵达的三天后便迅速地补充上了他的空缺职位，担任大陆会议主席（邦联首席执行官）。这一职位要求杰伊每天必须参加大陆会议的会议，工作职责中还包括大量的官方书信往来，却没有今天政府官员享受的薪水和委任权。备有家具的住所，提供的写字台、马车，还有仆人，这些都来自公共费用支出；杰伊的生活方式，也因此能够与其所担任的显赫公职的重要性相一致。杰伊的谨慎、坚定，以及对公职的全心投入，使他能够出色地完成所担任的职务需求，他在此位置上努力工作数月之久，未曾休息过一天。此时，大陆会议充分意识到，邦联政府必须建立不同的部门，每个部门选取一名高效的领导带领，因此大部分的会议时间都在讨论相关的细节问题。工作量超负荷的大陆会议主席是重要的沟通桥梁，只有通过他，大陆会议才能与军队、各州政府、法国大使以及欧洲各国在美洲的代理人和大臣们进行沟通。

曾经赋予这个国家如此多荣誉的早期的各省议会，如今明显已经后力不足。参加议会的卓越人士曾经抵挡住英政府的侵袭，宣布了殖民地的独立，而如今他们中的大部分人都在国外，或者是处于不痛不痒的职位上，无法复制之前的荣光以及赢得信任，能够取得的成绩非常有限；有些人退休了，有些人在各自州中承担职务，忙于家乡事务，他们在那里的影响力更加广大深远，而且能够获得更多的名誉和声望。正如古弗尼尔·莫里斯表达的那样，各省议会成员与美利坚合众国发行的货币一样，都贬值了。

　　北美殖民地与英国分离而独立，本来是一场殖民地人民的运动，但是如今人民的意愿已经不再参与其中；其结果就是有些州立法机构在选取人民代表的时候，完全以立法机构成员的私欲来判断，反映出他们的竞争和嫉妒心态。许多"康威小团体"的支持者就名列其中，他们秘密地对华盛顿和大陆军施展各种不利的手段。在邦联政府中寻求和谐氛围的愿望变得越来越明晰，激起了大陆军司令华盛顿的焦虑，他诚恳地劝说那些已经从公职中退休、回到私人生活的卓越政治家们能够重新回到重要的政治舞台，希望能够激起这些政治家的爱国心。此时，一些极其重要的问题摆在了大陆会议的面前，它的选择将会在极大程度上决定着美利坚合众国未来的命运，国家此时非常需要具有高尚人格和成熟经验的伟大政治家施展才华。

　　纽约的立法机构在解决与佛蒙特的冲突中，尤其信任它的大法官杰伊。然而大陆会议却明显极不情愿在当前的敏感时刻来解决这样复杂微妙的问题。许多大陆会议代表认为，大陆会议存在的唯一目的在于保证美国的自由,因而被授予的权力也不应超过实现这一目的的界限,不应该参与解决任何州及其不顺从的公民彼此之间的争端。去年夏天,大陆会议委派一个委员会走访新罕布什尔州在与纽约州争议地区发放补助的情况,对争端进行调查,但是并没有对此做出任何决议。因此,杰伊到达后的第一个目标,就是争取使大陆会议进一步介入此事。让杰伊感到满意的是,随着他推动力度的加大,大陆会议参与争端调停的程度愈加深入,也愈加高效。杰伊最终成功地使大陆会议承认了纽约州在争议地区的合法管辖权,并确定了就此事召开听证会进一步审查的时间,直至最终在平等的原则下做出判决。然而,当审理的日子到来的时候,大陆会议的与会代表仍未达到法定人数,大多数与此事毫无关系的代表并未出席会议,因此无法达成任何决议。佛蒙特已经自行创建了宪法,它从纽约州分离的问题,又拖延了十二年才得到最终的解决——最终佛蒙特向纽约支付了三万美元,以换取纽约放弃对其的管辖权力,佛蒙特从而具备了被吸收加入联邦的资格。然而,佛蒙特若想以州的身份加入联邦,还要等到南部领土上的定居人数同时能够达到加入联邦的程度。

1779年的冬天,驻扎在纽约舒适军营中的英国军队心情舒畅,挥霍放荡。他们出入戏院,采取一切可能的娱乐方式来调剂枯燥乏味的慵懒日子;在准备这些消遣方面,精于此道但却时运不济的安德烈负责主要的部分。在安德烈纂写的许多作品中有一篇讽刺文章,这篇文章的粗劣与接下来一年的凄惨悲剧形成了鲜明对比。文章的题目是《轮回》,以想象的口吻讲述作者亲眼目睹几位美国领导人在地狱接受最终审判的情形。记录显示,"这篇文章影射约翰·杰伊和其他一些反抗母国者——文章写得非常绝妙,赢得了许多喝彩。"安德烈写道:"此时,大陆会议主席杰伊先生突然出现在我的面前;我惊讶地听说,此人颇为狡诈和残忍,在追逐野心和贪婪的道路上不知疲倦;他的所为极尽阴谋诡计、不忠不义、虚伪做作之能事;他曾经担任大法官一职,制定并实行了一系列的法律,完全摧毁了公民个人生活的安全和平静。"地狱法庭因而做出判决,"杰伊先生将转生成为所有动物中最阴险狡猾、惹人憎恶的一种——蛇;但是为了防止他再去骗人,避免他再去摧毁人类的幸福,他的身上将附加一整套格格作响的东西,用以警告人类躲避这条邪恶的毒蛇。"

当英国人自娱自乐的时候,美国军队却驻扎在旷野上的小茅草屋里,不得不忍受着物资极度匮乏的窘境,面临着各种艰难的挑战。形势如此糟糕,以至于华盛顿认为此时的状况甚至比从前任何时候都要更加令人丧气,他甚至一度认为,将军队集结起来都是不可能完成的任务。伟大的弗雷德里克曾经用朴素的谚语贴切地形容这样一个真理:"一支军队如同一条蛇一样,都是用腹部移动前行。"而美国军队的食物供应严重不足,完全打消了最高司令官采取任何行动的可能性,不论这些进攻多么有希望能够获得成功。华盛顿说过,士兵们填不饱肚子,几乎快被饿死,衣不蔽体,为了最低的生存需求甚至不得去抢劫农民;除了不吃干草,他们吃每一样喂给马的饲料。邦联发行的货币严重贬值,以至于无法向大陆军提供补给。最初,美国领导人还抱着希望,希望美国人民的坚定态度会使母国很快放弃其在北美的愚蠢政策，因此他们从来没有制定长期措施来应对随后长达七年的战争开销。在签署《独立宣言》之前，法国和西班牙曾经联合向大陆军提供物资补给；为了满足进一步的需求，基于对联合殖民地的信任，美国还发行了新的纸币，并且号召全国的富翁向国家发放贷款。许多州也效仿邦联，采取了类似的金融政策，因此几乎所有的州都成了借贷者。各州向放贷人允诺的安全性还是要比邦联借贷略胜一筹，不过尽管如此，地方借贷机构也很难筹集到足够的财政支持。邦联紧密团结各州纽带的力量还很微弱，禁不起任何拉扯；因此在 1777 年之前，中央邦联政府都没有向地方各州进行军费征用；即便在 1777 年也只收到征用款 300 万美元——只是预定征收数额的一半而已。在当今世界条件下，金钱是实施任何一场成功战争的必备条件；原因在于只有拥有金钱，才能购买更多更好的设备，以获取商品；进行商业贸易为主的国家比依靠农业为主的国家在这一方面具备明显的优势。而私掠船的盛行，虽然被视为对招募士兵补充军队起到了严重的负面作用，却被证明是具有重大意义的行为；因为劫掠的物资和钱财——有时在法国捐赠的帮助下——在某种程度上协助美国下沉的金融浮标再度上浮。尽管如此，支持战争持续下去的主要资金来源依然是由大陆会议发行的美国货币；发行货币意味着不用公开收税就可以筹集到所需资金，因此导致美国政府频繁地诉诸印钞机。随后，灾难性的后果不可避免地发生了。随着新纸币的持续发行，它的购买力日益下降；赌博、垄断和投机买卖充斥全国。在邦联内流通的新纸币的总值达到了让人绝望的 1.5 亿。

新纸币的高度贬值带来的恶果显而易见,大陆会议决定将市面上的纸币总量限制在 2 亿之内,并且号召各州捐款帮助邦联渡过难关,首期收到捐款 1500 万,之后又筹集了 4500 万。为了使这项诉求更加有效,大陆会议主席杰伊准备了一份文件发给几个州的立法机构,明了直白地陈述了邦联遭遇的财政困境,指出引发困境的原因,并且证明了各州帮助邦联尽快脱离逐渐陷入破产困境的必要性。杰伊进一步表明,一旦美洲重获和平——如今在寻求和平的道路上又有同盟护驾——邦联政府将偿还所有在独立战争期间发生的债务。然而,邦联政府的这项请求,与其他类似的诉求一样,都没有达到目的。再没有办法能够解决财政危机,邦联政府只能继续发行纸币,后果毫无疑问便是纸币的进一步贬值。在所有努力支撑这并无根基的金融体系的方法都宣告无效后,在这一年结束之前,人们手中的邦联纸币就已经形同废纸,一文不值,最终悄无声息地被取缔。在邦联新纸币的发行期间,它被赋予无限的寄托和责任;然而当它被废除的时候,却没有人感到遗憾。

伯戈因的投降使法国开始公开支持北美殖民地的独立大业,由于凡尔赛宫廷与马德里宫廷之间的关系亲密,这也让美国期待西班牙也会如同法国一样支持美国的独立。西班牙已经秘密地向美国提供了军事物资,她积极参与这次战争的态度被视为对于整个战争的形势具有决定性的意义。带着这样的观点,美国与法国签订正式将法国纳入反英阵营的协约时,将西班牙的诉求也写入了协约。虽然在福克兰群岛冲突事件中,英国的专横行径严重伤害了西班牙人的感情,西班牙因而十分乐于实施任何打击英国傲慢气焰的行动,但是她在美洲也有自己的目标和诉求,她希望能够在以重要角色参与到这场战争之前,就获取心仪已久的目标作为奖赏。西班牙人觊觎的权利包括:美国阿巴拉契亚山脉南段和中段阿勒格尼山脉以西的土地,这片土地原本毫无异议地归英国所有,但是英王乔治三世一直禁止他的臣民在此地定居;密西西比河流域的独家航行权;承认西班牙对佛罗里达地区的征服,并保留其在当地的权利,从而统治墨西哥湾。虽然法国王室对于西班牙的诉求心知肚明,但是他在与美国缔结联盟的时候却并没有尊重这些要求,对此西班牙非常不满。对于富兰克林来说,当时美国急需协助,如果这两大欧洲强权联合起来,对美国提出任何要求,他都不得不做出让步来满足他们。

  国家的衰败和国家的荣誉并驾齐驱;西班牙的政客对于充满进取的美国精神本能地感到恐惧,他们害怕美国人的胜利有一天会同样降临在西班牙人拥有的土地上。西班牙首相格里马迪曾经在写给舒瓦瑟尔的信中这样说道:"当美国人采用同样的睿智、坚持和坚定的决心来执行自己的征服计划的时候,美洲(的独立)将会变得异常危险。"早在1776年1月,大陆会议就已经授权美国邦联从英格兰手中接收在圣奥古斯丁的城堡和兵营;而美国的商业,在皇家总督的默许下,也获取了在新奥尔良的立足之地。但是,这些进展都无法移除西班牙人对于英国殖民者的偏见。

  虽然法国不断催促,西班牙对于支持美国一事始终保持冷漠态度,犹豫不决。西班牙一直没有克服他们心中的忧虑,真诚地向美国提供公开援助。1779年2月,大陆会议发表官方宣言,向仲裁机构提交了告知交战国双方公民书。这件事立刻交由选举出的委员会处理，古弗尼尔·莫里斯担任委员会主席。莫里斯在其卓越的汇报中，提出了所有可能导致的问题，为最终与大不列颠谈判达成协议提供了广泛的基础。读者们必须始终牢记，除了向西班牙公使提供说明之外，同时也要为参与缔结和平条约谈判的委员会成员准备说明。在起草这些文件的时候，不仅要考虑如何适当表达与法国之间的联盟条款，还要在与美洲人民利益不冲突的前提下，与法国商讨其利益。虽然有内卡尔主持法国的财政，但是这场战争的开销很快便耗尽了法国的资源。因此，为了得到西班牙——她的古老联盟——的帮助，法国并非不愿意牺牲美国，接受母国和平提议，即使英国人出于自尊而不会正式承认美国的独立。

法国大使热拉尔之前曾经提醒大陆会议代表们注意，法国正尝试努力劝说西班牙加入到支持美洲独立的事业中，并且暗示，如果美国愿意满足西班牙对其西部土地及其相关权益的诉求，西班牙将会诚挚地加入联盟，于是美国便可以合理地期待从西班牙得到数目庞大的财政支持。在与莫里斯的私人会晤中，以及随后与大陆会议代表们的交涉中，热拉尔都竭尽全力劝说美国接受如下方案：让出美国在阿勒格尼山脉以西地区的权利；如果有必要，在就和平条约进行谈判的时候，美国不再坚持必须立刻正式承认美国独立的立场，至少不在此时在这一问题上过度纠缠。

莫里斯委员会就这一问题做出的报告在大陆会议引发了持续的讨论，释放了一直主宰着大陆会议内部强烈的地方主义情绪。关于东部边界、美国独立以及英军撤军等问题，各州代表几乎没有异议；但是涉及渔场、美国对于密西西比河流域的权利等问题时，由于各州代表彼此利益相左，讨论激化至相当白热化的程度。纽芬兰的渔业雇佣了数目众多的水手，对于新英格兰的人民来说是一项非常重要的收入来源，占据总财政收入中相当大的比例，因此自然不愿意放弃任何一项在英国人治下时便享有的便利条件。估计当美洲人民——英国的前臣民——放弃效忠母国之后，英国将不再允许新生的邦联从她一直坚称对于水手来说是永恒的资源中分得一杯羹。因此，在提议的指示中，是否将美国必须参与纽芬兰的渔业生意体系作为最后通牒，需要进行深刻的思考；而且如果做出这样的决定，必须了解法国在这件事情上对于美国的支持将会达到何种程度。由于渔业问题完全是涉及东部州利益之事，南部州代表们不愿意为了维护东部州的地方利益，而将整个美国置于无限期地延长这场毁灭性的战争的风险之中。英国军队大军压境，佐治亚州和南北卡罗来纳州尤其身处险境。查尔斯顿已经沦陷；英国军队横扫了上述三州的大部分地区，摧毁了庄稼，抓走了黑人奴隶，蹂躏了整个地区。

美利坚合众国声明，授予西班牙向西直达密西西比河，顺河流南下直到北纬31度的流域的使用权，并允许西班牙在此区域取得向前航行入海的无限制的航行权。由于对密西西比河在美国未来发展中的重要性缺乏认识，或许是为了权衡南方各州在北方渔业问题上做出的让步，杰伊和大部分来自新英格兰各州的代表，都表示只要可以诱使西班牙加入联盟，美国就愿意放弃部分权利，帮助美国在这场艰苦卓绝的独立战争中获取最后的胜利。有些代表甚至认为，去除放弃给西班牙的部分领土，邦联余下的领土也足以满足美国未来发展的各种可能性。他们也能够接受在密西西比河对岸居住着说另一种语言的人民，成为阻止潮水冲垮西方的一道屏障。向西部迁徙的移民潮已经开始，各州开始担心人口的过快流失。

当时代表们对未来发展的洞察力，还无法预计到美国将会拥有如今这样巨大的版图，当时他们对于密西西比河巨大的商业价值绝对认识不足。从莫里斯第二年写下的句子中就可以明显地看出这一点："至于在密西西比河航行一事，人人都知道，密西西比河水流湍急，船只根本无法沿河逆流而上。"今天的人们看到莫里斯的评价，都会发出会心的微笑。但是读者们可不要忘记，在莫里斯发表上述言论的时候，距离克莱蒙特号蒸汽船在哈德逊河首航前往纽约首府奥尔巴尼还有三十年。南方各州的代表们具有更加敏锐的着眼于全国大局的直觉，意识到密西西比河未来对于美国来说将是无限重要的存在，因此要求不论美国最终给出何种方案，也绝对不应该交出密西西比河北纬31度以北的流域的自由航行权。法国大使热拉尔对于法美联盟已经缺乏耐心，暗地里不断施展各种密谋试图迫使美国就范；抑或正由于法国人的催促，大陆会议对于这一方案的讨论才持续了整个夏天。在漫长的讨论期间涌现出一个又一个方案，各州代表们为了达成一致结论，进行了无比困难的论战。然而实际上，和解方案迟迟无法出台，对于邦联的利益来说反而成为一件幸事。正如曾经推测的那样，西班牙调停战争双方的努力最终徒劳无功；第二年的6月，西班牙作为法国的同盟，加入到英国的敌对阵营之中。美国因而得以逃脱做出巨大让步以争取西班牙协助的窘迫境地，而对于让步的尺度，美国本来已经做好了做出巨大牺牲的准备。

　　事态的发展变化解决了大陆会议遭遇的困境；会议制定了派往马德里的全权代表的谈判要求，指示他在谈判中忽略边界等问题，而与西班牙协商签订一份商业协约，如果可能的话，从西班牙借出钱来是最好不过。美国派往马德里的全权代表被授权向西班牙允诺，假如美利坚合众国相应地"享有通过密西西比河航向大海和入河口的自由航行权"，那么西班牙将会取代英国，拥有佛罗里达的所有权。而方案中应对英国人的策略则是，要求与英国谈判的代表坚持要求英国正式承认美利坚合众国的独立，而且美国仍然要参与到北方的渔业贸易中。然而，委员会也决定，根据实际情况的变化，第二项诉求不应当被视为必须执行的最后通牒。

　　于是，事态的发展似乎有了令人愉悦的转机，大陆会议继而委派一名全权大使前往马德里，以实施既定的谈判方案。杰伊的资质长期以来众口交赞，此时脱颖而出，是担任全权大使的不二人选。1779年9月28日，在弗吉尼亚州议员默瑟的提议下，杰伊顺利当选前往西班牙的美国大使。作为驻西班牙大使，杰伊的年薪为2500镑；同时，辅佐大使的每位秘书年薪为1000镑。杰伊随即辞去了大陆会议主席的职位。在该职位上努力工作了十四个月之后，杰伊将在更加广阔的天地为祖国效力，他选择的新职位也意味着承担了更加重大的责任。

第十一章

出使西班牙

当法国大使提出回国的要求后,大陆会议委派"联邦号"护卫舰,护送他返回家乡。大陆会议同时决定,新上任的全权大使杰伊也将搭乘"联邦号"一同前往欧洲。制定好谈判策略后,杰伊于10月匆忙地启程了。与他一并前往赴任的还有他的妻子,妻子的弟弟布洛克霍斯特·利文斯顿担任杰伊的私人秘书,卡迈克尔先生担任公使馆秘书。迄今为止,杰伊在担任公职期间,始终有同样以为公众服务为己任的朋友陪伴左右,每当遇到紧急状况,杰伊可以向他们寻求意见和建议。一番新天地在杰伊面前展开,前方等待他完成的任务十分艰巨,需要他自信地施展出全部才能,兢兢业业,刻苦勤勉。杰伊已经不再是一个州的代表,而是作为整个美国的代表出使海外;在外邦宫廷,杰伊完全是一个陌生人的角色,但是他已经做好准备,为了申张祖国的权利,促进祖国的利益,维护祖国的尊严而战斗。在西班牙负责外交事务的是首相大人,他充满威严，精明机敏，但是暴躁易怒，视崛起中的美国为背叛合法母国权益的背信弃义之徒，对于所有其他拥有附属殖民地的国家来说（比如西班牙），采取美国这样危险的行径令人非常担忧。

纽芬兰海岸刮起了一阵狂风，吹断了"联邦号"的桅杆，接着船舵也出了问题，迫使"联邦号"不得不改变航道，驶往马提尼克岛。"联邦号"一到达马提尼克岛，全体乘客就被转移到了一艘法国护卫舰上，两天后起航，继续之前的旅程。在惊险地逃脱了英军的侵扰之后，于第二年1月底抵达西班牙的加的斯。抵达加的斯后，杰伊派遣卡迈克尔先生先期前往马德里，告知美国特使的到来。并声明，在继续前往首都马德里之前，杰伊将在加的斯等待西班牙国王的批准，并且表达了美国国会希望西班牙加入反英联盟的意见。对此，弗洛里达·布兰卡伯爵进行了回复，他保证杰伊在前往面见西班牙国王，就谈判的形式和具体内容等进行商讨的道路上没有阻碍；但是在上述谈判完成之前，布兰卡伯爵认为将杰伊视为正式代表美国的官方角色的做法不合时宜，因为这有赖于西班牙政府公开正式承认美利坚合众国，以及未来各国达成的协约内容。这封回函的意图非常显著，杰伊明白，西班牙对于正式承认美利坚合众国的独立一事看得非常重要，如果美国不对其进行大幅补偿，她绝不会心甘情愿地轻易承认美国的独立。正如我们所知的那样，对于法国之前并没有保护西班牙的利益，西班牙政府非常失望沮丧；虽然西班牙和法国由于姻亲关系而联结在一起，但是众所周知，两国国民至今仍然保留着自上个世纪就传下来的对彼此的敌意。

在收到这封口吻冰冷、言辞正式的准入信函后，美国的全权大使杰伊继续向马德里行进，并于 4 月初最终到达西班牙首都。刚一到达，杰伊立即就收到了西班牙首相的信函，提出作为展开任何谈判的前提，杰伊必须首先提交关于美利坚合众国的具体信息，包括政府组成、财政收入以及国债数目等。另外，一旦西班牙同意接受在反英联盟中为其保留许久的席位，从而协助美国的话，美国能够为信奉天主教的西班牙国王做些什么。对于西班牙政府提出的诸多问题，杰伊竭尽全力做了最为详尽的解答。他向西班牙政府提交了关于美利坚合众国的人口情况、资源分布、国家的现状等情况的报告，其中尤其详细叙述了美利坚合众国履行对抗共同的敌人时能够承担的责任和能力。在报告的结尾处，杰伊指出，如果西班牙和法国能够向美国军队提供物资补给，如果能够向美利坚合众国提供适当数额的财政支持，那将被证明是用以消灭波旁王朝不妥协的敌人的最有效方式。

尽管做白日梦决不可取，但是大陆会议在当前的状况下只能心存希望；甚至在还没有等到杰伊安全抵达西班牙的消息之前，大陆会议就已经通过了草案，分配给杰伊从西班牙政府索取 10 万英镑财政支援的任务。在这样的情况下，杰伊本人的尊严不可避免地将被降低，也会给他未来的影响力造成伤害。为了完成这一不幸但却无法回避的任务，在西班牙皇室的眼中，杰伊更像是一个迫切的乞求者，而非代表一个独立国家前来造访的大使。当杰伊得知大陆会议的决议，提前收到了祖国寄来的"账单"的时候，他几乎无法将回信送抵弗洛里达·布兰卡伯爵。西班牙首相很快得知了这一状况，这样的形势使杰伊感到异常尴尬。大陆会议对此只是做出令人并非十分满意的道歉,国会认为"再没有比如今的形势更加适合利用西班牙国王陛下的友谊,既能够令国王陛下满心欢喜,又能够让我们得到利益。"

在接下来的会谈中,西班牙宫廷详述了由于连年战争,西班牙的财政状况十分吃紧,而且西班牙收取其海外殖民地税款的尝试也惨遭失败。尽管如此,弗洛里达·布兰卡伯爵也表示,西班牙也许将会在当年年底或者次年年初的时候,向美国提供财政援助。西班牙提供的援助总额大约为3万英镑至4万英镑;布兰卡伯爵还补充道,他本人还有可能争取在其职权范围内,额外向士气低落的美国大陆军提供一批布匹供给。

按照弗洛里达·布兰卡伯爵的估计,如果一切顺利,他很快就可以引荐杰伊展开美国与西班牙国家间的协约谈判,暗示着如今妨碍签署协议的唯一障碍在于美国是否愿意将西部的相关权利转交西班牙。布兰卡伯爵通过在美洲的中间人米洛雷斯得知大陆会议就西班牙对西部相关权利的诉求曾经进行过激烈的争论,也知道此次美国特使杰伊被赋予的任务和大陆会议下达的指令。布兰卡伯爵因此表示,西班牙国王陛下有意对美国提供全力协助,但是决不会放弃对密西西比河独有航行权的要求。另一方面,美国就西班牙的诉求做出建议,或许可以进行些许调整,使西班牙能够达到同样的目的。但是布兰卡伯爵回复道,国王就这一要求已经深思熟虑,不会更改,更不会放弃。在会谈结束告辞的时候,布兰卡伯爵建议杰伊将目前谈判的进度和他的想法转告美国政府,如果在某种程度上,大家的努力不能克服眼前遭遇的困难——换句话说，如果杰伊不能打破国会的指令的话——会谈将很难进展下去。除非美国在西部地区权益问题上对西班牙做出让步，否则西班牙无意进行任何下一步的谈判。西班牙允诺即将给予的援助，使美国国会期待着未来西班牙还会进一步追加援助，这样的希望诱使着美国国会做出让步，满足西班牙热切的觊觎——美国的后院，尤其是掌握密西西比河流域从源头直至入海口的绝对控制权。

在这场外交争论发生之前，英国就已经意识到，在欧洲两大强权的支持下，她已经无法迫使美国让步，再度臣服于英国。因此英国派出剧作家坎伯兰前往马德里，劝说西班牙首相认清形势，美国的独立并不会对西班牙的利益有任何的促进。一旦承认美利坚合众国独立，美国国民将会与西班牙殖民地展开走私贸易，而且为了满足私欲，美国也会对葡萄牙和西班牙的定居点发起类似今天的对英战争，破坏沿海地带贸易，摧毁他们的商业和货船。因此，坎伯兰建议，大不列颠与美国之间的争端应当在平等的原则下做出调节；拥有殖民地的欧洲四大国家应当保证彼此对于殖民地的占有不受干涉和侵犯；当殖民地与母国发生战争的时候，其他国家应当置身事外，不参与其中。为了劝说其他国家加入英国提出的大联盟，英国开出优惠条件，允许其他欧洲三国加入英国殖民地贸易体系中，而不必向英国开放同样的特权。对此，西班牙非常谨慎警惕，并没有掉入英国提议的陷阱之中。威廉·琼斯爵士以及其他人也提出了类似的优惠和好处，希望能够把西班牙拉到英国一边，然而西班牙虽然始终没有拒绝这些美意，还不断地与英国调情，但是却始终保持对法国的忠诚。

杰伊接受了不时从美国寄来的小笔的账单,他相信西班牙政府的允诺,会在约定日期提供财政支援。在与布兰卡伯爵进行了第一次会晤之后,杰伊向大陆会议建议,如果西班牙只坚持获取密西西比河流域和西部边界等权利,他认为西班牙国王或许会愿意以一种让人满意的方式重新调整这些诉求;大陆会议同意了杰伊的建议,而且再次盼咐杰伊依照之前的指示进行下一步谈判。西班牙政府在与美国公使的交流中,非常谨慎地注意避免采用任何承认美利坚合众国独立的字眼,而且为了达到获得美国西部权益诉求的目的,西班牙还委派了一名中间人就这一问题试探杰伊的态度,代理人不甚乐观的回复报告使西班牙政府决定将对美国的援助维持在原有承诺的程度上,虽然其他进一步的草案已经得到了政府大臣们的理解和赞赏。危机因而加速来临。在莫里斯极具技巧的管理下,美国的财政状况有所好转,国家信用在美国国内开始得到恢复;鉴于此时是美国发展的历史中最应该得到培育和保护的伟大时刻之一,杰伊的责任感和爱国心使其勇敢地痛下决心,将名誉、正直和财富作为赌注全部押上,决定接受所有国内即将寄来的账单,将希望孤注一掷在西班牙政府最后一定会按时给予财政支援上。杰伊这样做,一方面出于个人对西班牙政府结清承诺款项的信任;另一方面,也是为了避免美利坚合众国新建立的财政体系崩塌,而且在任何情况下,都可以通过此举将危机拖延数月。

在10月前,杰伊收到的账单金额就已经达到了5万英镑。当付款时间临近的时候,西班牙却拒绝提供更多的帮助,杰伊号召法国进行援助的努力也不见效果。身处巴黎的富兰克林拥有同样的爱国热忱，虽然已经背负各项纷繁复杂的事务和责任，还是积极地向杰伊提供了金额达到配额一半的援助，减轻了杰伊的压力，使杰伊能够完成第一次的到期支付。富兰克林的举动增强了杰伊的决心，他决定接下未来所有的账单，结果很快就背负了超过10万英镑的债务。西班牙政府发觉杰伊的立场坚定不移，这才同意向美国进一步提供数目更多的援助，总额共计15万英镑。大陆会议此时不再给杰伊寄送账单，一场危机就这样幸运地得以化解。这场危机得以化解的过程，最具说服力地充分证明了美国大使杰伊的决心、爱国热情以及坚定的意志，以上种种超越了杰伊对于个人利益的考量而凸显出来，使杰伊胜利地完成了任务。

虽然在马德里的出使经历并不愉悦，杰伊还是意识到在世界面前展示美国形象，与世界强权进行良好沟通达到理解的重要性，因此他曾经跟随西班牙国王出访圣伊德方索和阿兰胡埃斯。然而，由于杰伊并不现身于西班牙政府，因此并不为西班牙"社会"所知。杰伊的妻子过着一种退休的生活，由于夫妇两人在马德里逗留期间生下了一名漂亮的女儿，杰伊夫人此刻专注于照顾女儿的饮食起居。在就要离开故乡的时候，蒙哥马利将军的遗孀曾经这样描写杰伊夫人，"她非常美丽，这使她到哪里都会受到热情的欢迎，她的善解人意会得到人们最真切的关心；她的行为举止将会给我国妇女增添荣光，也必将使马德里宫廷感到愉悦"。然而，杰伊夫妇的尴尬处境无法使杰伊夫人在西班牙展示其个性、思想和举止的迷人魅力，只有少数几个朋友有幸与她相交，对于被阻挡在西班牙宫廷之外的杰伊夫人的品行赞不绝口。

虽然罕有来自家乡的书信，寥寥几封也常常延迟很久才能送抵，这些书信仍然带来了阿诺德叛逃，以及盖茨在肯顿遭遇灾难性的大败的消息。除此之外，西班牙明显不愿进行进一步的协商。英国的代理人在马德里施行阴谋诡计，加上必须为美国从西班牙筹集足够的财政援助，这些都使杰伊本来已经被孤立的境况变得更加尴尬，也使他很难镇定自若。在过去的几个月中，杰伊承担了沉重的责任以及由此带来的极度焦虑。在派驻海外的时候，杰伊夫妇将唯一的孩子——三岁大的男孩——留在了家中。思想上的焦虑，加上马德里多变的气候条件，都给杰伊夫妇的身体造成了伤害；如今，他们的女儿在马德里夭折，杰伊夫妇不得不面对痛失爱子的凄苦，这个孩子曾经给予他们平静的家庭生活以无穷的快乐。杰伊夫人在寄回家乡的信中写道："我尽量从悲苦中挣脱出来的努力毫无效果，我的心仍然为了失去这个可爱的小女儿而疼痛不止；但是，个人遭遇的苦难和不幸如今必须让位给公众灾难。"她曾经在另一个场合说过："在他（杰伊）和蔼的榜样激励下，我将恐惧置之度外，不顾所有的危险，愉悦地使自己听从于全能上帝的处置。"

杰伊大使的境遇由于大陆会议的举动而变得越发困难起来。1781年7月初，杰伊收到一封来自家乡的信，这封信很明显曾经被人拆开过。大陆会议在信中指示杰伊，不再坚持要求与西班牙共享密西西比河的航行权，希望美国所做的这一让步能够使西班牙与美国达成协约，并且能够向美国提供更多的财政支持。根据信件，早在2月初大陆会议就已经做出这一决定，但是这封向杰伊通报决议内容的信件却毫无疑问地被西班牙政府扣留拖延，他们早已得知信中内容。美国南部各州对于国家未来的发展有着更加长远的考量，因此始终奋力坚持保留密西西比河流域的自由航行权；但是如今，在弗吉尼亚州的建议下，不论是南部各州还是北部各州，除了北卡罗来纳州、马萨诸塞州和康涅狄格州之外，都完全抛弃了之前的立场，而纽约州议会的投票结果也是两边的票数完全相等。在这样的形势下，正如我们所知，杰伊仍然建议国会坚定之前的立场，千万不要动摇。

国会在信件中重述了之前下达给杰伊的指示后说道："如果不能保留进出密西西比河入海口的航行权，美国也不会因此而灭亡。"是什么造成了如此突然的立场变化？或许只能用一些外部影响来解释这一举动。我们从一开始就知道，法国一直希望美国能够放弃西部利益以取悦西班牙。法国新上任的驻美大使身处费城，与大陆会议进行密谈，他只关心如何利用美国促进法国的特定利益，而不管其他正式承认了美国独立的国家的利益。而且，人们都知道，法国大使的秘书玛博伊斯与弗吉尼亚一位声名卓越的绅士过从甚密，从后来人们了解的事实中我们可以得出推论，通过弗吉尼亚这位位高权重的绅士作为中间人，法国左右了美国在密西西比河的问题上立场的改变。但是，我们始终无法知晓这种猜测在多大程度上是真实的。在相关日志的措辞中有这样的记录："弗吉尼亚州的代表们从他们的投票人那里得到指示，建议放弃北纬 31 度以南的密西西比河的自由航行权。"是什么驱使弗吉尼亚的立法机构签署了这样的命令？来自其他南方州的议员是否也会同样被引导着抛弃美国原则——使美国的国界坐落在一条对另一个国家毫无限制的航行权的河流旁,听凭另外一个国家能够任意航行入海?

对于不得不改变一直坚守的立场,杰伊觉得深受侮辱,而且当他得知他的对手们早已得知这一命令时,他变得更加恼怒。无论如何,杰伊最后还是优雅地接受了这项让人厌恶的任务,向弗洛里达·布兰卡伯爵提交了协约议案;同时出于完成职责考虑,相应地提出这样的条件:如果在和平到来之时,协约中的条款仍然没有谈妥,那么议案中美国放弃相关权利的提议将自动失效。此时,全欧洲的眼睛都注视着直布罗陀光芒四射的表演。但是此次美国外交官做出的努力最后被证明徒劳无功。

实际上,缔结协约的谈判从未真正开始过,其间产生的困难能够使最热忱的爱国者都心灰意冷。西班牙表现得相当冷酷、傲慢、令人厌恶,一切都表明了如果没有同等的回报,如果无法获得任何特殊的好处,西班牙就不会承认美国的独立。而且,西班牙也许认为正式承认美利坚合众国的独立,会使其未来与英国的谈判形势变得更加复杂化。尽管杰伊用尽浑身解数,释放了所有的爱国热情,采用了一切可能的外交技巧,都无法使兴趣阑珊的西班牙进入谈判协商;而美国政府此时已经下定决心,忍着悲苦放弃她在西部所有的权利,用以换回西班牙承认美国的独立,以及对美国提供财政援助。

如今,事态的发展实属异常。西班牙的殖民地政策向来专横而严苛。西班牙将其治下的殖民地牢牢地控制在手,如今却被要求向反叛另一强权的殖民地提供援助。作为君主专制国家的西班牙,却被恳求将其名字与一个民主共和国并列一处,而且那个国家采用与西班牙迥异的语言和宗教。一个压制思想自由的国家,却被赋予了极大的希望,希望她能够同情一个打破了过往所有传统的新国家。西班牙信奉天主教的国王,被恳求支持一个国会,而这个国会的先驱曾经反抗天主教束缚自由的教规,要求得到更多信仰自由。而且,美国向全欧洲最傲慢、最专制的宫廷寻求承认独立的可能性,却仅仅依靠一位来自美洲荒野、没有正式头衔的先生。实际上,对于西班牙和美国来说,协约未果算是非常幸运的结局;由于西班牙一贯只关注谋求私利,缺乏行之有效的政策以及明智的政治领袖,导致她拒绝帮助美国奏响开幕序曲。西班牙或许还曾经企图控制"百川之父"(密西西比河的爱称),以使盎格鲁-撒克逊人能够继续向海湾行进。然而,除了万能的上帝,没有人能够预见到在不足半个世纪的时间里,西班牙就被剥夺了原有的每一寸水域,从佛罗里达最南端的海角,直到尤卡坦半岛,再也找不到任何西班牙官方拥有的水域。

杰伊与弗洛里达·布兰卡伯爵之间的书信,可信地显露出美利坚合众国在革命时期最黑暗的子夜时分处于多么艰难困苦的条件中,从而也说明了美国是多么迫切地需要西班牙加入其同盟。在杰伊的信中,始终贯穿着深谋远虑和高尚的爱国情操,虽然杰伊在刚开始的通信中有些自然的惶恐,但是他出众的能力、高超的谋略和最诚挚的坦率,为其在外交方面赢得了与查理三世那机敏而才智出众的首相同等的地位。

携带杰伊刚刚收到的新命令的船只,也同时带来了他的新任命。杰伊被大陆会议委任为谈判委员会的成员之一,即将与大英帝国商讨和平协议。在富兰克林的召唤下，杰伊将很快动身前往法国首都巴黎。当弗洛里达·布兰卡伯爵得知大不列颠终于开始严肃地思考解决与北美殖民地的问题的时候，他害怕过去对杰伊的所作所为太过火，如今对杰伊的态度开始变得缓和起来。实际上，弗洛里达·布兰卡伯爵已经犯了严重的错误，他没有在美国提出放弃西部权利的时候迅速跟进美国的提议。如果当初他接受美国的条件，即使两国之间相关的权利调整并未发生，并未达成协议，他至少可以得知美国能够让步到什么程度，由此便可以决定未来行为的策略。

从杰伊的角度而言，通过自己向西班牙传达的放弃密西西比河流域的航行权的不明智政策并未得到实施，这一点令他十分高兴；而且他在执行国会赋予的这项命令，向西班牙人传达美国的意愿的时候，给西班牙接受这项提议规定了期限。如今，这个期限行将过期。杰伊同时也认识到，西班牙这样一个古老腐朽的君主专制国家，向友邦提供援助的诚意逐年下降，而且在审判日到来之前拒绝建立任何盟约；而如同美利坚合众国这样一个年轻的、正在成长的共和国，如果与之结盟，将是一件十分不明智的事。杰伊毫无遗憾地离开了马德里，对于西班牙首相的狡诈诡计和欺骗手段感到厌恶，但是对于未能实现他接受的索取财政支援的金额感到十分尴尬和羞愧。除了上述的个人情感之外，杰伊对于西班牙给予的财政援助几乎毫无感激之情。西班牙允许英国将在彭萨科拉和巴哈马投降的英国军队运输到纽约，而并非将他们送回欧洲，从而加强了攻击纽约城的英军力量。这种十分不友好的行径着实令人义愤填膺。

在离开马德里之前，弗洛里达·布兰卡伯爵通知杰伊，西班牙驻法国巴黎的大使阿朗达已被授权接替他继续谈判进程；在杰伊到达巴黎几天后，将会安排杰伊与这位重要的大使会面交谈。在第一次会晤时，阿朗达便向杰伊展示了此次出使巴黎的使命，虽然阿朗达声称拥有处理事务的全权，但是他并没有使用它们。大使简单的口头确认无法令美国人满意，杰伊拒绝进行进一步的协商，除非他能够公开证明如同杰伊代表美国一样，拥有与他的对手同样的权利。

杰伊的生活习惯简单，对于外部世界的形式漠不关心；然而，当他远渡重洋出使海外，代表的是一个还未建立起自己明确地位的新国家，因此为了能够为他的国家赢得高度的尊敬，他的行事必须经过深思熟虑。当法国与美利坚合众国确立了同盟关系后，法国大使热拉尔直到谈判结束才向富兰克林出示授权；而阿朗达并不愿意承认美利坚合众国的独立，如今也以热拉尔为榜样，而忽略在这一形势下的显著不同之处。斗争中的北美殖民地因向强权国家寻求帮助，也无暇拘礼，顾及小节问题。当时，法国与英国之间处于和平状态，因此有权来决定采取什么方式开始这场竞争。相反，西班牙如今已经参与战争之中。美利坚合众国的自由已经得到了保证。美国已经向世界展示了保持独立的能力，进而要求得到与其他国家站在平等的地位之上的权利。当调整与美利坚合众国的协约的时候，法国以自由主义精神对待北美殖民地；而另一方面，西班牙则拒绝承认美国独立，使尽招数阻止她加入联盟，希望能够借此达到自私的目的。西班牙追求的政策是只提供微薄的物资施舍，以鼓励北美殖民地继续反抗英国，但却不会给予任何实质有效的帮助，即便在美国对抗西班牙自己的敌人的时候也是如此。

当杰伊前往马德里的时候，得到的暗示是密西西比河的航行权问题可能是谈判的主要障碍。然而，领地权益问题很快也被提出，直到最后他被通知美国与西班牙之间商讨的所有问题可以在达成了和平的情况下完善地得到解决。当时考虑到西班牙与大不列颠的谈判进程，弗洛里达·布兰卡伯爵希望得知美国整体的权利诉求是十分必要的权宜之计。这一点本应该在马德里和巴黎得到确认，但是布兰卡伯爵害怕与美国进行直接的谈判，实质上将会赋予美国独立国家的权利，因此他希望能够通过间接的方式而非谈判，来获取所需信息。虽然法国外交大臣维尔热纳提醒，阿朗达作为大使的授权已经足够，但是杰伊还是保持立场坚定。外务部的首席秘书雷诺沃主持此事，主动向杰伊提供了详细而认真准备的记载，与美利坚合众国的需求相左，通过妥协，提出了美国与西班牙之间的新边界。然而，就连这份难以克服的文件也无法迫使杰伊就此问题进行任何讨论，除非阿朗达能够展示出他的确拥有处理的全权。

时光流逝，解决与英国的纠纷在这期间一直处于进展状态之中。在这一年行将结束的时候，杰伊写信回家："我们与西班牙的谈判陷入停顿的僵局。阿朗达伯爵仍然没有，或者根本也不打算向我表明他是否拥有谈判的全权。"在美利坚合众国与英格兰达成了初步协议之后，西班牙政府才终于准备承认美利坚合众国的独立地位。西班牙政府邀请杰伊返回马德里,以解决一直悬而未决的问题。杰伊本人倒是十分希望能够成行,但是他的健康状况却不允许他这样做。于是两国间条约的进一步协商只好转移到了美洲继续进行,在未来的日子里,美利坚合众国的政治家们还将为此困扰烦恼许多年。

第十二章

1783年的和平条约

　　诺斯勋爵与英国国王之间的通信显示出他对于取得征服美国的胜利，许久以前便早已绝望。然而，诺斯勋爵个性好逸恶劳，毫无责任感，这使他放弃了向固执的主人提出紧急的请求——他本人应该保留首相的职位——而在并无具体明确目的的情况下，让战争持续下去。最初，英国民众衷心支持征服殖民地的雄心壮志，但是在当前形势下，先是法国，继而西班牙的介入，随之而来的还有落在他们肩上的沉重负担，转变了英国人民现阶段的民意取向。在英国腐败事发之后，加之由于其失策之举，军事行动毫无效率，拖沓、毫无进展等问题一一暴露出来，英国议会议员支持者的人数持续下跌。英军在约克镇的投降使内阁万分沮丧，全凭英国国王的坚持，战斗才得以继续下去。

　　英国立法机构对于政府不妥举措的反对意见主要分为两股力量。其中一支反对力量在罗金厄姆侯爵的领导下，阵营中还包括福克斯、伯克和其他自由党议员。他们提议为了达成总体的和平，如若必须，可以将承认美利坚合众国的独立作为先决条件。另一个反对阵营包括查塔姆伯爵过去的支持者们，如今归于谢尔本伯爵的麾下，包括邓宁、巴雷和肯顿等人，虽然他们在总体上赞成与交战国尽快交涉、达成协议，但是并不愿意完全地放弃对英国前殖民地的控制权。

当新一届的英国议会集结起来的时候，议员中包括皮特和谢里登，福克斯及其支持者以极大的热情在下议院展开了反抗内阁的运动，而谢尔本伯爵和罗金厄姆侯爵在上议院同样展开了对抗。诺斯勋爵虽然几乎毫无帮手，还是勇敢地应对这些强有力的挑战。1782年2月22日，康维在下议院提议，英国努力将美洲置于其附属地位的政策应当被放弃；然而由于内阁多数派的力量如今剧烈地锐减，导致这一动议以一票之差未能获得通过。反对内阁的力量受到最终胜利前景的激励，在弹劾内阁的行动中变得更加激进，在影射英国国王的时候更加富有攻击性。很快就等到了结局。在不到一个月的时间里，政府便准备好了充分展示自信心的行动，要不是内阁很快地解散，本可能在下议院得到通过。在英国的国家秉性中，很显然无法组成托利党的内阁，因此英国国王被迫寻求那些最早反对向殖民地征税的官员的帮助，不得不向那些谴责英国国王发动了一场非正义的战争来达成邪恶的目的的人们寻求支持。在后面提到的这类人中，有些人不仅支持美利坚合众国独立，而且他们引发的争论使乔治三世厌恶不已。英国国王可不愿意容忍任何不敬的行为。在他初掌王权之时，乔治三世曾经希望能够回转进步的车轮，夺回他的祖先被剥夺的权力，复兴王权，将更加鲜明的君主个性特色赋予英国政府。然而，他的努力却在国内受挫，于是他便将注意力转移到了美洲。因此，在对待北美殖民地一事上，涉及英国国王的尊严和骄傲。而且作为一个男人，他的情感使他不得不超越他作为立宪君主的责任。当他不得不更换他的谋士们的时候，他将那一天称作致命的一天。他并没有服从他称为辉格党的那伙人的命令，而是做好了放弃王位的准备，在他的选举人的平静安宁的领地上寻求避难之所。如果从他这里压榨出了独立，那么也将是十分勉强地承认而已。

胜利的宏大阻止了辉格党人收获完整的胜利果实。英国国王觉得受到了侮辱，仍然死守彻底平复北美殖民地的想法。国王首先试图通过允许一些反对派领袖加入诺斯勋爵政府内阁的方法来加强政府的力量，而且出于同样的目的，授权罗金厄姆侯爵担任大法官一职。但是罗金厄姆侯爵却将承认美利坚合众国的独立作为必要条件，因此国王的计划自然受到了重挫。乔治三世在接受了诺斯勋爵的辞呈后，仍然迫使诺斯勋爵直至新内阁组建之前，必须留任该职位，酝酿了内阁最初分裂解体的种子。即便任命早已确定，乔治三世也拒绝接见未来的首相罗金厄姆侯爵，只是通过谢尔本伯爵从中传话，实施所有进一步的协商。虽然国王心知肚明，罗金厄姆侯爵并不需要谢尔本伯爵。欺骗的大门已经敞开，在另一边则是误会的大门。在试图与政党的两翼进行讨价还价徒劳无功之后，英国国王发现自己处于劣势的境地，不得不组成一届议会能够接受的内阁政府。

在新一届内阁政府中，罗金厄姆侯爵担任首相，谢尔本伯爵和福克斯担任联合国务大臣。为了顺从英国国王的心愿，人憎鬼厌的瑟洛勋爵继续担任内阁大法官。天性睿智的皮特拒绝了担任内阁成员的邀请，表示他不会接受任何低等的职位。政府中居于次要地位的职位被分配给各个领袖的跟随者们。平等分配公职的做法表现出这一届政府是各种力量的联盟，而并非是一届简单的各个党派的大杂烩，每一支力量都有其优势所在，发挥着一国心脏的重要功能。罗金厄姆侯爵为人和蔼可亲，个性完美无瑕；但是他才能中庸，在宪政上缺乏自信，并不适合他如今担当的重任。罗金厄姆侯爵的名字与取缔《印花税法》紧密相连，他作为一名完美绅士和纯洁的政治家的好名声给伯克那华丽的花言巧语涂抹上一层芳香的防腐剂。谢尔本伯爵极具政治抱负，但是为人并不受人欢迎，常常被指控为人不真诚。谢尔本伯爵曾经在查塔姆伯爵政府内任职，当时对于金融和外交的相关事务十分关心；但是由于其对于人性的有限理解，使他成为善于诱惑的君主以及寡廉鲜耻的首相的完美的利用工具。事实上，政府内阁的构建是一件需要华丽技巧的杰作，福克斯曾经恰当地评价这一届政府内阁一半为辉格党人，一半为保皇派。这样的组合方式难免很快就产生了不信任的情绪；甚至内阁成员之间的关系也时常濒临破裂，进而发展到公开对抗的边缘。人人都知道，谢尔本伯爵和首相对英国国王俯首帖耳；谢尔本伯爵是最不会冒犯国王的官员之一；而首相更是国王的知己朋友，随时都准备好帮助国王颠覆令人憎恶的内阁政府，虽然不排除口是心非的嫌疑。

原来的托利党政府无法解决关于美洲殖民地的问题，如今的自由党政府对此也无能为力，最多只能尽力完成最紧迫的目标而已。在此之前，战争双方的诉求迥异，无法统一起来；如今共同的利益使他们紧密联系在一起，为了达成整体的和平，秉着息事宁人这一共同目的而进行谈判。就在康维向下议院提交了协议之后不久，谢尔本伯爵的一位朋友从意大利返回英格兰，拜访了富兰克林，富兰克林委托这位朋友转交一封写给谢尔本伯爵的书信。在信中，富兰克林向谢尔本伯爵表示祝贺，赞赏其在回归国会后展现出来的斗志。在谢尔本伯爵担任国务大臣之后，他回复了富兰克林的这封信，向其推荐了半官方性质的奥斯瓦尔德先生——亨利·劳伦斯同时也推荐了这位奥斯瓦尔德先生——当时奥斯瓦尔德先生还在伦敦身陷囹圄。因此，非常不幸的是，谈判从一开始就落入到最不愿意赋予美洲人民完全的独立自由的国务大臣手中。然而，此时所有的党派都希望能够打破当前的困境僵局，现在有了打破僵局的端倪，双方已经看到了恳切地通往和平的前路已经开启。奥斯瓦尔德先生在伦敦和巴黎之间不停游走传递消息，决定为协商争端最后的解决方案进行会面的时间和地点。所有这些事先的准备和安排都经由英国内阁政府的许可；但是现在事情已经呈现出清晰的图景，此时引入一个更加正式的角色参与谈判变得十分必要。

在英国内阁政府部门中，福克斯被委任为外交大臣；而谢尔本伯爵被委任为负责殖民地事务的国务大臣。于是，初期英国与美利坚合众国的谈判自然置于谢尔本伯爵的管辖范围之内。然而，如果英国视美利坚合众国为外国，为谋求整体的和平而提议进行政策上的调整，显而易见这件事情应当置于福克斯的管辖范围之内。谢尔本伯爵之前曾经由于福克斯介入此事显得颇不耐烦，此时却高兴地向同僚交出了管辖权，而且在内阁政府的首肯之下，任命托马斯·格雷维尔为英国政府的全权代表，于5月初现身法国首都巴黎参加谈判。奥斯瓦尔德先生在格雷维尔大使到达巴黎的四天前，已经由伦敦赶到巴黎帮助安排会面事务。虽然奥斯瓦尔德的职责仅限于安排谈判会议的前期准备，但是通过他的所作所为，睿智精明如富兰克林博士这样的政治家，毫不费力便发现了在英国内阁政府中存在着两派对立的利益集团。当格雷维尔使团抵达巴黎，发现格雷维尔只被授权与法国方面进行协商，与美利坚合众国直接进行谈判的法案仍然没有得到最后的授权。因此，进一步的授权成为谈判继续进展的先决条件；而在等待最终授权的期间，杰伊抵达了巴黎。杰伊向富兰克林保证，美利坚合众国的独立地位将必定得到承认，但是同时，美国必须实现真正的独立，而且"绝不能够与法国建立任何秘密的、心照不宣的，或者是表面上的联系"。

谢尔本伯爵极不情愿地交出了协约谈判的管理权，他原本设想这份差事会幸运地降临在自己的头上。尽管从表面上看，奥斯瓦尔德的职责已经履行完毕，然而他的赞助人谢尔本伯爵在英国国王的首肯下，仍然计划将奥斯瓦尔德继续留在巴黎，直到命令他返回英国为止。在初期的会面中，富兰克林博士就曾经向奥斯瓦尔德建议，大不列颠可以实行向美利坚合众国割让整个加拿大省的政策；在富兰克林的要求下，为了方便首相仔细考察这一提议，还呈上了一篇围绕这一主题阐述相关观点的书面计划。随后不久，奥斯瓦尔德的反应使富兰克林认为，英国内阁对他的计划反响很好，然而实际上，这份计划从未被提交至内阁进行讨论。奥斯瓦尔德向富兰克林展示了伯爵列出相关的和平条款备忘录，说话的时候犹如一位大权在握的政治家，这一点给富兰克林留下了深刻的印象，觉得奥斯瓦尔德的个性单纯而诚实。富兰克林曾经写道："格雷维尔看上去觉得整个谈判的重任都在他一个人的肩上，对于奥斯瓦尔德也对谈判事务甚为关切这一事实毫无概念。如果两人都参与到谈判中来，我觉得会产生困难和矛盾。"这样的状况的确很快就发生了。

谢尔本伯爵曾经致信富兰克林，表示愿意就谈判一事向他的代理人授权，但是选取谁作为最后的代理人授予其适合的权利，谢尔本伯爵愿意与富兰克林博士协商之后做出选择。富兰克林博士更愿意与奥斯瓦尔德进行谈判，格雷维尔很快便发觉，美利坚合众国代表并不愿意跟随他的步伐进行谈判，对此不禁深感懊恼。所以，令人尊敬的富兰克林博士总是被两位英国代表各自不同的谈判目标搞得迷惑不解，误解频出，也就毫不奇怪了。他有时甚至对两位代表的谈判诚意都产生了怀疑。对于奥斯瓦尔德参与谈判，格雷维尔变得越来越疑心重重；一旦找到证据，谢尔本伯爵方面的作为被冠以"这种欺骗的行径"就再清楚不过了。福克斯为他自认为的同僚谢尔本伯爵的背叛诡计感到恐慌和烦恼，但是作为内阁领袖的他此时已经病入膏肓，无力采取任何措施来修正这些错误的行为。第二次授予格雷维尔的权力包括授予他与法国国王、"以及任何君主或者国家"缔结和约的权力。富兰克林反对这种形式的授权,因为授权的谈判对象中并没有包含尚未被英格兰承认为"国家"的美国。一经提示注意到此次授权将给谈判带来障碍,生性坦诚而开诚布公的福克斯给他的大使写信:"我希望你很快能够收到我们的再次来信,如你所愿地授予你确认美洲无条件的独立的权利。"为了实现这一愿望,福克斯向内阁提议,亲自承担对谈判做出指示的责任和权利;但是在罗金厄姆侯爵缺席的情况下,提议遭到了否决。福克斯第二天便与世长辞,他在内阁任职的时间刚刚超过三个月。福克斯的辞世使英国内阁政府不得不进行重组,作为部长的谢尔本伯爵成为了新一届内阁的领袖,实际上如果不是由乔治三世从中促成,他的任命将无法得到批准。谢尔本伯爵与国王的意见一致,认为在谈判中英格兰方面的让步越少越好。两人都忽略了美洲殖民地已然独立的重要事实,他们还在讨价还价,仿佛承认一件已然木已成舟的事情将会给自己的政治生命带来致命的危险一般。他们是否能够达成所愿,仍然是未知数。

  大陆会议代表们得知英国政府正在考虑向签署和平协议的代表做出进一步指示后,马上任命了委员会来应对。委员会提出的方案实质上大部分内容与莫里斯提出的方案相同,大多是已经被采纳的提议,只是就和解方案的基本方面是否适合征询了法国大使的意见,之后做出了部分修改。法国大使命令委员会的成员们在"没有得到法国政府的许可和同意之前不得采取任何行动"。然而,由于法国以美利坚合众国的联盟国自居,希望能够紧密控制英美和谈的进程，而不仅仅是对每一位英国内阁成员或许会做出的决定进行回应，他们要求美国表示出进一步的顺从。在卢塞恩的建议下，法国又在和约中增加了一句话"将最终在他们（指法国）的建议和意见下进行自治"，从而将美国人民置于法国的权威之下，使法国国王成为和平条约的主人。马萨诸塞在独立战争爆发之前，就已经广泛地牵连在纽芬兰的渔业问题纠纷之中；由于害怕牺牲掉这部分利益，马萨诸塞州指示她的代表必须要在提议的和平条约中明确写下保证马萨诸塞州渔业安全的条款。因此，美国国会指示富兰克林通知法国国王，美国不会背离之前的决议，"他们坚定决心，所有愿望与期许的目标最终都会寻求法王陛下的意见和同意"，但是为了满足新英格兰各州的要求，美国要求将分享渔业这一条款列入"愿望"清单之中。国会还进一步决定，如果没有得到所有州的一致同意，便不会放弃此条款。稍后，我们将看到法国如何背弃辜负了美国的信任。通过向美国谈判代表下达经由法国"修改"的指示，法国将美国国会的谈判委员会完全掌握在自己手中，法国国王掌握的权利中有一点——后来被证明是最重要的一点——无论在任何情况之下，他们必须放弃要求英国直接承认美利坚合众国独立地位的诉求。而在谈判中采取什么样的方式，则由美国谈判代表们根据当时事态的发展做出自己的判断。

当杰伊在马德里接到担任谈判委员会成员的任命的时候，他对于随着任命一道下达的指示十分不满，急切地反对指示中"将美国处于其他国家君主的臣仆的意见和建议的绝对统治下"的要求，恳请国会将他从"必须接受那些认为任何美国政府官员都处于从属状态的人的意见"的窘境中解放出来。然而，虽然大多数代表都被杰伊的爱国主义热情所感染，或者沉痛地悔恨他们盲目地引狼入室，允许法国插手本国事务，将国会的代表团成员置于服从的劣势，但是他们已经无法在不冒犯法国的前提下全身而退，所以只能无奈平静地假装忽视杰伊寻求解放尴尬境地的要求。在富兰克林的召唤下，杰伊于1782年6月23日抵达法国巴黎，准备参加即将到来的和平谈判。8月7日，奥斯瓦尔德在与杰伊会谈后写道："杰伊先生是一位品味卓越的绅士，他坦诚直率，易于相处，彬彬有礼。虽然迄今为止，他仍然是一位英国臣民，但是他尽力使自己保持中立的观感，远离任何关于英格兰的特殊评价，仿佛他此生都从未听说过英国一般。我想我做出的如下评论算得上不偏不倚：鉴于杰伊先生是富兰克林博士唯一的同僚，而且他比富兰克林博士年轻许多，还具备丰厚的法律素养，因此毫无疑问将在委派给他的任务中承担巨大的责任。"

对于谢尔本伯爵的安排，格雷维尔甚至比福克斯更加觉得无比烦恼和厌恶，于是退出了反对英国内阁的舞台，也不再热切地反对他的兄弟坦普尔伯爵。新内阁组建后，菲茨赫伯特被委任为代表英格兰与其他强权周旋的外交大臣，奥斯瓦尔德也得到授权，一旦他作为大使的国书准备好，就可以与"十三个殖民地或者种植园"的代表签订和平协议。杰伊此时与从前一样活跃，为了他所代表的国家的尊严，拒绝与奥斯瓦尔德在这些条款上进行谈判；同时由于富兰克林和杰伊都被要求置于法国政府的意见统治之下，在征询意见的决议到达巴黎之前，他们只能选择等待法国政府的意见。维尔热纳在接下来的会谈中,决定支持美国的和平条约;但是他表示一定要小心,在对条约内容做出相应的调整之后,再将保证独立的条款加入条约草案之中。他相信,英格兰承认美利坚合众国的独立,应该是按照逻辑顺序自然达成的结果,而不能事先就在和约里提出。也就是说,只有在缔结和平条约之后,独立的条款才能正式确认。他还列举了许多支持这一观点的理由,更有荷兰和其他国家的前车之鉴作为例证。这样的建议十分具有吸引力,也令富兰克林十分满意,富兰克林对奥斯瓦尔德表示美国将会按照这种方法操作。富兰克林总是能够得到凡尔赛宫廷最大的善意和私人的关怀,因此也就习惯于在遇到任何疑问的时候,都向法国内阁大臣寻求意见。因此,虽然富兰克林对于祖国的忠诚毋庸置疑,而且为了促进祖国的利益不遗余力,但是他的经历使他对于杰伊提出的法国干预的危险不闻不问,认为杰伊或许夸大了危险的程度,因为杰伊认为出使西班牙的失败很大程度上源于法国的阴谋干预。但是杰伊最担心的事情在于,除非英国一开始就承认美利坚合众国的独立地位,否则这场独立战争将会由于其他复杂的利益纠葛而无限制地拖延下去;而英国一旦承认美国的独立,将可以阻止英国进一步掠夺美国主权领土,美国作为一个独立的国家也拥有了自由地与其他国家签署协约的权利,即便当前进行的谈判并没有达成既定的目标。一旦美利坚合众国的独立地位得到承认,美国其他方面的诉求得到接受,她就不必再继续这场战争,也不必寻求西班牙的帮助。杰伊认为,法国并不希望美利坚合众国的独立地位尽快得到承认,因为法国首先将美国视为可以利用的工具,吸引西班牙加入到解决争端的温和的条款中来。对于听凭法国在美国独立一事上提供建议，杰伊觉得再也找不出其他方法能够比此更令祖国蒙羞，但是由于维尔热纳本人的政治阅历极其丰富，而且他的建议也并非完全没有道理，因此杰伊与富兰克林决定按照维尔热纳的计划进行。在第二次会谈中，法国首相对于开启谈判进程给予了相同的建议和理由，并提醒美国国会委员会代表团成员，其他国家的大使都在等待着他们的行动。出于对自己追求的正义事业的充分信任，杰伊宣布美国并不需要大不列颠承认其独立的合法性，才能使美国的独立地位正式生效；而且只有英国在平等的基础上与美国签订和约，如同对待其他主权国家一样，他才能满意。

  杰伊如今面临着一生中最微妙复杂的处境之一。迄今为止，他参与的这次和平谈判完全由正直、极具判断力和爱国热情的富兰克林一人处理，而杰伊也一直绝对信任富兰克林；但是杰伊发现富兰克林深受法国大使的影响，遇事常常听受法国大使的建议，而那些建议在杰伊的眼中通常会带来严重的后果，损害美国的利益。经过多次深思之后，杰伊越发肯定在提议的和平条约问题上，法国希望对美国施加最大限度的控制，而这种特权是美国国会之前非常不明智地赋予给法国的；而且如果存在可能，法国只会在达成自己的目的之后，才会明确干脆地承认美利坚合众国的独立。美国国会委员会的其他两位同僚此时仍然没有抵达巴黎，因此杰伊在巴黎无处可以寻求帮助，征询意见。年轻的杰伊对于较其年长的同僚富兰克林十分顺从；富兰克林对于人类知识的理解，在外交领域多年的经验，都使他获得了最大程度的尊敬。除此之外，美国国会也命令委员会的成员在做出决定之前一定要先向法国大使请教，听取他的意见；但是法国大使给予的意见总是明确地与杰伊作出的结论背道而驰。

　　杰伊对于未来形势发展的怀疑由下列事实得到了加强：法国大使维尔热纳极力向乔治三世表示，代理人奥斯瓦尔德的权力已经足够承担此次谈判。就在杰伊得知这一消息的同时，他手中拦截了一封来自驻费城的法国代表寄往巴黎的书信，这封信是在美国国会仍然在做准备向派往巴黎的委员会发布新近指令的时期写就的，信中建议法国就渔业问题采取的政策明显与法美真诚同盟的表象不符。杰伊深知，没有任何一位代理人敢于表达与本国政府相左的观点和言论，于是他下决心要维护祖国的利益，反击维尔热纳包藏祸心的诡计。于是，除了要求达成平等条款，杰伊还积极表达与英格兰谈判的意愿。杰伊敦促奥斯瓦尔德要积极采取行动，不要拖沓无动于衷，在任何情况下都要展开谈判；并且指出鉴于北美殖民地已经下定决心脱离母国，在这样的情况下，如果美利坚合众国能够摆脱法国的控制，那么实际上的形势将使大不列颠占据优势。杰伊还宣称，对于任何不将美洲作为一个独立国家看待的谈判，他都毫不关心。尽管杰伊如此表态，但是在奥斯瓦尔德即将收到的大使国书中，明确写明在缔结和约之前美利坚合众国无法被看做一个独立的国家，在此之前，它只能被看做英国的北美殖民地。英国政府的代理人为杰伊的推论所折服，对于杰伊表示将会一直履行现在的职务不会中途放弃而感到满意，代理人向伦敦方面传递消息，告知由两位美国人组成的新的谈判委员会已经在巴黎就位。

在与阿朗达匆忙会晤之后，维尔热纳的心腹助手雷诺沃秘密启程，前往同一目的地。他此行的目的正如杰伊所预料的那样，以美国为代价促进西班牙的利益，并且向内阁明确表示，在提交的和平条约草稿中划分英格兰和法国的渔业领域，从而排除美利坚合众国在渔业领域分一杯羹，如果这样的提议具有可行性，并无必要按照要求的方式更改奥斯瓦尔德的大使国书。不论维尔热纳的目的到底是什么，他派遣的使节都没能完成使命。在得知雷诺沃离开的消息后，杰伊立刻派遣沃恩前往伦敦，希望可以抵消雷诺沃在伦敦取得的进展。沃恩向英国政府说明，与绝不屈服的人缔结友谊的第一步，就是要平等相待，以此获取彼此的信任。此时对于英国政府来说也正是关键时刻，立刻结束战争，带来和平，对于保住这届内阁政府来说至关重要。爱尔兰濒临爆发起义的临界点，但是谢尔本伯爵并没有赢得内阁的支持——不论是福克斯伯爵内阁还是诺斯勋爵内阁——这些政客很快就组成了非常规且时运不济的联盟。在这样的形势之下，首相谢尔本伯爵虽然很不情愿，但却最终优雅地向沃恩表示赞同他的意见，继而授权在法国的代理人与美利坚合众国缔结和约，承认美利坚合众国的独立地位，确认美利坚合众国与大不列颠彻底分离的事实。

就在不到三个月之前，谢尔本伯爵身居内阁要职的时候，曾经向国王允诺绝不会承认美利坚合众国的独立，甚至近期他还在议会中宣布这样才能保证英格兰的光辉烈日永不落。然而，如今他只能被迫向压倒性的公众意见低头屈服。一旦做出这一让步，谢尔本伯爵就心甘情愿地与美国签署自由条款，希望借此能够避免法国插足美洲事务。

9月27日，新的委任状终于寄到了奥斯瓦尔德的手上，在此基础上，双方很快展开了和平谈判。谈判中的主要矛盾已经得到解决，纽芬兰的渔业归属问题以及美国边界调整问题成为美国关心的重要问题；而美国的国债问题，以及对效忠派遭受的损失进行赔偿等问题，成为英国主要关心的问题。在边境问题上，谈判出现了一些波折。英国公使坚持认为俄亥俄州应当作为美利坚合众国的西部边界。美利坚合众国委员会代表们援引了英国国王向殖民地颁发的宪章，并不接受这一说法；问题最终通过将美国的领土延伸至密西西比河流域得到了解决。将西部边界确定在密西西比河流域，使他国无法再觊觎美国西部的土地。在讨论中，英国曾经努力将美国的渔业限制在一个狭窄的区域。实际上在独立战争爆发之前，美洲渔业就曾经雇佣了大量的劳动力，因此英国的这一政策遭到美国坚持不懈的反抗。亚当斯于10月的晚些时候抵达，由于他对于上述问题十分熟悉，因此在协助他的同僚与英国论战的过程中，成为极有价值的关键人物。亚当斯要求加入同僚的行列，参与全部谈判过程，宣称早期的航海家初次发现并开发了这里，如今北美殖民地脱离母国独立，在殖民地范围内的所有领土都应当属于新建立的美利坚合众国。亚当斯进一步宣称，如果只有通过占领和拥有，只有通过战争、流血才能保证拥有这些财富，那么美利坚合众国愿意这样去做。亚当斯清晰地表达了对该问题的观点，终于促成最终的协议——美利坚合众国境内此前享有捕鱼权利的地域如今可以继续从事渔业。美国人民就从事渔业得到的这项权利，被视为一种绝对且永久性的赋予，而不像法国，根据协约的不同规定，享有不同的权利。为了维护它的荣誉，英国坚持要求归还殖民地效忠派的财产；但是由于没收效忠派财产的法律分别由各州自行设立，委员会代表们对此只能表示无能为力。然而，富兰克林对英国提出这样的要求表示非常愤慨，他向奥斯瓦尔德宣读了占领卡罗来纳州的英国将军们的命令，他们不仅没收了该州所有支持殖民地独立的爱国者的全部财产，更将这些财产变卖冲抵了军费。双方的刻薄言语都源自近期仍未彻底平息的冲突；而且仍然令人记忆犹新的是，正是托利党人的建议导致英国政府坚持以强制方式处理爱国者财产问题，以谋求国内同胞的体谅。在所有其他的问题都得到圆满解决之后，双方在这一问题上的僵持几乎毁掉了和谈。如果不解决效忠派的财产问题，英国内阁将会因为没有为正在遭受苦难的效忠派提供必要的补给而无颜面见国会。在进退维谷的艰难形势下尝试了所有可能的方案之后，美国人在最后的关头提出建议，在和约中加入一个条款，建议各州归还未被宣判有罪的效忠派的充公财产。英国的全权公使接到命令，在谈判遇到疑难问题的时候向菲茨赫伯特和斯特拉奇这两位外交官征询意见。在两人的首肯下，英国公使接受了这一顾及英格兰颜面和荣誉的示好之举。同时，发生在独立战争之前的个人债务受到法律条款的保护，不论是美国还是英国都无法随意制定新的法律以逃避偿还债务。至此，每件事情都得到了妥善的解决，杰伊在富兰克林的要求下，开始准备和约的正式文件并誊写副本供相关人等参阅。当这份和平条约呈交到维尔热纳手上的时候，他不禁感叹这份和约是买来的，而非制定的，因为大不列颠做出的让步远远超出了他能够相信的程度。英国只是基于希望迅速达成最后的和平，立刻签署和约，才做出这样的让步，才能够使这部和约成功操作；美国代表们无疑希望紧闭和谈的大门，以防其他强权国家插手和谈，从而进一步将美国的利益作为筹码，进行列强之间的利益交换。

英美签署的《巴黎和约》对美国未来的命运产生了极大的影响，它的影响力超越了美利坚合众国历史上签署的任何一个和平条约。美国得到了能够合法获取的所有权利。通过缔结这一和约，美利坚合众国打破了阿勒格尼山脉的屏障，移除了所有向伟大帝国荣耀前行路上的障碍。热拉尔曾经写道，在美利坚合众国成为世界舞台上活跃的一分子之前，还需要走过很长的岁月；但是具备卓越的政治洞察力的西班牙大使阿朗达在写给西班牙国王的信件中这样评论道："美利坚合众国初诞生的时候，的确微不足道。但是她成长为巨人的一天终将到来。"美利坚合众国的独立，给予当时世界上普遍的殖民地的独裁垄断以致命的一击，它做出了榜样，预示着每一位殖民地公民都有权利参与构架自治的政府体系。大不列颠犯了旧错，大大低估了她的后代子民，而放心地将她的利益完全押在一位出入军队的前御用商人身上，而这位商人却并不精通处理国家事务。但是他非常幸运地遇到了一群在外交领域深具天赋、热情和睿智，而且在整个欧洲都造诣颇深的政治家们。虽然法国外交大臣维尔热纳耗费了如此多的人力物力，煞费苦心地布置诡计和战术,也并未达成其目的;随着初步和约的缔结,美利坚合众国一方面得以逃出法国的魔掌,另一方面也脱离英国取得了独立。正如我们所知,负责谈判的委员会代表们最终没有遵照美国国会的命令行事,在谈判过程中并没有征询维尔热纳的意见。富兰克林本来认为杰伊误解了这位法国大使的动机,但是最终还是认同了杰伊的观点,与杰伊并肩战斗,以防止祖国的利益被侵犯,被置于其他强权国家的制约之下。

《巴黎和约》最终得以达成,这份荣耀很大一部分要归功于杰伊。杰伊洞察到维尔热纳的密谋私心,因此坚决拒绝在不承认美利坚合众国独立身份的情况下缔结任何条约,他自信地挑战谢尔本伯爵,终于迫使他接受最终的方案。美国的胜利在很大程度上归功于她新近的盟友,但是盟友很快变为日后的敌人。杰伊曾经在写给祖国国务卿的信中说道:"你永远不会看到我的名字与一部糟糕的和约联系在一起,或者是与一部未能给美利坚合众国争取到渔业权利的和约联系在一起。"杰伊没有食言,他成功地实践了自己的意图,为祖国争取到了荣耀且令人满意的条款。英国公使菲茨赫伯特宣称,正是由于采纳了杰伊的方案,和谈才得以成功地完结,取得完美的结果,并向谢尔本伯爵写信,提及杰伊"始终带着诚意以及前后一致的思想来判断他们国家的真正利益所在,应当采用什么样的措施"。亚当斯评论道,这正是杰伊的主要优点所在,并表示"谈判桌上的华盛顿"这一名号,杰伊当之无愧。胜利签署和平条约的消息传回国内,汉密尔顿写信给杰伊,信中说道:"新英格兰地区的人们都在谈及将你尊奉为鱼类供应者,一年一度举办庆典纪念你的功绩。"然而,比起所有赞赏更令人高兴的是,来自杰伊忠贞的妻子的热烈祝贺。杰伊夫人亲眼目睹了丈夫为了国家利益呕心沥血的努力,陪伴丈夫一同度过了艰难焦虑的岁月,不论是在马德里还是在巴黎,杰伊夫人都万分关心丈夫的处境,如今她写道:"我再一次衷心祝贺您取得的胜利,获得这份荣誉的不仅是作为我们国家信使的您,也是作为慈爱而温柔的丈夫的您。"另一方面,外交大臣批准《巴黎和约》的时候曾经说过:"对于杰伊在谈判过程中表现出来的对既定政策的不信任,尤其是在签署和约时并未事先与法国宫廷沟通一事,我一点也不感到不悦。"《巴黎和约》主要解决了如下三个问题:美利坚合众国独立的地位问题,确定了美国的边界,划分了各个国家在纽芬兰渔业中各自的权利。如果委员会代表们试图还在条约中包含其他一些议题,那么谈判很可能被无限期地拖延,或许最后只落得胎死腹中的下场。因此,谈判代表们明智地选择将其他矛盾押后再议,将其他议题包含在另一个具体的条约中,择时再展开讨论。但是遗憾的是,除了当前的《巴黎和约》取得的利益之外,后来的谈判并未就任何其他问题达成协议。

第十三章

法国的密谋

杰伊在巴黎和谈期间表现出对法国的不信任，招致法国的斯帕克斯以及其他作家的发难，他们评价杰伊"毫无根据的嫉妒"，心怀叵测地怀疑和责备忠诚而慷慨的盟国。在此，我们回顾一下当时的形势，看看杰伊的判断力是否引领他对法国政府的意图做出了正确的估计。杰伊在任何时候都不曾怀疑法国持续对抗英国的坚定决心，直至英国放弃其在殖民地的权利。但是杰伊同时也相信，法国试图以美国为代价，支持西班牙在美国西部地区获取利益；法国还致力于将美国排除于纽芬兰渔业生意之外；法国密谋控制和平谈判，为了法国一己私利，尽力拖延谈判进程，拖延英国正式承认美利坚合众国独立的时间。就让我们用近期揭秘的史实——来考量，杰伊是如何做出这些判断的。

早在美国独立战争真正爆发之前，法国内阁政府的注意力就已经集中到殖民地的不安境况中，而且针对是否对北美殖民地进行广泛地援助也经过了彻底的讨论。法国国王以及公使维尔热纳达成了共识,英国与其北美殖民地之间的矛盾很有可能最终转变成一场暴力冲突的战争。随着事态的发展,为了维护美利坚合众国的独立地位及其主权,美国与法国结成了战略同盟。在构建和平条约的框架的时候,法国绝没有试图强取美国的任何利益,绝没有占美国的便宜;相反,法国其后不仅慷慨大方地向美国提供人力、物资和财政支援,而且支援都非常及时有效,正如维尔热纳所写的一样:"我们始终没有向美国强行索要任何他们无法给予所有欧洲国家的东西。"

在同意上述陈述总体上的正确性,承认美国对于法国的慷慨援助表示了温暖的感激之情后,我们可以不失公允地假设,虽然法国与美国缔结同盟的动机并非那么公正无私,但是法国只是简单地希望可以利用这个机会,削弱对手大英帝国的力量,毕竟英国当时又从法国手中强抢了范围广阔的大片土地。历史经验告诉我们,国家之间的行为和互动,无法用最高道德标准来规范,但是谋求自身利益却是在国家之间的行动中最为普遍的一个规则。在1789年法国大革命前的社会及政治制度之下,只有家族四代内都拥有纯正贵族血统的年轻人才能在法国军队中效力,担任军事长官。而此时仍然拥有众多殖民地的法国,如果说是出于悲天悯人的仁慈目的参与到英美战争中,帮助新生的共和国人民武装起来反对他们的旧时君主,这样的事情恐怕我们实在无法期待。法国此举的原因,必然是受到本身既定目标的驱使,这一点可以从法国国王在与美国建立同盟时的宣言中得以一窥究竟。在回应大不列颠的声明的时候，法国表示参与战争的原因在于担忧自身安全受到挑战，担心法国人民的利益受到损害，忧虑法国一贯秉承的政策遭到威胁；最重要的是，英国政府实施的秘密计划使法国不得不参与到这场战争中来。法王口中的"秘密计划"指的是，诺斯勋爵致力于安抚殖民地情绪，希望可以和平地将殖民地重新纳入大不列颠版图，重组大英帝国，而法国认为英国此举将会对法国产生巨大的威胁。法国参与英美战争的目的，在同一篇宣言中再一次暴露无遗，法国国王继续说道，与美国签署协约，"我们此举别无他意，只是试图终结大英帝国在世界各个角落滥用的统治性的力量。"热拉尔在履行他的谈判任务的时候，接到维尔热纳的指示，从中可以看出法国此举的另一个动机。维尔热纳表示，"美国与法国的永久联盟一直是法国国王追求的目标"。

正如我们所知，西班牙声称拥有控制密西西比河流域的全部权利，意图从英国手中夺走佛罗里达州，征服并扣留了俄亥俄州以西的所有土地。对于征服并扣留俄亥俄州以西土地一事，西班牙政府后来坚持声称它的军队只是部分地参与了此项行动。1779年4月，法国与西班牙缔结协议，规定如果不归还直布罗陀海峡，便不会达成和平协议。于是我们有理由猜测，法国同时在其他国际政治局势中的设计安排，也是导致法国干预英美战争的另一个原因。美利坚合众国宣称拥有密西西比河流域的合法权益，而且在北纬39度以北拥有联合航行权。通过联盟协约，法国保证了美国人的领土归属，而不必具体规定领土的范围，法国与其他两大强权国家因而势必产生冲突。法国内阁政府与马德里方面的政治联系自路易十四时期便十分亲密,正是路易十四让他的孙儿带上了西班牙的皇冠。在如今的困难境地,法国站在西班牙身侧,或许是出于历史上一贯的政策延续以及国家的光荣等诸如此类的考虑,都促使法国无法在新缔结的联盟中抛弃西班牙这个值得信赖的老朋友。当大陆会议正准备向参与谈判的委员会代表传达谈判指示的时候,热拉尔通知大陆会议,美利坚合众国的西部领土界限不得超过其允许定居的土地界限;当杰伊抵达巴黎的时候,事情进展为维尔热纳不论在口头上还是在书面文件中,都否认美国对于西部无主土地拥有合法权利,而支持西班牙在美国西部土地上的利益诉求。维尔热纳将此事交由他的心腹助手雷诺沃处理,这位秘书认真准备的备忘录,对于美利坚合众国的权益提出了挑战,绞尽脑汁地努力敦促与阿朗达展开协商,验证了维尔热纳选择他作为中间人处理此事的确是明智之举。杰伊正确地判断出,西班牙方面就确定边界问题一事的决定权在西班牙首相的手中。如果美国接受他的方案,美国将因此被剥夺俄亥俄州北部的所有领土,以及肯塔基州、田纳西州、阿拉巴马州和密西西比河流域的部分土地。简言之,从大陆会议准备向公使下达早期命令开始,到公使离开欧洲返回家乡,法国政府一直采取积极、持续地支持西班牙在北美的利益诉求,而且不断强迫美国接受割让权益的方案,而不支持美利坚合众国的合法权益。

现在我们来说说密西西比河流域的问题。了解到凡尔赛方面就密西西比河流域航行权的普遍看法之后,法国大使蒙莫兰早些时候曾经从马德里写信给外交大臣维尔热纳表示,"在密西西比河航行权这一问题上,再也没有比通过国王陛下的巨大影响力改变他们(美利坚合众国)的观点更好的证据,能够表明我国对西班牙国王陛下的亲密关系。"据此,法国紧锣密鼓地展开了对美利坚合众国施加影响的行动。热拉尔辞去法国外务部的职务,担任法国的驻美大使,他对大陆会议宣称,美国并不拥有密西西比河流域的航行权,因为美国的领土并未延至任何密西西比河河岸毗邻的区域。热拉尔在与杰伊一同返回欧洲的时候,还试图从杰伊处套取美国在密西西比河航行权问题上的妥协底线,结果当然是无功而返。但是热拉尔一直不停地劝说杰伊,美国放弃对于密西西比河全流域的使用权是杰伊最终胜利完成缔结和约任务的前提条件。法国首相在写给他的继任者卢塞恩的信中表示:"在这个问题上,大陆会议必须无条件地宣布美利坚合众国放弃在所述流域,即密西西比河全流域的权利诉求,只要西班牙国王陛下的兴趣意愿在此,美国必须同意庄严的西班牙国王陛下拥有该流域的全部权益。"

凡尔赛宫与圣詹姆斯宫同样将北美的渔业看做水手(海军士兵)的训练学校和试验场,各怀鬼胎地护卫着各自在此处的权利。对于美利坚合众国希望加入北美渔业的需求,维尔热纳早就一清二楚。积极上进、具有无限进取心的新美洲人就在渔场附近居住。法国并不愿意看到美利坚合众国利用此地训练海军力量,建设海军强国,而希望将美国排除在海上强国的行列之外。因此,维尔热纳写信给卢塞恩表示:"在纽芬兰、加拿大以及其他北部地区的海岸从事渔业的权利,完全属于英国人专享。美国人在这方面完全不具备任何合法的权利。如果我们的确在某些地区享有渔业权利,那也并非借助自然而然的普通法权利,而是通过缔结协约,其中注明了某些特别保留给我们的特权。"在大陆会议给杰伊最早的指示准备好之后,北方渔业问题并未立即成为双方矛盾的焦点。驻美大使热拉尔对于大陆会议近期的决议了如指掌,鉴于他的政策倾向,此人在邦联东部州颇不受欢迎。热拉尔可能曾经这样想,当双方在北方渔业这一问题上发生矛盾的时候,他不会全力支持美国在此地的利益。法国政府稍后提供给热拉尔的指示中,激起了美国北部渔业地带人民的愤慨;在经过了最诚挚的商讨之后,终于做出了如前所述的决定,不将解决渔业权利划分问题作为谈判继续进展的先决条件,但是在未得到所有国家一致同意的前提下,也不得就此问题缔结和约。居留在费城的税务官玛伯伊斯,建议维尔热纳向国王提议,"对于大陆会议做出的决议表示非常惊讶","他们忽视了法国国王陛下的权益,而宣布自己拥有此地的权利",从而宣布"他们的权利诉求完全毫无根据"。在巴黎的雷诺沃也对渔业权利问题发表意见,建议美国谈判代表在和约草案中,满足英法对于在该区域海岸进行渔业的权利诉求。我们如今发现,不论是身居海外的法国代理人,还是身处法国国内的副国务卿,不论在任何情况下都与他们为之服务的法国政府论调一致。对于法国的所作所为,亚当斯与杰伊拥有同样的看法。后来,当奥斯瓦尔德反对美国获取北部海岸的渔业权利的时候,亚当斯在他的日记中这样写道:"我忍不住想,这些观点看起来通通来自凡尔赛宫本身。"

显而易见,法国并不希望她的任何一个盟国参与深海地区的渔业,而且为达成这一目的,千方百计给盟国设置种种障碍,同时却不暴露出这本是法国的意图所在，因而造成本来邦交和睦的其他国家之间的矛盾和冲突。北方渔业问题以及密西西比河航行权的问题，充分暴露出法国在和谈之前和之中所持有的态度。在直布罗陀海峡和西部地区的权利诉求上，西班牙需要法国的协助，她希望法国能够将美国从纽芬兰的渔业中驱逐出去，因此希望在这些具体问题得到满意解决之前，中止对于承认美利坚合众国独立地位的谈判。因此，西班牙内阁用阿朗达拖住杰伊，用奥斯瓦尔德拖住美国谈判代表团，再加上美国谈判代表团本身便具有无法弥补的缺陷，难以自主行事。法国政府一贯采取的政策，是使欧洲的二流国家依附于法国，而当她着手施行切断大英帝国纽带的计划的时候，她更愿意美利坚合众国犹如卫星环绕地球旋转一般，围绕在她的身边，而并非亲手捧起一枚耀眼的恒星，将之置于环球政治的苍穹星空中。带着这样的观点，维尔热纳希望"如果美利坚合众国与法国缔结和约，那么邦联中的每个州都应当与法国签署一个单独的协议表示批准此和约，这样不论邦联最后的结局如何，用这种方式，每一州都可以分别与法国由于协议契约联合起来"。维尔热纳有理由相信，很多时候恐怕不得不与在战争条件下曾经与北美殖民地保持友好关系的人们做交易，因此他秘而不宣的目标无论如何也不能公布于众，这一点就显得尤为重要。其他国家的谈判进程完全以是否承认美利坚合众国的独立为中心，只要美国代表团抛弃大陆会议发出的指示，从法国的控制中挣脱出来，美国就可以好好利用英格兰的急迫形势为自己寻找更好的出路。但是在美国与法国签订初步协议之前，没有任何其他国家的大使可以进行任何协议的谈判。只有与法国的协议签署完成之后，法美联盟的目标得以实现，美利坚合众国也就没有任何理由和进一步的利益持续战争。

　　在讨论这一问题的时候，美国所犯的错误总体上来说，在于认定雷诺沃在出使英国时所携带的法国政府指示文件包含了法国在这个问题上的全部意见。实际上，由于法国的密谋设计太过重要，以致只有法国国王身边的贴心人才知道这个计划；维尔热纳清楚地知道国王陛下的意图，所以不能将其明确地写在书面文件中；如今大不列颠已经同意在某种程度上做出让步，承认美利坚合众国的独立地位，因此一旦泄露法国抑制美国的真正意图，将会不可避免地将美国推向英国的怀抱。无论是书面的指示，还是维尔热纳提交给英国外交部的照会，都没有包含任何机密内容，也不需要通过枢密信使特殊派送——在雷诺沃出使英国之前，没有任何重要机密的文件需要阿朗达在凡尔赛宫仓促现身，进行商讨；在整个事件的进展中，法国也没有刻意维持任何保密状态和神秘感，中间人也没有被迫以化名进行全球旅行，斡旋纵横。不过非常清楚的是，法国显然将其他国家的利益也考虑进来，正如杰伊猜测的一般，法国暗示谢尔本，维尔热纳事先对于美国的需求并不知情；法国以将美国排挤出纽芬兰渔业为原则，英法两大强国分享北方渔业的利益，来取悦谢尔本，同时向英国展现法国打算在帮助西班牙获取美国西部利益方面作出多大的努力。

　　猜到法国内阁政府的种种考虑，外交部长杰伊从伦敦写信回国时这样表示："我有理由相信，法国甚至对美利坚合众国的独立也心存不满,因为在达成和平协议之前,连接彼此的纽带将因此而松懈。"如何表达法国的意见,其方式方法是法国政府需要斟酌决定的关键:要么真正承认美利坚合众国的独立,使其合法地位即刻生效,从而将美利坚合众国置于有利形势之下;或者从另一方面看,将英美谈判控制在西班牙和法国的利益诉求之下。然而,雷诺沃在他的备忘录中这样写道:"由于美利坚合众国的独立已经得到众人认可,因此不需要再在此问题上进行更多的评论。"这不就暗示着美国代表团在追求承认美国独立的进程中,不会为盟国所拖延?而且,关于纽芬兰渔业问题,雷诺沃再一次强调:"在这一问题上,美国在巴黎已经与菲茨赫伯特进行了多次深入的谈判。如果向菲茨赫伯特提出的方案被认为是不可行的方案,我认为凡尔赛宫也会有相同的判断。"换句话说,在法国看来,美利坚合众国的权利诉求没有良好的根基,尊贵的法国国王陛下并不打算支持美国的诉求。我们现在可以从菲茨赫伯特先生自己的话中了解到当时的那些"想法"到底是什么。菲茨赫伯特说过,"维尔热纳坚持采取如下计策,为了将美利坚合众国赶出纽芬兰渔业,法国与英国必须联合上演一出好戏。"法国国王所谓的"平等",或许来自法国大使的秘书玛博伊斯的信件中曾经引用的部分,雷诺沃自己声明"美国人的眼界不应超越渔业海岸线"。谢尔本在此时已经担任英国首相,奥斯瓦尔德从巴黎向其汇报,信中说道,"法国显然希望北美殖民地无法达成所愿";而且在某次会谈的相关记载中,雷诺沃表示"对于美国在纽芬兰渔业的权利诉求表示强烈反对"。雷诺沃毫无疑问会将立场和态度表达得更加清晰,将法国国王的完整意图展现出来，要不是杰伊的理智提醒了首相，"是大不列颠的利益使我们成为独立的法国，而此时我们却下决心成为大不列颠"。法国内阁已经决定给在巴黎的大使赋予权力，希望能够让美国的谈判代表满意。

杰伊要求参与谈判的西班牙公使和法国公使出示得到适当授权的国书委任令，否则将不与他们进行谈判。杰伊的强硬态度迫使维尔热纳派遣自己的心腹秘书前往伦敦。后来，由于没能对英美的和平条款产生影响，维尔热纳的万分失望之情在稍后写给富兰克林的一封抱怨信上展露无疑："您独自做出了初步协议的条款，却并未与我们事先沟通，征求我们的意见。如果没有法国国王的参与，您什么也不可能达成。"法国希望掌控美国外交事务的结果，毫无疑问，与同时期荷兰的经历非常相似。荷兰公使被命令与维尔热纳进行秘密的联系，而事情正如那位大使所写的那样，"我感到事情的成功与否完全取决于他，有赖他的言辞，并且最终我发现上了他的当。"

我们从法国革命政府向其驻美大使热内发布的指令中，可以看到对法国行为的进一步解释。"当时，美利坚合众国的良好公民以最诚恳的方式向我们表达了感激之情，向我们证明他们的友谊，维尔热纳和蒙莫兰都认为，法国应当阻止美利坚合众国获得他们有能力维持的稳定的政治地位，因为如果那样的话，美国将很快获得强大的力量，而美国很有可能滥用这种力量。"我们并不清楚这里的话语是否特别指代某些事件，毫无疑问的是，这段话中流露出来的倾向正是法国政府当时秉持的普遍对美政策的写照。但是如下的句子恐怕更具深意，对我们所观察的这段时期来说也更加贴切："在与美国进行和平谈判的时候，我们也要采取同样的欺骗战术。"这些表述展现出法国内阁对于直至1789年革命胜利之前的美国的整体看法。

通过实行初步协议，美利坚合众国终于以独立国家的姿态迈入世界国家的大家庭。当时的美国除了与法国和荷兰建立了外交关系之外，并未与其他国家建交。美国于是授权其谈判代表团与母国英国进行下一步的谈判，以缔结明确的和约，调整双方的商业往来。第二年的9月，英美签署了第一个初步协议的简单草案。在谈判中，两国都以自由主义精神看待彼此，但是彼此间地位的变更要求在谈判中的策略也相应地有所变化。航海法以一种从未经历过的方式对美国产生了巨大的影响，英国不愿向已经获得独立主权的前臣民提供在与母国分离之前享有的贸易自由。在这方面以及其他相关问题上的谈判拖延了很长时间，随着时间的进展，英国对于此事越来越冷漠，因为她发现软弱无力的邦联政府能够享有非限定性关税，而无须放弃任何特权作为回报。因此，英国与美国的商业关系仍然没有清晰的定义和规范，一切悬而未决，给未来的纳尔逊勋爵和科林伍德勋爵在战争时期，就美洲西印度群岛贸易船只发起突袭留下空间，因此又产生了另一个争议的问题，导致美利坚合众国加强各州之间的联系从而建立更加紧密的邦联。

在谈判的过程中，巴黎成为全世界利益的中心；在亚当斯和劳伦斯抵达巴黎后，美国殖民地的数量又有所增加，"美国丽人酒店"成为大家喜爱的度假地点。这座城市比历史上任何时候都更加鲜艳明亮而灿烂。天才的内卡尔已经向法国政府提出必须要做的事情,似乎有可能从一场筋疲力尽、倾其所有的战争中再次繁荣起来。法国皇后的花容月貌正处于惊为天人的巅峰时期,她的仪态大方迷人,很受欢迎,基本上证实了伯克关于她容貌仪态的溢美之词所言不虚。关于这位不幸的皇后,杰伊写道:"她如此美丽,她的举止如此可爱迷人,我在任何时候都毫不怀疑,她天生就是一位皇后;我尤其仰慕她亲自指导女儿教育的决心。"此时,钻石项链事件还未发生,皇后的快乐心情尚未遭受破坏;虽然人们都在侧耳聆听,但是即将席卷这个国家、摧毁整个贵族政治的飓风,此时却还没有听到任何风声。

除了身体不适之外,在经历了马德里长期且颇不愉快的居留之后,杰伊与妻子在巴黎的时光可谓十分惬意舒适。很快,杰伊夫妇的小女儿出生,取代了他们在马德里失去的宝贝,而且在巴黎能够收到许多家乡朋友们的来信,也让他们安心不少。杰伊夫妇与富兰克林的关系真诚而亲密,两人还积极参与自然而然地聚集在他们身边的文化界的活动。此时《大百科全书》已经完成,编者们已溘然长逝;几年前,伏尔泰也撒手人寰。狄德罗从俄国返回法国,曾经与达朗贝尔有幸得以会见那位后来逝去的伟人,就此他说:"只是十五分钟的煎熬,没有造成不良后果,也没有受伤。"启蒙时代的伟人播种下知识的种子,推动全新的一代进入政治科学和自然科学的研究领域,为时不久便获得了丰收。对于杰伊来说,宗教是一种明确清晰的情感,深深根植于他的个性之中;我们再也找不到任何一位政治家能够比杰伊更配得上基督徒政治家的称号。因此，在法国贵族阶层中泛滥的通奸行为，使杰伊感到无法接受，不胜烦恼。他曾经在一封信中这样写道："我正置身于一场巨大的舞会中，其中就有几对儿这样情况的人们。他们却能够自由自在、毫无愧疚且轻蔑地谈论着宗教。在对话的过程中，其中一位问起我是否相信上帝。我回答道我的确相信上帝，而且我万分感激上帝让我有这个坚定的信仰。"就这一主题，杰伊并没有继续探讨下去。

杰伊的健康状况恶化到令朋友们忧心的程度，在返回马德里之前，杰伊决定尝试巴斯泉水的疗效，然后再赶赴西班牙，与西班牙政府签署长期拖延的和约。在饮用了一段时间巴斯泉水之后，的确产生了很好的效果。于是他改变了心意，下定决心，如今他已经帮助美国达成了和平，是从公职中退休，返回家乡从事原本的法律职业的时候了。然而，直到第二年的7月，杰伊才离开欧洲，回到阔别五年的美国。杰伊荣归故里，受到故乡各个阶层人民的热烈欢迎。当时，辉格党人和托利党人联合起来，向这位重塑祖国和平的伟大政治家致敬。纽约市长和市政府顺应民意，向杰伊呈上一枚金色的盒子，其中封存着欢迎杰伊返回家乡的演说辞，一同呈上的还有杰伊为之奋斗的这个城市的自由。在欢迎辞中这样说道："您已经履行了人民赋予您的重要的信任，您的智慧、坚定和刚直不阿，赢得了全世界的掌声。"这样的赞许一点儿也不为过。

离开故土八年后，杰伊一定对于整个城市的变化印象深刻。英国军队已经于去年11月撤出纽约，但是城市中还是能够看到他们长期居留留下的痕迹。烧焦的废墟显露出凄苦的氛围，许多教堂和公共建筑都被征用做兵营。托利党人搬出这个城市，纽约的人口因此大大减少；同时此地仍然存在许多英国国王的支持者，独立事业的促进者却无法埋葬过去、尽弃前嫌，大家无法团结起来再次复兴这个伟大的城市，恢复纽约曾经命中注定担当的繁荣世界的贸易之都。

如果说纽约城的外观发生了巨大的变化，那么杰伊一定也发现在这个国家的政治领域也发生了同样令人震惊的变化，他的朋友们和早期的伙伴们也不再如同从前。此时，杰伊的父母都已经去世。离开纽约之前，杰伊曾经作为一名年轻的律师在副州长和法官们主持的法庭前进行辩论，如今这些人已经逃离故土，远走他乡；他们的住所现在居住着他们的亲戚和朋友们。占领纽约的英军将杰伊的母校改成了一座医院，如今正在共和国的赞助下，寻求捐款用以恢复学校旧貌，进行重建。杰伊在大陆会议的同僚杜安此时掌管着这座城市，并主持纽约的法庭。在那里，汉密尔顿、伯尔、爱德华·利文斯顿以及新的一批律师正在纽约的法庭上证明自己的能力，而此地的法庭很快就将置于杰伊的主持之下。

托克维尔曾经说过，革命横扫酿成革命的一切，但是却很少能够为促成革命的一代带来利益。在当前的例子中，重回和平并未能带来众人翘首期待的繁荣。美利坚合众国对外曾经承受的巨大压力，曾经迫使各州团结起来共同面对的纽带如今消失了，各州为各自的利益打算，邦联处于分崩离析之中。曾经出于安全考虑，各州向中央政府让渡了部分自由权利，如今各州打算收回这些权利。虽然波纳尔曾经预言，美利坚合众国将会改变世界政治中心的格局，然而由于如今的美国缺乏内部凝聚力，她在欧洲仍然无足轻重。杰伊在祖国和出使海外的经历使他可以诊断出美国所患疾病的病因，以及应该采取什么样的方式进行治疗。杰伊曾经大力协助美国摆脱英国的束缚，如今他的"首要愿望，就是看到美利坚合众国真正拥有一个伟大的国家应当具备的优点和特色。在达到这一目标之前，"杰伊说道："将我们联结起来的链条如此纤细，以致不能承受任何反对的意见。"从那时以后，杰伊的言论和文章中都充满了建立更加紧密的联邦的重要性和必要性的观点；我们从最后的结局中能够看到，达到杰伊希望且热切追求的成果，他又协助和伴随着美国走过了多少艰难的旅程。

第十四章

外交部长

在返回家乡之前,杰伊公开声明如果国家仍然需要他,他将责无旁贷地继续效力;而国会近期的事务进展很快就向杰伊发出了召唤,到了他做出决定的时刻了。在完成《巴黎和约》的初步协议之前,利文斯顿就辞去了外交部长的职务,但是在达成最后的和平协议之前,他仍将留任外交部长的职位。利文斯顿辞职之后,美国的外交部就面临群龙无首的境地。为了选出合适的人选担任外交部长,邦联政府已经做出了许多努力和尝试,但是全部宣告失败,因为寻找一位足以领导新生美国复杂的外交事务的领袖,实在绝非易事。5月份,当国会得知杰伊近期即将返回美国,便决定不能再浪费一秒钟时间,迅速向他发出了委任状,令在那年夏天返回美国的杰伊无法拒绝。虽然看上去,对于杰伊来说,担任美利坚合众国外交部长这一荣耀的职位是责无旁贷的选择,但是自从他为国效力出使海外以来,就完全忽略了个人的律师事务以及相应的客户,如今返回家乡的杰伊正要重新担负起这些责任来。此时，国会已经进入休会期。下一届国会将在特伦顿召开，作为外交部长，杰伊就必须长驻特伦顿，以方便每天参加国会的会议。当杰伊还在考虑是否接受外交部长的任命时，故乡纽约州再次选举杰伊为州议会代表。由于担任州议员的工作只需耗费他的少部分时间，所以杰伊得以调整时间表，将紧迫的事情优先处理，终于在国会集结的一个月后赶到特伦顿。来自各州的国会代表如今人数已经减少了许多，为全国政府寻找一个永久办公场所的问题很快就摆在了各位代表的眼前。在长时间的讨论之后，国会决定将全国政府的所在地确定在特拉华河岸，同时授权在该地建设中央政府各个职能部门的办公楼。然而，许多国会代表认为特伦顿的地理位置不甚便利，因此决定在政府建设期间转移到纽约城集结，继续开会。这样的安排，终于解决了杰伊为国效力主要的后顾之忧，而且国会还授予杰伊自己选择副手及下属的权利。因此杰伊很快就承担起了外交部长的责任，入主外交部。在美利坚合众国刚刚成立的艰难时期，选择杰伊担任邦联外交部长，是美国的幸运。杰伊敏锐的判断力，丰富的外交经验，对于欧洲各国政府的深刻了解，维护祖国利益毫不动摇的决心，高度的道德自律标准，都使他成为担任外交部长的不二人选。他将领导美国邦联外交部，迎接即将遭遇的许多难以预料的困难和挑战。

1785年初，纽约城成为美国全国政府的临时办公地。1月，国会也在纽约集结，杰伊成为美国国内和海外互相传递信息的中间力量。毫无疑问，外交部长这一职位是邦联政府中责任最重、影响力也最大的职位。对于处于复杂微妙的国际环境中的新生美国来说,外交部长所承担的职能不仅十分重要,而且还非常多变。邦联外交部长不仅要准备美国与其他国家之间的协约草案,而且还要参加国会的会议并参与讨论,在做出外交决断的关键时刻要听取国会的意见,更不时地被要求提供各种必须经过耗时费力的调查才能完成的调查报告。而在全力承担上述所有职责的同时,杰伊还要与广布海外的各种中间人和代表们进行广泛而频繁的通信沟通。在杰伊应允率领外交部的时候,外交部已经群龙无首长达两年的时间;杰伊一接手,便发现外交部业务严重滞后,事务管理十分混乱。由于新近建国,美国向整个世界敞开了大门,外交部的事务激增,势必耗费许多人力精力。外交部负责协商谈判商务以及其他各种条约,一旦与某国订立条约,就必须向该国委派公使和领事。而邦联政府极不方便的组织形式,更使外交部长的职责变得不可思议地沉重,难以承受。杰伊总是被迫与许多部门就办事的恰当流程展开协商,常常在将他撰写的文件寄送走之前几分钟还不得不将之呈给诸多部门审阅。国会会议期间总是闭门开会,于是基本上国会议员们所需的一切资料和信息都来自于杰伊。杰伊做事非常有条理,天生具有高度的组织性,他将这一天赋充分发挥到外交工作中。杰伊得到授权,可以拆看所有的政府信件,而且如果他认为有需要,从中可以获取有益于国家的信息的话,在一段时间之内,杰伊甚至可以在邮局拆看任何私人信件——这是国会充分信任杰伊的标志。然而,拆看他人信件的行为与杰伊自身坚守的道德规范相违背,据可信来源,杰伊从未使用过这种特权。在杰伊担任外交部长期间，他签订的条约、准备的文件，都表明杰伊试图将美国的外交建立在正直公正的基础之上。这些文件同时也表明了杰伊熟知所有其他国家的法律，对于欧洲强国错综复杂的政治环境有着深刻的理解。杰伊所代表的美国，其独立的地位如今已经得到了世界的认可，在杰伊这一时期写就的文件中，能够看到此时的美国作为一个新国家，表现出来的自尊和自立；而杰伊在美国独立之前的早期文件中，这种感情并没有如此明显的表达。杰伊的文章中充满大量有见地的论证、以精妙的文笔高屋建瓴地驾驭文章，即便他的后继者妙笔生花，也很难超越他的成绩。法国大使写给维尔热纳的信中这样提到："杰伊先生的政治重要性每天都在增长。在我看来，杰伊先生完全引领了邦联国会的决议，如果一件事没有得到杰伊先生的合作和批准，就很难通过达成；而如果国会试图否决由杰伊先生提出的议案，也同样难比登天……我不能否认，如今在美国，没有人比杰伊先生更加适合担任外交部长一职。所有的国会议员都对他赞赏有加，崇敬不已，这比其他任何证据都能证明，就连美国人个性中无法剔除的嫉妒，在对待杰伊的问题上，也不能伤他分毫。他的行为举止谨慎稳重，他的政治原则坚定不移，他对待法国的态度出奇的冷静。"在法国大使描述中，杰伊对于法国冷静的态度，事实上与实情有些出入。杰伊曾经就自己的外交原则做出如下总结："要以公正和仁慈的心来对待所有国家，为了维护美国的尊严，我们不能向任何强权国家的压迫性影响或者政策低头。"

作为美国联邦政府的首脑之一，杰伊负责款待来访的欧洲使节或代表，还要接待因为好奇等原因来美国参观的卓越人物。杰伊每周至少举办一次宴会，以及一次与外国来访者的会晤。如果遇到这样的需求，杰伊夫人会协助丈夫一起承办这些外事宴会。杰伊夫人温柔机智，多年旅居国外的丰富经验使她能够以恰如其分的尊严和礼节，帮助丈夫主持宴会和会谈。我们从曾经参加这些欢迎宴会的人口中得知，杰伊通常身着黑色正装，举止温柔和蔼，令人愉悦，给人如沐春风的感觉，从不傲慢地摆官员架子。杰伊夫人总是盛装出席宴会，她的品位不俗，在与国外使节及其夫人的交往中，总能遵守最严格的礼仪形式。

根据《巴黎和约》的初步协议，大不列颠已经承认美利坚合众国的西部边界位于密西西比河，并未提及西班牙对密西西比河东岸权利的诉求。拉法耶特曾经写道，马德里方面对此十分生气。西班牙长久以来一直拖延着并未正式承认美利坚合众国的独立，这一次拉法耶特造访马德里，通过他活力四射的斡旋纵横，终于使西班牙正式承认了美利坚合众国这一新生的西部国家。1785年春天，西班牙委派加尔多基作为驻美大使来到纽约，与美国外交部长杰伊正式开启了双边关系。在巴黎的时候，杰伊曾经从阿朗达的口中套出了西班牙人的权利诉求，那便是除了要求独享密西西比河流域的航行权之外，还希望得到从佐治亚州的弗林特到俄亥俄河和卡纳瓦河的交汇处一线以西的所有土地。然而，此时西班牙的胃口更大了。通过几个月后与英国签署的条约，西班牙得到了佛罗里达半岛，因而西班牙坚称她的美洲领土要向北一直延展，范围要达到之前要求的西部土地的规模。

杰伊负责引导所有涉及美利坚合众国领土权利问题的谈判进程，他表示无论如何也不会放弃密西西比河全流域的航行权。对于西班牙人的要求，杰伊回应道，他现在的态度与之前作为美国公使出访马德里时的立场相同，没有丝毫改变。从美国的角度而言，与西班牙的谈判一开始，美国就对密西西比河航行权问题下达了最后通牒。通过表达美国的强硬态度，杰伊希望西班牙或许会在边界问题上做出某种程度的让步。由于西班牙下定决心一定要阻止其他国家利用密西西比河，所以已经向其大使下达了命令，在谈判中，密西西比河流域航行权的问题超过其他所有问题，成为优先保障的重大议题，是西班牙利益的重中之重。谈判很快进入停滞不前的僵局。杰伊随即向国会建议，授权其与西班牙签署一份有期限的协约，美国在不让步的条件下，放弃在其边境以南的密西西比河流域航行的权利，将其他悬而未决的矛盾问题留给下一任更有活力的政府——指望即将出现的活力政府——成立之后再行商讨，现在首先解决边界问题。虽然此时的西班牙早已丧失了查理国王和菲利普国王时期的辉煌，但是必须牢记的是，西班牙并非盛名之下虚无缥缈的一阵烟，她很快就在绰号"和平之王"的首相高蒂治下再次繁荣；西班牙对于没有得到直布罗陀海峡感到十分沮丧和痛苦；西班牙人民性格勇猛，激情四射，具有强大的攻击性和战争倾向。而此时的美国，刚刚经历了一场漫长的战争才得以登上世界的舞台，她的实力还非常弱小；持续的和平环境对于稳定美国的财政状况、建立新的政治制度来说是必备的前提。而且，美国现在还不能肯定法国对西班牙在北美权利诉求的态度，但是有理由相信法国一定不会袖手旁观,或许她会如同从前一样,支持西班牙的权利诉求。而对于美国来说,赢得发展的时间才是最重要的事情,因此杰伊的方案其实是当时能够采用的最明智恰当的方案。然而遗憾的是,杰伊的方案却引起了国会议员们的不信任情绪;麦迪逊忽略了如下事实——弗吉尼亚州就在几年之前,还曾经指示她的代表放弃密西西比河的航行权——如今却声称赋予中间人参与的谈判期限已经到期,寻求将谈判转移到马德里,由他的朋友,后来的驻法国大使杰斐逊先生负责接下来的谈判。

杰伊在报告中指出,他确信美国人民毫无疑问地拥有密西西比河从源头到入海口的整条流域的使用权,除非达成协议,否则"美利坚合众国的尊严,以及他们坚持和维护其权利的责任,使他们坚持这项权利成为适宜之举,责备违背此项权利的行为。势必以节制、无伤但同时坚定而又自信的方式,要求西班牙在未来停止妨碍我国公民在密西西比河流域的自由航行。如果西班牙拒绝此项提议,那么美国向西班牙宣战的回应是适宜的。"收到杰伊报告的委员会,根据费城会议的决议,决定不再就此深入谈判,密西西比河流域航行权问题将作为遗留问题,留待下一任政府解决。在此期间,美国向西移民的规模大大增加。而西班牙官方不仅将迁徙至争议土地上的移民通通赶走,或者给予严厉的惩罚,甚至还故意引导印第安人与新近移民展开敌对行为。谣言传至海外,称邦联国会计划向西班牙做出让步,满足其在美国西部的权利诉求,居住在西部吃苦耐劳的自耕农于是便在法国革命派密使的煽动下,威胁着要将此事的主动权掌握在自己手中,突袭密西西比河下游,将西班牙人赶进海湾。此时，欧洲宏大戏剧的帷幕正缓缓拉开，法国已经建立了全新的全国政府，虽然看起来战争随时都会爆发，但是华盛顿政府成功地克服了困难，稍后凭借杰斐逊迅速而积极的外交斡旋，终于以两个国家都没有预料到的方式，令人愉悦地平息了争端。

  随着杰伊越来越多地行使邦联的行政权，他也越来越清晰地感受到对于美国这样地域辽阔的国家来说，纷繁复杂的利益纠葛纵横交错，只凭借《邦联条例》进行管理还远远不够，完全不能够满足实际需求。作为外交部长，杰伊的职责驱使他要求英国从依然持续占领的西部港口中撤军，并对英军强行带走的美国奴隶进行赔偿；然而同时，他又痛苦地意识到，邦联国会是如此软弱无力，很难使各州服从由邦联政府的外交部协商达成的条约条款，按照邦联政府的指令行事。在这一时期的公开咨文和私人信件中，杰伊都表达出热切希望组建一届充满活力的政府来取代此时他正为之效力的虚弱的邦联。杰伊认为"在国际环境变化多端的今天，以暂时且毫不重要的目的将各州联合起来组成一个国家的做法简直不可思议"，他同时认为"在塑造和维持国家精神方面，我们不能再浪费时间"，他"每日都越发地感觉到邦联政府的组织方式从根本上就是错误的"，"在共同的目标基础上，各州应当给予中央政府管理邦联的权力"。杰伊并非唯一认识到当前危险处境的政治家。华盛顿、汉密尔顿和其他曾经承受过战争的恐惧和焦虑的人们都与杰伊有着类似的观点，因此希望变革促进当前国家的利益。《邦联条例》无法带领这个新生的国家走向发展和进步，在当前的和平环境下尤其不适宜继续存在。在刚刚过去的艰苦卓绝的独立战争中，各州曾经亲密配合、并肩战斗，但是独立后的各州都开始各自算计经济利益，彼此之间展开了商业战。公共机构已经开始破产，看起来私人破产的情况马上就要紧随其后地发生。邦联的离心力在逐渐增大。原本团结一致的各种团体、派别开始分崩离析，人民的美德也在迅速地消亡。在这种情况下，无论采取任何改变的措施，都不失为一种进步。觉察到这些风雨飘摇的危机，美国政治家们运用其巨大的影响力，积极追寻一种可以增强邦联团结，从而令各州彼此之间关系更加紧密的补救方案。正是通过各州的团结一致，才赢得了美利坚合众国的独立，如今也只有团结一致才能保证美利坚合众国的长治久安、持续发展。于是，就在美国与西班牙谈判的同时，除了罗德岛之外的所有各州都派出代表，在费城再次集结，召开制宪会议。参与这次会议的代表，都是能力卓越、刚直诚实之人，而且具有丰富的政治经验，曾经详尽研究过其他国家的政治制度体系，因此对于摆在他们面前的艰巨而重大的任务——为新生的美国设计适合其发展的政治制度——来说，是最合适的人选。虽然制宪会议中有些代表对于此次会议在设计新生美国的政治制度方面是否拥有更进一步的权力感到疑惑，因此只想通过这次会议做出些许邦联政治制度上的调整，修补邦联内部的关系，平息各州冲突了事；但是另一些具有真知灼见的代表们，则下定决心制定一部全国宪法，以适应美国当前迫切的政治形势；一部真正能够保证美国获得稳定自由的宪法，每个州都将赋予联邦政府权力，并且向本州公民真诚宣告，从此服从联邦中央政府的管辖。9月

17日，美利坚合众国的新宪法终于面世了。在制定新宪法的过程中，华盛顿曾经说过："我们总是持续地提醒自己，在我们所有的思虑之中，什么是一位真正的美国人最大的利益——那就是我们联邦的巩固和稳定，美国的繁荣昌盛、幸福安康，甚至我们祖国的生存大计都有赖于此。"

制宪会议上提出的联邦中央政府的组织形式，看上去自然而然且顺应当前发展形势，这样的表象可能会使人认为，新制度的提案是在没有遭遇任何困难的情况下形成的。然而事实正好相反，接受新政府组织形式的过程十分缓慢漫长。国家由一系列公众事件塑造而成，虽然已经播撒了国家的种子，但是仍然需要经年流逝才能在人民心中培育出真正的国家精神、国家情感。在1643年，危急的形势迫使东部各殖民地团结起来组成联盟，不久各殖民地就提议为了抗击共同的敌人，采取协调一致的统一行动。这或许是各殖民地看到了建立更加紧密的联盟的益处所在，其后在通讯委员会号召唤起彼此之间的同情，促使彼此和谐统一行动中表现得更加明晰。与母国大不列颠切断政治联系，的确是所有殖民地"人民"共同努力、联合行动的成果；但是在《独立宣言》中并没有任何字眼提及各个殖民地有意组成一个联合的政治体。然而，组成联合政体的必要性问题紧随其后地到来，随着接下来签署条约，承认了美利坚合众国的独立，美国的领土比各个殖民地最初宪章赋予的土地面积大得多。在1775年召开的大陆会议中，没有人仔细思考富兰克林当时提出的建立联邦的计划；五年之后，也没有人注意到新英格兰各州提出的应当以一种更加坚实和持久的方式来调整各州彼此之间的关系的建议。在整个美国革命期间，各殖民地曾经多次表现出厌恶彼此建立更加紧密联系的想法，对于各自将部分权力授予中央政府的提议更是不置可否。《邦联条例》虽然是各殖民地团结迈出的一大步，但却只是建立了一个大委员会，每一项决议仍然需要得到十三个殖民地各自的批准或者否决。《邦联条例》组成了一个"永久联盟"，但是在国家精神的建设和发展方面却止步不前。后来，随着美国领土的不断扩展，美国的国家精神得到了培育——虽然有段时间在杰斐逊总统的严格政策下受到抑制——终于在第二次美英战争后成长成为活跃、生机勃勃的国家情感。

在经历了四个月艰苦卓绝的辩论后，制宪会议将达成的成果呈现在各州人民选派的代表前，以谋求他们的批准。而各州代表们的意见大相径庭，只有通过不断的让步和妥协才能达到一致。规模大一些的州放弃了在参议院占据统治性的影响力；作为回报，决定南部种植园各州在稍后短暂时期过后，其进口奴隶将受到《逃奴引渡法》的保护，而且在国会计算人数从而选派各州代表时，黑人人口也将被部分地计入其中。所有这些妥协都是各州为了达成一致向全国政府让与的权利，几乎涵盖了其辖下的各种权利属性。负责表决是否接受制宪会议成果的各州议员，是否会在费城制宪会议中表现出的同样的和解精神的鼓舞下，批准宪法生效，从而保证一个更加完美和紧密的联邦的诞生，仍然有待观察。很快，宪法能否得到批准的问题就成为全国关注的焦点。在有些地区，宪法支持者骑马奔波，从一个县转战到另一个县，不遗余力地大力宣传，与民众讨论采纳宪法的适宜性。杰伊一向坚定地认为,人民是所有合法权利的来源。现在的邦联政府是由各州立法机构决议产生、一手包办的,因此杰伊此前并不认可上一次大陆会议决策出来的邦联的合法性,而建议应当由各州的公民直接选举代表,组成一个承载了人民授权的代表团,来准备并且立即开创一部适用于整个美利坚合众国的宪法。华盛顿焦虑地寻求众人意见,以在批复制宪会议成果一事上形成自己正确的结论。在与众人进行长篇通信之后,他对杰伊的建议做出了如下总结:"杰伊的计划中,绝不包括任何不适宜地分割权利给各个部门的情况。让国会实行立法权,让其他人去行使行政权,让另一些人去行使司法权。提名一名最高行政长官,要限制他的特权和任期。国会应当分为上下两院——上院的议员终身任职,而下院的议员每年变更一次。国家的最高行政长官应当听从委员会的意见行事,这个委员会正是以此为唯一目的而创立;而同时司法长官则有权力否决国家最高行政长官的议案。赋予中央政府的权力越多越好,各州保留的权力仅限于管理州内事务的限度;所有主要官员,不论是行政长官还是军事长官,都由全国政府委任或者罢免。"以上便是杰伊当时从理论上提出的联邦政府的构架方案,也就是美利坚合众国政府的组成计划。然而,当费城制宪会议提交了新宪法的时候,杰伊立刻将自己之前的提议抛诸脑后,给予新宪法以最诚恳、热情和有效的支持。

为了帮助公众了解新宪法,引导公众意见,杰伊与汉密尔顿和麦迪逊一道,撰写了一系列文章,就新宪法展开深入浅出的卓越评论,同时积极地倡导人民接纳新宪法。这些文章集结起来便是著名的《联邦党人文集》。基佐谈起这些文章的时候，认为它们对政府基本原则的应用以及对政府实际管理方式的解析，堪称他所知的最伟大的作品之一。塔列朗向人们强烈推荐这一系列的文章。而肯特大法官认为这些文章与作者们表达出来的无与伦比的智慧、爱国心、坦诚、单纯和优雅等个人魅力一样值得敬重。然而，杰伊的文章在《联邦党人文集》中只占据很小的一部分，主要包括从第二篇到第五篇，以及接近结尾部分的一篇。在从第二篇到第五篇的四篇文章中，杰伊主要阐述了迄今为止，我们从各州联合起来中获得的好处，并指出如果联邦分裂，那么美国可能很快就会相应地遭遇与之前享受的好处正相反的危险。在最后一篇文章中，他对向中央政府选派的代表的权力做出了评论。在准备《联邦党人文集》系列文章的时候，曾经试图让杰伊承担其中大部分文章的撰写工作，但是一次不幸的意外使杰伊无力接受这项委托。在他康复后，杰伊向纽约的市民发表了一次讲演，在讲演中虽然并没有直接地倡导人民接受提议的宪法——因为许多人已经在大力号召接受宪法——但是他向人们表达出几乎没有更好的宪法存在的可能性，所以如果否决了新宪法，不仅显而易见是一次失策之举，而且甚至更加危险，因为那样将放任国家继续处于无组织、无条理的混乱状态。这篇演讲的缜密组织和行文再一次充分展现出杰伊的清晰头脑，以及他在这一问题上做出的详尽研究。在纽约州，由克林顿州长领导的反对批准新宪法的力量在人数、能力和影响力上都非常强大，因此随后发生了白热化的党派争论。纽约州的所辖地域、人口数量、财富状况以及地理位置都使她有能力缔造一个独立的共和国；而且纽约州州长以及许多市民都不愿意放弃原来高高在上的统治性的宝座，与东部其他各个规模小得多的兄弟州平起平坐。纽约州选派了代表到费城参加制宪会议，但是其中两位代表却中途退出，第三位代表倒是签署了新宪法，但是并非出于宪法令其十分满意，而是因为如今事态的发展急需一种改变，而新宪法提出的改变计划是当前可以获取的最好计划了。

在制宪会议期间，杰伊不得不承担邦联外交部长的职责，因此无法与会。现在，杰伊在毫无异议的情况下，被故乡市民选举为得到授权对新宪法表达意见、决定是否接受它的代表之一。代表们都活跃起来，跃跃欲试地对新宪法发表意见。当这些代表集结起来的时候，大家发现在65名各州授权的代表中，只有19人算得上是新政体的好朋友，曾经表达过对于新宪法的支持——这实在不是一个令人鼓舞的前景。

6月17日，纽约州议会在波基普希举行，由克林顿州长选出的代表来主持会议。讨论一开始，利文斯顿法官便向与会者表明了联邦存在的重要性，并且宣称《邦联条例》并未能维持国内和平和支持信用，也未能促进商业的发展，因此《邦联条例》应当被废除。接下来，汉密尔顿表示同意利文斯顿的意见，建议与会者冷静且仔细地审视呈现在他们面前的美利坚合众国宪法。杰伊也参加了此次大会的讨论，虽然以他的位高权重，必将对会议进展产生决定性的影响，但是他却只发表了一段简短却阐述清晰的演讲。杰伊的这段发言是对史密斯发言的回复，史密斯认为新宪法中各州向新国会委派的代表数目过少，认为此举势必导致少数国会代表产生腐败的可能。针对史密斯的论点，杰伊的回复从阐述联邦对于人民的繁荣和幸福的重要性开始，承认新宪法中提出的选举国会代表的方案的确存在弊端，但是表示代表的数目对于表决联邦政府的所有意图来说都已经足够了；而且在如今的国会设置下给贪污腐败提供了更多的可能性，在实行新宪法的情况下，贪污的情况更可能得到控制，而且通过这样的建制，还可以及时地达成足够的多数票，来取悦珍爱自由的倡导者。最后，杰伊表达了这样的愿望，希望与会代表们能够在返回家乡的时候，带着最真诚热切地寻找真理、认真地履行了所负责任的幸福感。当年还十分年轻的汉密尔顿后来回忆起杰伊的这次讲演时说道："杰伊先生以他那特有的冷静和清澈的风格进行了演讲，没有任何辅助手势。"我们可以想象当时的场景正是如此。杰伊生性并不喜欢慷慨激昂地表达自己。他是相当理性的人，从来都不以狂热的情绪给人留下深刻的印象，何况他本人也从未感受到这种狂热的情绪。杰伊的所有演讲都避免审判的意味，避免在关键的时刻发表，来决定重要问题的命运。按照约定，如果有9个州批准了宪法，那么新宪法就将正式生效。在纽约州代表集会的时候，已经有8个州签署批准了宪法，但是弗吉尼亚州和新罕布什尔州都不在这8个州的行列之中。然而，在一周之内，弗吉尼亚州和新罕布什尔州都批准了宪法，联邦采用新宪法已成定局，如今的问题变成纽约州是否要加入联邦。新的局势发展激起了支持新宪法的人们的热情。杰伊写道："那时流传着，纽约州的南部地区不论发生任何情况都会加入联邦；为了达到这一目的，如果有必要，甚至与北部地区分离也在所不惜。"

这样的情绪恐怕会让克林顿的支持者们感到沮丧。正如我们所知，纽约州的这次会议中，绝大多数的代表都反对批准新宪法，但是汉密尔顿、利文斯顿和杰伊通过毫不松懈的努力，使人们明白了如果否决宪法将给美国带来怎样的厄运，最终保证得到了足够多的支持票，使纽约州接受新宪法，留在联邦中成为现实——6月25日，在杰伊的提议下，以超出3票的投票结果，纽约州批准了新宪法。就此，纽约州作为一块重要的基石留在联邦中，就如同她曾经作为独立拱门上的重要基石一样。杰伊、汉密尔顿和利文斯顿三人不懈努力，在推动此次纽约州采纳宪法的胜利中功不可没。参加此次会议的肯特从一个旁观者的角度记录下当时的观感："在议会中辨别激烈辩论中的双方哪边占了上风，一点也不难；然而从辩论的总体上来说，是杰伊的尊严、坦诚和力量，利文斯顿那文法美妙的发言以及展现出来的优雅的博学，汉密尔顿那睿智远见、不知疲倦的研究，成功应对了他们的对手的挑战。"从某种程度上来说有些不同寻常的是，在注重实用性的政治家们展开讨论的整个过程中，没有任何人指出可能会导致的如下危险——宪法设立的最高立法机构两院在票数平等的情况下应该如何处理——几年后正是这种危险从根基上撼动了整个美国的政治结构；也没有人发觉新的国会成员可能会被号召起来参与美利坚合众国选举总统的运动——实际上这就发生在国会代表选举的两年之后，虽然当时的国会并没有代表最普遍的情绪。

新宪法得到了最终的批准和采纳，公开反对宪法的声音逐渐消散开去。在一段时期内，搅起的洪流漩涡逐渐平息，在得知期待中的宪法修正案将很快出台的时候，人民对宪法的支持不仅从广度上而且从深度上都大大增加了。当前政治制度的漏洞如此明显，人民都希望未来的政治制度能够有所改善，因此即便并未立刻得到他们真正期望的东西，但是新的政府至少是在旧的政府制度的基础上进行的一次改良，因而人民总体上对此感到满意。很快，旧政府和平过渡为新政府，只是简单地依据各州公民的多数意见来组建政治机构，所有的行政职能都被赋予其上，这简直是人类全球政治体验历史中最不可思议的一次行动，为美利坚合众国这次成功的人类政治实验写下了令人愉悦的预言。

每一个宽容言论自由、建立两党制的政府，都以遵从人类天性作为政府的起源和原则。无论在紧要关头他们表现出何种特点，此类政府最令人动容的精神便是拥有进行限制的意图，但是这种限制如果走向极端无限延展，则可能转化为对人民的控制。在这样的政府建制中，保守主义阵营和进步主义阵营都是最重要的政府组成元素，但是这并不意味着他们将始终处于对抗状态。政府成员的偏见和自我探寻，个人的好恶的改变，都控制着他们的行动。许多早期移民都是为了逃避教会和国家的压榨和迫害才来到美洲，在他们的新领地得到了最大限度的自由，从而近距离仔细审视母国政府政治的种种发展进程，并反抗殖民地政府试图限制其自由的每一种举措。从美国革命初期开始，美洲人民在任何情况下，都对一人担任国家行政首脑这种政治体制表现出强烈的憎恶，除非证明其显著的必要性，才可能在新的政治体制中容忍这样的设置。而人们在得知承载人们重大信任的这一重要职位，将被交到那位自愿从最高军事指挥官的位置上隐退，回归家乡重拾田园生活的华盛顿之手的时候，才表示稍微放心一些。但是很多人仍然带着嫉恨的目光盯着新成立的中央政府，他们认为这样的政府与英国皇室的统治方式十分类似。在华盛顿就任美利坚合众国总统不久，因为行政权力实施的方式类似于英国国王，这样的负面情绪一直不断蔓延，然而这样的方式是由前人建立，而并非由现任的政府内阁成员自己缔造。为了给美利坚合众国最高行政首脑选择一个合适的头衔名称，国会爆发了激烈的讨论，而华盛顿作为最高行政首脑与国会的交流模式显然来自英国国王与英国议会的体制。华盛顿一直非常喜爱品质优良、精壮善奔、血统纯粹的宝马名驹，与其他绅士一样，他在家乡的时候也沉迷于驾驶着四轮大马车，带上身着精美制服的仆人们，在弗吉尼亚自己领地崎岖不平的道路上策马狂奔。然而，如果华盛顿在费城做出同样的举动，就会被认为与美利坚合众国抛弃的英国体制太过相似；事实上，当华盛顿以这种方式开启其东部各州之旅，随行的还有六名黑人仆人以及他的公务及私人秘书的时候，质疑的声音从来就不曾停止。

所有书面的文件——就连《圣经》也不例外——都会被挖掘出各种各样不同的解释来；或许正如人们期待的那样，一旦立法机构根据宪法的要求开始发挥效用，就会发现身处其中的议员们的诚实程度也因人而异。这些发现不足以减轻公众对于新政府的忧虑情绪。然而，在当前的政治制度成长得能够形成有组织的政治对抗的条件之前，能够形成政治敌对状态还需要很长时间，还需等待进一步的发展。

第十五章

全国性政党

随着新的联邦政府的建立，同时也创建了四个行政部门，杰斐逊被任命为新的国务卿，杰伊在他到来之前仍然保持原来的职务。其他三个行政部门的领导人选分别为：亚历山大·汉密尔顿担任财政部长，亨利·诺克斯担任国防部长，埃德蒙·伦道夫担任司法部长。这几位新当选的领袖都非常年轻，平均年龄还不到四十岁。埃德蒙·伦道夫还曾经被提名为大陆会议代表、弗吉尼亚州的州长，而且还是最近的制宪会议中最出色的成员之一。在制宪会议中，伦道夫反对每个州在参议院中拥有同样数目的席位，他也对一人制的行政首脑制度表示怀疑。亨利·诺克斯在波士顿爆发战事之前就已经入伍，在整个美国独立战争期间立下赫赫战功，在新的联邦政府中担任国防部长一职。

汉密尔顿和杰斐逊这两位政府领袖，无论在任何国家，都会是对国家发展产生重大影响的卓越的政治家。他们正处于人生的全盛时期,已经将他们的印记深深烙刻在美国的政治体制中。不论是在私人方面还是在政治领域,两人注定要成为彼此的强敌,各自带领重要的国家政党,很快就在处理国家政务方面展开毫不退让的竞争。汉密尔顿头脑敏锐机智、见识广博、精力旺盛、多才多艺,善于自我控制,做事坚决且从不放弃,在调查研究方面有着不可思议的卓越才能,在掌握大原则的同时又能完美地顾全细节建设,通晓各地宪法的历史,善于从历史中发掘灵感。杰斐逊思维缜密、通晓人类本性,见地敏锐、能言善辩、注重细节、观察大胆,倾向于从理论中而非实践中获得真知。杰斐逊是一位缺乏莽撞勇气的人,他常常通过间接和迂回的方式来达到目标,比他勇敢的敌手往往不屑采用这样的方式。汉密尔顿会相对更加坦诚地公开自己的目的,以及追寻目标的正当理由。杰斐逊并不适合在公开的论战中与对手进行言语上的正面交锋,因此他一直立志追寻更高的政府职务和更大的国家荣誉。而他的敌手汉密尔顿不论在言语上还是在文章中都表现出同样强大的说服力,对于自己当前承担的职务和能够实施的影响力感到满意。

  1790年春天,杰斐逊先生正式担任美国国务卿一职。在参与制宪会议以及各州批准宪法的焦虑时期,杰斐逊身处法国未能亲身参与,然而可信资料表明,宪法的修改案是得到了他的同意才通过的。杰斐逊返回美国后,在弗吉尼亚州逗留了一段时间,他仔细地考察了民众对于新宪法新政府的看法,发现人们对于国家最高行政首脑华盛顿浮华奢侈的场面和没有必要的铺张浪费的典礼感到不满,同时也对以牺牲各州利益为代价增加中央政府权力的所有方法表示质疑。在杰斐逊抵达纽约的两个月之前，汉密尔顿向国会建议设立国债，来取代之前各州发布的债券。议案要求全体人民共同负责各州在独立战争期间积累起来的债务，此时成为各地报纸和私人集会中的核心话题。虽然对财政事务一无所知，但是发觉华盛顿已经同意了此项提议，杰斐逊于是对此议案给予了心照不宣的支持。在确定中央政府的永久地址将确定在波多马克河岸后，两院在夏天都通过了此议案，总统也在议案上签了字。这里要提及的是，杰斐逊总是声称无论当时他给予汉密尔顿议案什么样的支持和赞同，都是被欺骗蒙蔽的结果，然而公平地讲，杰斐逊在国会通过该项议案的四个月之前就已经居住在纽约，虽然他总是认为政治是最重要的议题，但是他肯定在这四个月中频繁地在各种社交活动中听到过关于此项金融议案的讨论。

　　随着建立国债等各项国家财政政策的推行和实施，汉密尔顿的影响力达到了如日中天的程度，这显然使杰斐逊十分烦恼。美国国务卿是美国国务院的首脑，而财政部长此时却阴差阳错地成为了无所不能的全权部长。这一系列的财政措施激发了潜在的不满情绪，如今不满情绪的迅速蔓延和扩张已经形成了实质性的组织。组织需要一位领导人，从那时开始，杰斐逊就以一名军队老兵的熟练技巧和高超手腕在该组织中安排自己的力量。谨慎机警、冷静镇定、不知疲倦地做了许多准备工作之后，杰斐逊在巧妙的保密状态下向他的下属布置了详尽的计划，暗地里努力团结他的朋友们，向他的敌人们播下怀疑的种子。由于还需要舆论力量的配合，杰斐逊将弗瑞诺[1]召回纽约，向其提供办公地点，任务便是攻击他们共同服务的中央政府。杰斐逊继续在共和党人或者说其后的民主党人的名号下招募人才，以年轻、热情和充满抱负来标榜本党。所有曾经反对宪法的人们，以及那些听信了杰斐逊的劝说认为腐败的财政部正在掏空这个国家的人们，都认为财政部的所作所为是在为即将到来的独裁君主政体做好准备。作为证据，杰斐逊指出在总统的豪宅中，已经准备好了君主的服饰，而且也将政府对于国债的政策的假设看做证据之一。另一方面，许多曾经参与美国革命的卓越的大人物，不论是身居内阁要职还是赋闲在野，与许多银行家和商人一起，如今享受着不同寻常的富足和繁荣。而那些支持批准美国宪法的人们，那些新政府的最热切的支持者，由于将州债务转为国债的措施，这些州债券的持有者们将被转变为联邦的支持者。财政部长汉密尔顿的政策，或许正如他希望的那样，能够使所有地区、各个团体中的每一个人都由于债务问题而希望维持一个稳定的全国政府，因此也就乐于支持如今推行的财政改革计划。虽然杰伊生性谨慎，但是他与华盛顿、艾姆斯、斯凯勒和汉密尔顿都曾经并肩战斗，建立了亲密的友谊和合作关系，自然而然地从政治上认同那些他认为对于美利坚合众国的安全以及持续稳定的发展壮大非常重要的原则。

因而，此时出现了两个同样具有高涨爱国热情的全国性政党

---

[1] 菲利普·弗瑞诺(Philip Freneau, 1752—1832)，美国殖民时期的著名诗人，美国革命战争后期最杰出的作家。——译注

组织，同样热诚地希望维持宪法的运转，促进国家的进步，增进公民的幸福。他们只是在达到这些目标采取的方式上有所不同——一方希望通过充满活力的全国政府的积极运作来实现目标，而另一方希望通过限制全国政府的权力，最大限度地保留各州权力，使各州在全国性的决议方面并非处于完全被监管的状态。在制宪会议中，有些联邦党人提出建立一个更加强有力的中央政府，比如今采纳的方案更加激进；然而宪法一旦被批准生效，他们同意进行一次温和的试验，虽然他们仍然认为为达到目标而应该选取最适合的方式，因此对于如今温和的宪法抱有严重的怀疑态度。将各州和民意代表相结合的联邦原则在政治学上是一次创新，它的效果仍然需要时间来检验。杰伊在用尽全力推动全国宪法的被采纳后，曾经这样表述过自己的想法："是否能够以平等、统一和有序的方式长治久安地对国家进行管理，是非常重要的议题，它的解决方案只有通过实践才能明了。"这些建国初期的卓越人物在年轻时代都浸润于丰厚的英国法律和文学精神的滋养之中，如今仍然呼吸着来自英国的政治体制的空气。美国在吸取英国特色这一点上，比其他任何国家都明显，如今通过新宪法在新政府建设方面结合了能够给予的最大限度的个人自由，以及从中央政府角度而言最大的权力和能量。因此，一个政党倾向于对美国的系统法律进行狭义或者保守的解释；而另一个政党希望吸收英国政治制度中优秀的操作模式，自由地根据需要选取有效部分，以完成美国政治制度的再创造。

　　历史经验证明了，在由法国革命激起的全球躁动期间内，两党各自都对国家建设做出了重大的贡献。就如同同时发生在太阳系的向心力和离心力，两党竞争保证了国家处于相对平衡的状态，一方面避免了与法国结成同盟，另一方面也避免了加入英国阵营与法国进行血淋淋的战争。在美国历史上发生的最幸运的事情之一，便是此时的事态发展在按照美国的意图进行，美国得以在法国上演的难以置信的血腥历史拉开大幕之前，在头脑睿智、判断明智、温和中庸且意志坚定的领袖的引领下，成功地建立起了稳定的中央政府。如果法国革命这一惊天大事发生在虚弱而毫无效率的邦联政府统治期间，那么美国将不可避免地陷入悲惨境地。由于各州彼此之间没有任何凝聚力可言，各州公民的性格特点迥异，无论是在关注的利益还是在追求的目标方面都无法达成共识，因此势必陷入分崩离析的境地，而这样的状况将会诱使交战国双方拉美国入伙，以改变双方微妙的外交和军事力量对比，为各自赢得利益。如此一来，许多州就将毫无疑问地再度陷入到刚刚摆脱的战争状态。

法国革命伊始，就受到美利坚合众国各个阶层热情洋溢的高声颂扬。由于曾经得到法国的无私帮助，美国才得以赢取最终的独立，此时法国为去除压迫在法国人民身上的沉重桎梏，打破妨碍法国人民获得自由和繁荣的障碍的努力和勇气，赢得了美国的同情和良好祝愿。然而，法国革命的进一步深入打破了社会原有的组织机构，其后催生的社会结构并非法国人民生活和国民特性自然而然水到渠成而来，也并非逐步发展而来。如此的法国，很难赢得美利坚合众国冷静且更加有经验的政治家们的首肯。美国的政治家们明白，一群理论家，不论多么有技巧，具有多么高的理论高度，都不可能设计出一套行之有效的政府体系，就如同工程师不可能设计制造出能够完美运转的机器一般。莫里斯这位敏锐的观察家在这个夏天写给华盛顿的信中这样说道："法国国王和贵族的权力完全被抑制，然而我却为法国的新宪法打战发抖。"随着法国革命运动的进一步深入，废除了国王和贵族等皇室成员，断头台成为掌权者维持权威的武器，至此法国彻底失去了美国联邦党人的同情，那些实行暗杀的法国人声称代表着法国的国家意愿，而美国不再支持这种刺杀行为的立场。

汉密尔顿只是从法国高级军事官员口中得知法国的现状，因而这样表述自己对法国的看法："当我看到愤怒、骚乱和暴力，取代了本应由理智、冷静和慎重的思考占据的头脑，我想我很高兴地相信，美利坚合众国的理想和目标与法国的理想和目标完全不同；这两国之间的区别正如自由和放任自流之间的区别。如果我们能够在法国发现与美利坚合众国独立的事业和目标同样的高雅得体的举止行为、同样的自尊自重、同样的庄严郑重，那法国将大为不同！"

然而另一方面，杰斐逊曾经在法国居留，因此对于法国政府的性质和特点十分熟悉，而且他曾经几乎以一种大使对待国王的方式，来劝告法国政府的早期领袖。他认为凶残的"九月屠杀"并无任何值得指责之处，因为在革命的特殊时期，这些人会瓦解"爱国者"的信念，使其怀疑革命的意义。杰斐逊站在他们的立场上解释道："在必要的战斗中，许多有罪之人未经正式的审判就获罪，其中势必有许多无辜之人。使用人民武装是必然之举——这是一种与盲目地投射石块和炸弹不同的武器,但其实人民武装在某种程度上也很盲目。"如上便是美国共和党领袖对于法国革命的看法,杰斐逊的支持者们对巴黎事态的进展也持有与他类似的观点。杰斐逊党人表述的法国革命的暴力行为,自然而然地促使其对手联邦党人更加倾向于同情英国制度。因此,对美国宪法做出何种适合的解释,就成为两党的分界线;但是如今法国问题介入到美国的国家事务,成为影响美国发展的重要因素,大有将美国拖回到依靠欧洲的半殖民地附庸状态,加大了美国两大政党之间的裂痕。从此以后,联邦党人与共和党人之间的差异越来越明显。在选择第一届内阁政府的时候,华盛顿希望政府能够不偏倚任何一党,而处于中立状态。如果这是华盛顿的希望的话,那么在他第一届总统任期结束之前,他便醒悟到这样的期望不切实际。当时的政治氛围如此激烈,华盛顿感觉到他不得不选择从两党中选择下一届政府成员,但这些政府成员必须毫无保留地支持华盛顿所持的联邦原则。

第十六章

首席大法官

在组建新政府的时候,华盛顿自然将目光投向了能力卓越、政绩突出的杰伊先生;华盛顿十分欣赏杰伊,明确地表示将会授予杰伊任何他选择的内阁职位。然而,杰伊在另一场合写信给总统,说明在所有的公职中,他最希望能够担任联邦最高法院的首席大法官。杰伊早年的法律教育,他思维中的司法特征,他对组成美国制度的原则的熟悉,加上杰伊拥有主持故乡纽约州最高法院的经历,以上所有特质都使杰伊尤其适合履行这个令人敬仰且十分重要的职责。1789年秋天,联邦最高法院成立;杰伊也在同一天被提名为首席大法官,同时任命的还有五名巡回法院大法官,每人负责一个巡回法院,按照规定,联邦最高法院每年开庭两期。

杰伊担任首席大法官的时候,时年四十四岁。他中等身材,体型匀称,稍微有些偏瘦,"行为举止中透露着绅士的和蔼可亲和政治家的尊严威望"。此时的杰伊已经恢复了身体健康,精力充沛,头脑敏捷,极具耐力和韧性,忠诚地实践大法官职位所担负的责任。在法官的着装上,杰伊恢复了英国法官上庭时穿戴的传统长袍,但是却弃用庄严的假发——法官的假发在公众心目中与萨莫斯、曼斯菲尔德和普拉特等人产生了如此紧密的联想——他宁愿将头发梳向脑后并束紧。整齐的束发下是一张坚毅的面孔,展现着主人不屈不挠的力量;

> 在他的额头上,
> 深深铭刻着慎重。

正如熟识杰伊的一位朋友评价的那样,"大法官约翰·杰伊肩上的貂皮袍,永远一尘不染"。

在寄送给杰伊的附有委任书的信件中,华盛顿表达了对杰伊担任"必须被视为我们政治体系基石的部门"的领袖的愉悦之情。华盛顿此言并非夸大其词,从未有法庭如同美国联邦最高法院一般具有如此巨大的令人敬畏的权力,从未有法庭如同美国联邦最高法院一般拥有如此宽泛的司法裁量权。在其他国家,司法机构从来都不是国家政治体系的一部分,司法机构的职能被限制在处理公民之间的争议和纠纷时,对国家的法律做出解释和应用。对美国政府其他承担这些职责的权力分支而言,常常受到宪法的限制。联邦最高法院,正如这一名称暗示的那样,不仅有权裁判各州之间的争端和纠纷,而且还有权回顾检查,当发现存在与现存的意在保护国家免受隐秘和公开的攻击的系统法律相违背的情况的时候,甚至有权取消废止立法机构出台的法案。当时,联邦最高法院采用何种方法来达成目标还是一条前无古人的全新道路：联邦最高法院的权力范围还有待进一步准确地认定和划定，最高法院在处理涉及国会权力、各州之间关系、各州与联邦之间关系的问题上的方法和权限仍然需要进一步确定。杰伊希望联邦政府能够被赋予足够的权力抵抗各州力量的侵犯。通过自己的亲身经验，杰伊意识到，《邦联条例》对于美国这样一个对未来寄予无限希望的国家来说远远不够，他同时也清晰地意识到其最大的缺陷在于，没有任何司法机构对法律进行解释并监督法律的实施，而并非要求他所主持的最高法院必须被赋予最高权力。因此，在最高法院的早期判决中，难免会有些许错误。在美利坚合众国领土范围内，将联邦政府视为最高权威，这种做法被打上了极端联邦主义的标签。历史上第一次，各州感觉到它们的权力被更高的中央政府限制了，就如同刚刚套上笼头的马儿，变得难以驾驭，失去耐性。很快出现的一个问题，为杰伊提供了一个证明最高法院的独立性的绝妙机会，这件事情的解决也传达出，在杰伊的手中，最高法院将不受其他合作权力分支的侵扰而保持独立。长期以来，发放抚恤金/养老金的申请都交由巡回法庭处理，而上诉权却归美国政府的行政官员所有。最高法院的大法官及其同僚宣布此项法律违反宪法，因为根据宪法规定，司法机构不应承担除了司法职责之外的其他任何职责；同时，其他权力分支也无权对司法机构做出的判决进行修正。国会明智地接受了杰伊的这项最终决议，认识到联邦最高法院的宪法解释者的角色，在接下来的会议期间废止了被杰伊质疑违宪的上述法律。

1790年春天，联邦最高法院的第一期法庭在纽约城开庭，法庭已经构建好，开始发挥作用，法官和工作人员也都委派就位。在接下来的二月开庭期，律师被允许进入法庭辩护。不过与今天的最高法院开庭期不同的是，当时在待判决的诉讼清单上可是一个案件也没有。1790年4月4日，第一巡回法院开庭，杰伊将职责赋予大陪审团。实际上，当杰伊担任州大法官的时候，就曾经在金士顿设立了类似的法院。其后，美国艰苦卓绝的斗争终于告一段落，取得了伟大的胜利，她的独立得到了世界的承认，也建立了全国政府。联邦最高法院的成功运作很大程度上完全取决于杰伊对其权力的解释，因此要求杰伊必须带着巨大的热情、深深的责任感来承担大法官这一职责，并宣告正义和良好的信仰是他在处理公共和私人矛盾冲突时遵循的原则。法律建立在信仰的基础之上，是杰伊论点的主要特色。杰伊认为，只有在宗教信仰的基础上，才能铸造理性的自由。"让我们铭记"，杰伊说道："公民的自由，并不是指每个人都拥有能够做他们喜欢做的事的权利，而是指所有的公民都具有并享受平等的权利，在和平和安全的环境中，不受干扰，不论平等和国家的宪政法律是否承诺与公众利益相一致。"

大法官杰伊主持纽约州的另一个巡回法院期间，对第一件涉及宪法问题的案件做出了判决；在联邦最高法院的档案中，最早的判决记录是关于佐治亚州的债务问题，大意为联邦法院向佐治亚州颁布强制令，要求其赔偿之前没收其他州的财产损失。这件诉讼的特殊之处在于，它是唯一一件在该巡回法院举办的经由陪审团裁定的特殊审判决定的案件。杰伊担任大法官期间经历的最重要的案件，是1792年南卡罗来纳州的一位公民诉佐治亚州案。这一案件的性质新奇，必须根据正义和宪法的伟大原则来进行裁决，而非根据任何司法先例来做出判断。这件案件中的主要争端在于，个人是否有权在联邦法庭诉讼拥有主权的一个州。在接到联邦法院的传票后，代表佐治亚州的律师团表示抗议，否认联邦法院在此诉讼上拥有裁量权，而且在佐治亚州长的指示下，拒绝参与进一步的审判。针对这件案件的意见僵持持续了两周，五名联邦大法官中有四位每人都发表了有理有据、阐述详尽的相关意见，支持公民有权利向联邦中的任何一个州发起诉讼。大法官区分了主权和州在概念上的差异，主权是指权力授予一个个人；而州是指所有个人的集合。杰伊说道，一个州有权对个人进行起诉，这是例来承认的权力；那么为什么一个个人不能对个人的集合进行起诉？宪法赋予最高法院的司法权力中包含协调一州与他州公民之间的争端和冲突，完全没有规定谁必须做原告，谁必须做被告。当然，如果一个州是原告，或许就在同一人发起的诉讼中，这个州很有可能变成被告。杰伊接着问道，难道应该不经控制，错误地实行最高特权？杰伊深信，必须建立起明智、诚实且有用的诉讼机制，以确保最岌岌无名的小人物也不会在没有获得正义的方式下被抛在一边，不论是一个人起诉一百万人，还是一百万人起诉一个人。在表达自己意见的时候，杰伊说："使州权屈服于联邦的权威，并不是我感兴趣的事情。我仍然充分地相信，是联邦人民和立法机构间接地控制了全国政府的几乎每一步行动，各州无须恐惧来自勇敢之心的挑战，也无须恐惧任何隐秘策略的侵袭；而且服从美利坚合众国最高法院的司法裁决，州权也不会遭受任何程度降低的风险。"

"国王的所作所为永远正确"的信条，在宪法中亦有体现。国王作为国家的最高权威，没有任何法庭有能力向其提出挑战，即便有这样的情况发生，挑战的决议也无法得到实施，因为一国之主并不在司法裁决的范围之内。正如柯克所说，国王不能逮捕任何人，因为没有任何权力能够反对他的决定。然而，各州并非拥有绝对的主权。在成立美利坚合众国的时候，有些州权被让与了联邦政府，为了实现组成"一个更加完美的联邦"的目标，那么此时的问题就变成了一个各州是否能够独立自主实行任何主权的问题。的确，所有杰斐逊在《独立宣言》中声明的权力，都被清晰明确地赋予了全国政府。因此联邦最高法院有权向一州开出强制执行的传票，以满足另一州在最高法院诉讼中取得的判决结果；同时当一州为了上诉公民的个人利益而服从法院判决时，州的尊严也不会因此被迫做出进一步的妥协。联邦法院通过上述解释，得到了更多的判决权——当美利坚合众国公民的个人权益受到侵害时，联邦最高法院对此拥有最高裁决权；但是宪法修正案并未规定对受害者遭受的人身伤害或者财产损失做出何种补偿。

汉密尔顿曾经在《联邦党人文集》中表达过不同的意见，这的确是事实；但是司法部长埃德蒙·伦道夫却强烈支持州法院的意见，司法部长本人是一位精力充沛、奋发努力的州权支持者，曾经在费城拒绝签署宪法，因为宪法声称的原则与他的意见相左。在谈及佐治亚州否决联邦法院的司法权一事时，他说："这场争端引发了宪法权利问题，从我的信念来说，将州权让渡，就是做公开的伪证。"之前也曾经有过性质类似的诉讼，公民上诉纽约州和公民上诉马里兰州的先例，但是只有这次的判决引起了公众的强烈关注，而且许多州议会也表示出官方关注。对于该案的审理一再延迟，但是佐治亚却再也等不及，公开否认了联邦的权力，声称如果任何联邦官员试图在其州境内实施权力，都将被视为重罪，将被处以死刑。在各州对于宪法的解释通过宪法修正案体现之前，州的强烈抵触情绪不会消散。因此，在1798年2月，联邦最高法院决定不再对此事采取进一步行动。美利坚合众国的资本家从此有足够多的理由懊悔采纳了这个修正案；而且如果杰伊的构想能够化为法律现实，如果公众情绪能够支持这一法律的实施的话，有些州的声誉显然会因此得到促进。制定宪法的主要目的，准确地说是唯一的目的，就是"建立公正"，但是当联邦的成员们忽略联邦管理，而这种行为还免于遭受惩罚，用实际行动否决签署的神圣的联邦契约的话，这一目的便无法完全实现。美利坚合众国曾经认为欺负最卑微弱小的公民与一个伟大的国家的荣光不符，因此开放所有法庭，接纳所有声称手持国家债券的公民。全国政府作为债权人允诺，各州的尊严决不会受到半毫损伤，全国政府也将以同样的方式公正地考量各州的权利，将在各州分配债务支付的问题留给国家立法机构来处理。在里士满主持巡回法院的时候，大法官杰伊注意到，法国大使热内在查尔斯顿登陆美国后，就一直在组织私掠船，打劫英国货船，而且在美国境内私自设立海军法庭，危害美国名誉，为劫掠战利品相关事务做出审判。得知这一消息后，杰伊立刻指示大陪审团将所有违反了国家与交战双方制定的相关法律的有罪之人通通带到庭前，并在法庭上证实，美利坚合众国的法庭独立于任何既定法律法规，拥有对于此项犯罪的最高司法权。杰伊并非唯一持有这一意见之人。宾夕法尼亚州的麦基恩是一位坚定的共和党人，也与杰伊持有相同观点。美利坚合众国所有地区的法官也都支持杰伊的看法，只有马里兰州的联邦党人蔡斯法官除外。在将国家法视为大陆上普通法一部分的法律构建下，热那亚的律师在费城受到审判，被判犯有向英国公使哈蒙德寄送匿名信和恐吓信的轻罪；鉴于科贝特和贝奇诽谤西班牙大使，法庭也对两人做出了审判。至此，一直都没有与杰伊意见相反的决议出现，直到1798年，蔡斯法官开始以迥然不同的原则进行判决。在跨越国际的法律裁定中，最终问题得到了明确的解决，联邦最高法院最后决定任何违反国际法的行为，如果并未体现在美国的法律法规中，将不可在联邦法院进行指控和审理。

在英国公使哈蒙德的要求下，美国逮捕了汉菲尔德，引发了公众的高度关注。司法部长建议处决汉菲尔德，将其视为犯有破坏国家和平环境的重罪之人，应当受到严惩。被告汉菲尔德承认自己是美利坚合众国的公民，受雇于法国大使热内，在其劫掠船上担任长官。该劫掠船在美国装备设施和补给，在海上劫掠英国货物后，驶进费城港口。由于美国在英法战争中处于中立状态，不论协助交战双方的任意一方，都毫无疑问地违背了普通法，因此主持审判的大法官杰伊对其发起诉讼。尽管如此，囚犯最终仍然被宣告无罪，理由是汉菲尔德是在不知晓的状况下犯罪，因此请求法庭开恩赦免。公众强烈地同情汉菲尔德，评价杰伊的严厉不近人情。

汉菲尔德恰好让公众联想起拉法耶特、迪卡尔布、斯托伊本以及其他离开法国、背井离乡参加美国革命的英雄人物。这并不公平。法庭并未否定公民移居国外，并为其他国家服务的权利，但是在当前形势下，法国的劫掠船在美国装备、补充供给、招募水手、委派人员，在航行中打劫另一个与美国仍然处于和平关系的国家的货物。

当时并没有任何成文法律就争议的问题做出规定，或者明文禁止此举。鉴于法律规定的缺失，那么杰伊的判决有效阻止了美国与英国交恶，就是毫无疑问的了。美国声明自己在英法战争中的中立立场，且在国际法的限制下，不得将其港口用作打击交战双方任何一方的商业目的。集结在日内瓦卓越的法学家对于此案的看法是，一国（指法国）应对英国的物资损失负责，而另一国（指美国）不得不继续承受在其司法权内错误的源起带来的负面作用，指出在"阿拉巴马案"中，"英国政府无法为自己本应付出更多努力却失败的结局找到合理的理由，他恳请采取行动的法律无效"。华盛顿的正义感使他十分期待这次的判决结果，他宣布美利坚合众国应该"对于在美国港口装备的劫掠船打劫的物资，美国将促使其归还，或者做出赔偿。"

最后一件我们应当关注的案件十分有趣，于1793年在里士满市做出判决。杰伊大法官主持法庭，助理法官艾尔德尔和地区法官作为助手在侧支持。在这件案件中，南部州最具天赋的法律精英帕特里克·亨利和约翰·马歇尔作为辩护律师出庭，奉上了一场言语犀利、极尽细节、精彩绝伦的辩论，维克汉姆先生和其他同样卓越的律师代表原告出庭。诉讼的起因是弗吉尼亚市民拖欠英国国民的钱应当尽快予以归还,然而弗吉尼亚州议会刚刚颁布了一部法律宣布废除对英债务,虽然新宪法明令禁止各州采取这种举动,不过弗吉尼亚出台这部法律恰好在接纳新宪法之前。杰伊指出,美国革命成功并不意味着对英债务可以一笔勾销,虽然如今债务将支付给联邦财政部,但是在未经国会声明其后果的情况下,联邦法院无法承认这种违约行为正当有效。杰伊通过这一判决,推翻了各州私自废除债务的法律,影响了许多卓越人物的实际利益,使他们对杰伊表示强烈不满,此事后来更成为反对联邦政府的人们集中攻击诟病的利器。

华盛顿接受了总统的任命,而迄今为止,这一职位对所有人来说都是一个陌生的概念,没有人知道总统到底能够,或者说应该承担什么样的职责。联邦宪法是引领华盛顿行动的计划表,但是宪法中的规定并非总是那么清晰明了。而且,华盛顿是习惯打破沙锅问到底的人,因此常常与其信任的官员商讨宪法的相关规定。在今天成为内阁成员的大人物里,他们对于宪法的解释也平均地分为两派,而分别率领两派的首脑则彼此针尖对麦芒,充满敌意,毫不相让。在这种情况之下,华盛顿自然而然地向杰伊寻求帮助,两人常常就在当时国外错综复杂的局势中美国应当采取什么样的姿态应对展开讨论。华盛顿还就如下问题征求杰伊的意见:关于是否接受公民热内作为新的法兰西共和国特使派驻美国,以及其后对于美国宣告保持中立政策的权宜之计是否得当,并向杰伊求助就此起草适合的草案。华盛顿还时常就国会讨论中的议题征求杰伊的看法，而且当他从总统的职位上辞职，准备向全美国人民发表告别演讲的时候，曾经私下将这篇闻名遐迩的演讲草稿交给杰伊和汉密尔顿征求修改意见。无论在何种情况之下，在杰伊主持下的司法语言，一直与中立的联邦政府相吻合，而且始终致力于增强联邦政府的力量；杰伊作为大法官公开的职责之一就是代表美国对国际法做出公开阐述。对于华盛顿总统来说，外交事务是全新的挑战，其复杂的形势更令华盛顿深感困扰，他曾经设想过采取类似于英国宪法的方式，将最高法院的法官全部集中起来，济济一堂，为其提供额外的司法意见。华盛顿试图通过这样的方式，使法官们对于争议问题有一个先期的了解，"避免使法官们认为自己在对并未通过合法的常规程序向他们递交的问题做出判决"。

第十七章

竞选州长

接下来，我们将要描述杰伊一生中的一段重要时期，这段经历令当年的杰伊尝到了苦涩的人生滋味，而且也是他最终决定解甲归田，从公共事务中隐退的一个间接原因。一段时期以来，大部分的纽约州人民对于州长克林顿都颇为不满。克林顿初登州长之位时，英国人正占领着纽约州，当时的紧张时局呼唤一位具有大无畏精神、活力四射、果敢坚毅的州长。然而，随着十四年的时间流逝，纽约州此时需要一位具有卓越政治家特质的行政首脑，一位政治见解能够完全与华盛顿政府保持一致的州长，而并非一位四肢发达的革命领袖。鉴于此，联邦党人早在三年前就展开了撤换克林顿州长的行动，可惜行动一直毫无结果。克林顿在纽约州乡村地区人口中的支持率相当高，在这些地域拥有大量支持者；因此为了成功撤换克林顿，必须选择一位能够得到党内同僚热切支持的州长候选人，一位将说服纽约州公民其完全有能力且适合承担纽约州州长这一职位的候选人，因为在通常情况下，纽约州的公民将决定州长选举的结果。

寻找结合了如上描述特质的州长候选人，便成为需要反对党领袖们深思熟虑的一件事。时任联邦最高法院大法官的杰伊被认为是最适合的人选，但是他却早已拒绝被提名为州长候选人。众所周知，杰伊一向对于个人权术斗争和党派倾轧之事深恶痛绝，而且他在联邦政府中一直位高权重，诸多原因看上去似乎都排除了杰伊同意迈入纽约州的权力竞技场的一切机会。斯凯勒将军及其女婿汉密尔顿，对于这一问题表露出极大的兴趣和关注，因为这是在迄今最完备的现代政治制度体系下，最早的一批政治实践成果。正是在斯凯勒将军和汉密尔顿的反复劝说下，杰伊才勉强同意担任纽约州长候选人；随后在一次友人参与的正式会议上，杰伊被正式授予纽约州长候选人的资格，甚至还组织了一个竞选委员会听候杰伊吩咐，竞选委员会的报告显示："如果杰伊能够骄傲地赢得纽约州选民的支持，他将会从以州长职务向其故乡公民提供服务中得到巨大的满足感。"而克林顿在拥护者的帮助下，提前一天进入了州长竞选候选人的名单。召开会议批准候选人的提名，提出的问题相当错综复杂。在一篇《致独立投票人》的演说中，杰伊的竞选团表示："如果有这样一位绅士，他具有广为大众认可的正直无欺、卓越超群的能力，以及最热忱的爱国心，他曾经在国内和海外担任各种公职，为公民服务，他是你们州宪法最主要的创建者，而且他还是在与大不列颠进行和平条约谈判中起到最重要作用的伟大人物之一。如果您觉得这样的绅士值得托付您的信任，就请您上前来，将您的宝贵一票投给这位绅士，而无须理会任何闲杂人等的不悦或是异议。您将对这位绅士追求的事业感到惺惺相惜，将献上您无限的支持和拥护，他不仅具有卓越的政治才能，而且一直致力于向纽约州提供最重要核心的服务；他的名望不仅限于他故乡的这片热土，更是跃过大洋，远播万里之外的欧洲各地，在他的努力下，美利坚合众国的事业和这个国家的国民特性才得以身披耀眼的光芒。"

政见相左的党派斗争达到了甚嚣尘上的火热程度，最终杰伊以占据绝大多数的票数优势于1792年春天的选举中获胜。但是，点数票数的人大多为克林顿的朋友，却表示拒绝承认三个县的投票结果，而在这三个县中，联邦党人的候选者杰伊都取得了胜利。宪法规定，州长和州议会每年都要委派其管辖范围内各县的警长。但是出于各种原因，这一规定并未得到普遍执行，实际的政治实践是直至新委任的县警长在能够胜任其职位之前，原来的警长将一直持续行使职权。这种权力交接的间歇通常只需要几天的时间，鲜有持续很长时间的情况发生。奥特希哥县的警长谢绝了再次当选的机会，然而由于新的警长并未在选举开始之前公开露面，在这种情况下他只能继续履行该县警长的职责。这成为废弃该县回收的选票的一个原因。克林顿县和奥斯威戈县的选票也被废弃，克林顿县负责回收选票的副警长做出了背信弃义之事，而在奥斯威戈县，则是由于运输回收选票的信使在路上生了病，不得已将选票托付给另一个人，委托其送交给身处奥尔巴尼的纽约州秘书长。按照惯例，这样的操作方法应该得到认可。如果上述两个县中的任何一个县的选票被计算在内,那么杰伊的当选将不会给对手留下任何吹毛求疵之处。史密斯的证词显示,他认为自己才是奥斯威戈县的警长,他每日负责签发日常法庭书面命令,以及其他与此职位相关的各种事务。而且纽约的警长曾经在其委任状过期六个月后,仍然待在任上,持续行使职权,此事也得到了证实。而在奥兰治县,在上一次州长选举中,竟然在其任期结束之后才将选票收回,因此保证了克林顿稳稳地坐在州长的宝座之上。有争议的回收选票并没有秉承正当合理且诚实无欺的程序,这是事实;废弃这些选票,使少数派的声音压过了多数派的意见。为了以公平且令人满意的方式传达大多数公民的抉择,为了确保上述目的的达成必须坚守操作程序的合法形式,但是当这些形式被刻意扭曲,用以击败人民表达意愿的时候,就动摇了共和国制度的根基。

两党展开了针锋相对的政治运动,点票人在批准公民们的选择是否合法的问题上仍然犹豫不决,致使整个纽约州掀起了暴怒的狂风,两位候选人的朋友们之间也展开了充满恶意的激烈辩论。矛盾双方都向费城法律界的卓越人物求助,但是点数存疑的回收选票的问题,在双方协议下,最终还是提交给了两位纽约州参议员——阿伦·伯尔和鲁弗斯·金——做出最后的判断。阿伦·伯尔是共和党的支持者,而鲁弗斯·金则宣称自己是联邦党人。在仔细考察了问题的来龙去脉之后,两位仲裁人得出了完全相反的结论。具有敏锐法律意识的阿伦·伯尔,将其论点建立在宪法的需求之上,显然之前已经逐字逐句地审读了宪法的含义;而鲁弗斯·金,深入宪法精神,倾向于保护那些制定宪法者试图保护的人们的权利。因而，被迫在这两种截然相反的意见中进行抉择的点票人，理所应当地决定跟随大多数人的政治倾向；而就废弃三个县的回收选票是否合法一事，则最终以 7：4 的表决结果，宣布克林顿合法当选纽约州州长。克林顿得以正式就职。选举结果一经公布，联邦党人群情激愤，指控点票人的腐败行径，谴责克林顿无耻地攫取了本应该属于他人的权力。委员会的少数派并没有游手好闲地等待。他们对选举的结果表示强烈抗议，并将这段争端带到接下来的州议会讨论中。支持者和反对者都就此事进行了详尽的调查，双方还进行了长达数月的激烈辩论；然而在此期间，克林顿又在州长的位置上坐了整整三年。这种臭名远扬的错误行为使纽约州人民深受其苦，欺骗的大门就此洞开。无论何时，如果州政府忽略或者拒绝在在野党控制的县中委派警长，在支持杰伊的党徒中就会引发普遍的愤慨情绪；热切的支持者们甚至敦促杰伊去挑战不公的结果——而且保证，只要杰伊需要，支持者们将会为他提供任何种类的帮助。

在点票人的选择悬而未决的时候，杰伊正在本宁顿主持联邦巡回法院；在公布纽约州长选举结果之后不久，他就回到了纽约州，发现此次选举引发了激烈的情绪对抗。在他途经的每一个市镇中，杰伊都受到了朋友们和拥护者们的热情接待，温暖热情的欢迎之辞迎面而来，他们都表达了对于近期选举结果的抗议，因为最后的决定"蔑视了发自人民的神圣心声，违背了联邦宪法，破坏了统一的实践和法律既定的原则"。在最近的调查中，杰伊是一位被动的旁观者，而并非是主动的参与者。而如今，即使杰伊已经意识到自己蒙受了不公待遇，他仍然保持着冷静和自尊的举止，还劝告所有的人应当采取温和的态度，要顺从最后的决议，并且严格遵守州法律。在回复纽约的演讲中，杰伊说道："在涉及我们的宪法特权的问题中，社会责任号召我们每一个人团结起来，坦诚而缓和地进行讨论，慎重而公平地做出决定，并忠诚而坚毅地维护所有人的平等权利。"当杰伊最终抵达纽约市的时候，潮水般涌来的朋友们夹道欢迎他。几天后为杰伊举办了公开的盛宴；当他决定隐退，出于对杰伊的尊敬，整个州议会都休会，护送杰伊返回宅邸。杰伊此次安抚危机的手段，使他在故乡居民的心目中的地位不断攀升，阻止了公众情绪的迸发，使纽约州政府在克林顿治下，不被打扰地完成了剩余的任期。

第十八章

与英格兰的关系

大不列颠,在与她过去的北美殖民地签署和平协议的时候,已经承诺在各自的属地划分边界,以令人满意的速度腾出所有属于彼此的领地,并且规定大不列颠军队在撤出美利坚合众国的过程中,既不能获取,也不能摧毁任何私人财产。相应地,美利坚合众国同意诚恳地建议几个州必须恢复那些并未被宣判有罪之人被没收充公的财产,敦促去除所有阻碍英国国民收取美国公民所欠债务的障碍——但是英国与美国之间的商贸利益等问题仍然留待未来解决。

考虑到邦联带领美国走过了七年战争,而且被授予足够的权力与其他国家规划和签订政治和商贸交流的条约,皮特在谢尔本伯爵政府的允许下,很早便向英国议会下议院提交了一个自由主义草案,建议修改航海法案,调整与美国的商业关系。虽然伯克就此在议会发表了一次很有说服力且睿智的演讲表示支持这一提案,但是提案还是遭到福克斯及其支持者的反对。在提案能够在下议院得到通过之前,辉格党和托利党中的某些成员却达成了不寻常的同盟关系——这一同盟中人都致力于征服殖民地,他们一直斥责北美殖民地的反叛者应当被送上绞刑架。缺乏敏锐的辨别力的福克斯,却在取代现有内阁,将他的朋友和新联盟成员引入到内阁的同时,在巴黎签订了初步协议。对皮特提案的深入探讨不可避免地推延了,内阁政府下决心一定要拿出令人满意的方案来。然而,著名的《东印度法案》相比而言更加急迫,在联盟轰塌之后,履行条约中规定的条款来安抚美国的棘手任务留给了继任者。

皮特通过联合更加奉行自由主义的托利党人,将他的敌人赶下权力宝座,皮特政府的特点因而也发生了转变。在皮特组阁后,国会下议院反对派多数使皮特不得不随时保持警惕;在这一问题得到解决、他提议的《东印度法案》通过之前,皮特都无法将主要的注意力分散到其他问题上。当美国问题再次提交到他面前的时候,皮特发现邦联政府十分虚弱,无法与欧洲各列强国家并肩站立,无法保护自己免受不友好的立法伤害,无力遵守条约的规定,或者说无力强迫不顺从的各州遵守条约的规定。没有财政收入,也没有信用,美利坚合众国的分崩离析看来不可避免。每个州与其同属美利坚合众国的姊妹州之间都为了争取世界贸易机会而彼此抬高竞买,在与美国达成的贸易协定上,英格兰商人已经占据了一切主动和优势。

人们希望,随着和平的恢复,各国之间的互惠贸易交流将会令人鼓舞地及时恢复到战前的状况。然而,北美殖民地如今已经成为一个独立的国家,她的国民也无法如同与母国分离之前那样享有与大不列颠贸易的同等自由。当时还是实行限制性关税和殖民地商贸垄断的年代,美国无法通过违背限制性条款来进行自卫。在美国独立战争爆发之前,英属西印度群岛的货船都在北美大陆的殖民地定居点获取必要的供给;战争爆发后,这些补给点不再运转,利益丰厚的产品交换在两地再次兴起。如今,海军再次严禁这种交易。除了由于缺乏任何商业协议而自然导致的经常性的矛盾激化,拒绝按照在巴黎达成的协议行动,也经常导致严重的冲突和争端。大不列颠在美利坚合众国境内仍然留有许多军事据点,他们收取美国拖欠英国的债务请求仍然没有得到有效执行,而且近期一些州的举动令收取债务变得甚至比提出请求之前更加困难。美国方面回应道,英国军队必须从美国境内撤军,且归还从美国掠走的奴隶和其他财物,而且进一步声称,在提议敦促各州废除与英国协议相冲突的法律方面,美国国会已经实现了承诺,倾尽全力。

由于亚当斯在荷兰和法国成功的外交经验,他在结束了巴黎的特使使命后,寻求作为美利坚合众国的代表前往英国政府任职的机会。亚当斯对此次驻英充满自信,希望能够在此期间调停争端,敦促美国与英国之间协商商贸协议。亚当斯作为新近独立的殖民地派遣的第一任大使,来到英国国王的御驾之前,此事在英国年鉴中可谓趣事一件,当时双方"演员"在此情境下的对话都非常得体,值得赞扬。亚当斯先生显然对自己的表现十分满意,英王的礼让有加更加使他高兴,令其做出了此次出使必定取得圆满成功的预言。然而，尽管亚当斯作为美国大使抵达了英国，英国政府却并未相应地派出任何大使常驻美国。

到此时为止，杰伊依然担任美国外交部长。他指示亚当斯，坚持向英国表明立场，美利坚合众国应当全权拥有其国境内的所有军事据点，同时指示亚当斯对于英军掠夺美国的黑人奴隶，严重违背在巴黎达成的英美协议条款表示抗议。杰伊在指示亚当斯不断向英国政府提出美国的正当要求的同时，对于各州违反英美协议的懈怠失职也并不盲目。在一份秘密报告中，杰伊指出，"每个州都通过了阻碍、拖延或者禁止英国收取债务的法律"，联邦政府应当极力敦促各州废除所有此类法律；虽然杰伊授权亚当斯指出英国违背了该项条款，但是在国内采取的敦促各州废除所有相关法律的行为却招致诸多不满。国会接受了杰伊的结论，向各州传达了联邦的建议。在新宪法进入实施阶段的时候，大部分州按照联邦要求废除了有关英国债务的法律，其他州还在思考应对办法。关于黑人问题，杰伊报告说，奴隶跟随英国军队潜逃并不会使其主人丧失对奴隶的所有权，英军应当担负携带奴隶逃跑的责任，除非英国支付全部逃奴的等值价值，他认为国会或许可以极为妥当地坚持必须按照美国的要求处理。

尽管在就任驻英大使的初期阶段，亚当斯曾经预测了令人欣喜的前景，但是不过几个月的时间，亚当斯就意识到此次英国之行恐怕出师不利，取胜无望了。谢尔本勋爵在签署《巴黎条约》的时候已经做出了慷慨的让步，期待以此将美国和法国分割开来。然而众所周知，英国的这次努力以失败告终。如今，如果可能的话，英国打算收复某些当时为了诱使美国远离法国而让出的领土,将美国的边境限制在阿勒格尼山脉以东。英国开始实行推翻之前协议内容的行动,这一决心很可能会一直持续下去,"母亲"终于完全地疏远了"女儿",对"女儿"的举动十分冷漠,毫不关心。福克斯和伯克,即便他们愿意,此时也无力为美国提供任何帮助;而皮特此时对于英美关系的发展更是丝毫不放在心上。在召开费城会议的时候,杰伊写信给亚当斯:"如今的美国不幸地没有行之有效的政府的支持,资金匮乏,无论在国内还是在国外都毫无信誉,我们现在要么耐心等待日子好转起来,要么陷入一场大众厌恶且危险的战争之中,一场几乎毫无希望以有利可图或者辉煌灿烂的和平结束的战争。"然而,平静地向现状低头屈服,对于杰伊来说也同样不可能。这位勇敢的外交部长因而做出指示"拖延谈判,以此避免协商得出最后决定性的答案,因为这样将会迫使美利坚合众国不得不陷入一场无利可图的战争之中"。实际上,此时身处英国的亚当斯先生的处境实在是羞辱到了极点。英国忽视亚当斯的所有抗议;法国大使对待亚当斯总是一副以恩人自居的嘴脸;其他欧洲列强对待亚当斯的态度也非常冷淡。鉴于此,亚当斯非常高兴地逃离这种复杂的形势,这一点也不稀奇。亚当斯返回家乡后,如他所表达的那样,宁愿在"人类发明设计,甚至是想象出来的最无关紧要的职务"上埋葬自己,也不愿再回到欧洲去。

一旦新政府安顿妥当,华盛顿便要求身处欧洲的古弗尼尔·莫里斯向英国政府传达美国有意与英国就贸易条约进行谈判,以及就两国之间其他所有问题做出政策性的调整。携带必备的大使委任书，莫里斯与皮特及其外交大臣进行了几次会晤，但是失望地发现他们对于调整英美关系并不感兴趣。然而，莫里斯仍然幻想着，英国或许愿意看到美国切断与法国的紧密联系，与英国组成攻守同盟。换句话说，作为一个虚弱的、尚处于附属阶段的国家，美国将自己看作葡萄牙一般，处于英国的保护伞之下。莫里斯出使的唯一显著成果就是促成了哈蒙德先生造访费城；第二年，托马斯·平克尼填补了亚当斯离开英国后的大使空缺。如果英国能够更加宽容、更加开明些，如果英国也能够持有与美国一样的友好精神认真对待美国的这些提议，那么事情的发展就会对英国有百利而无一害。至少，她或许会因此获得一个国家——一个她曾经拒绝给予友谊的国家——道义上的支持，或许因而能够防止两国之间仇恨和战争情绪的滋长，结果这种仇恨最后只能通过日内瓦会议来去除。

　　法国国王已经被处决，法国如今成立了共和国；英国和法国之间爆发了战争，这场战争注定要波及欧洲的每一个国家，一切最终只能在滑铁卢战场上烟消云散。正如我们所知，联邦领袖们对于法国统治者的原则和能力早已丧失信心，自然而然地向法国的敌人靠拢；而共和党人将此时法国流血残忍的屠杀场景，视为滥用王国政府权力的恶果，对于近期的同盟试图建立自由主义政治体制的努力表示同情。出于美国自身利益的考虑，必然要求美国在这场规模庞大的混战中保持冷漠；当战争的消息传来，华盛顿经过深思熟虑，决定在这场战争中保持绝对的中立，而且为了达成这一目标，于1793年4月颁布了公告，禁止任何违反中立的做法。就此，华盛顿内阁迅速分为势均力敌的两个阵营；当两党的领袖们端坐在会议桌两侧的时候，需要总统先生发挥所有的政治技巧和个人影响力来保持内阁的和谐气氛，引领美利坚合众国这艘巨轮平稳地破冰前行。处于战争状态的英国和法国，就美国在这场战争中的地位问题，都做出了错误的判断。大不列颠幻想着美国新政府如同旧邦联政府一样不愿意（或者说没有能力）调整对英策略；而法国则认定法国与美国之间的联盟将会使美国信守盟约，必定会在这场法国发动攻击的战争中站在法国一边，而且法国的所作所为仿佛他们假想中的美国立场已经成为事实一般。此时的法国显然忽视了这样的事实：虽然美国与法国之前达成了盟约，但是条约的一方已经被彻底毁灭，哪些旧君主制的法国签署的条约仍然为新的法国政府所承认，哪些为法国政府所拒绝，法国新政府自称拥有选择的权利。此刻，每一位了解到祖国在交战国手中艰苦处境的美国人，无不感动落泪。看起来英国和法国都试图迫使美国加入到这场战争中，他们都持续地侵犯美国作为一个独立国家的权利，希望以此迫使美国参战。所有按照传统在战争中保护中立国家的法律，此时都被抛在一旁。在法国大使授意下的海盗们，沿着美国港口一路航行，沿着海岸袭击英国船只，侵占英国货船，有时甚至当领航员还在船上，货船已经处于港口目力所及范围内的时候，还会遭到袭击。法国的巡逻船在大洋中游荡，专门掠夺载有美国货物的商船；在国内利益集团支持下的法国大使热内，曾经言辞激烈地攻击总统，说他"卷入了一场法国叛国者的阴谋之中"，漠视美利坚合众国的联邦法律。当为热内工作的美国公民被指控违反了联邦中立法的时候，热内聘请律师在联邦法庭上为其进行辩护；美国政府行政权方面向法国抗议其大使热内的种种违法行为，却遭到法国政府的忽视，直到美国政府最终向法国政府提交威胁性的申诉，导致热内被召回国内，这才将美国从热内惹出的法国烦恼事中解脱出来。

如同古时的罗马帝国一样，英格兰期望统治整个世界，宣称她不止是为自己的生存而战斗，而是为了全人类的自由而战斗。英国抗议法国违反中立协议，她傲慢地打算实施《巴黎条约》中的规定，保留美国西部的军事据点，从而如果不是挑起，也是鼓励了印第安人侵袭边疆的定居点。在英国港口逗留的美国水手总是有这样的印象：不论何时出现载人战舰，当地的领事总会被持续拜访，直到放走这艘船为止；当在海上有些船只被英军船只追上的时候，船员们就会被集中起来，卓越有能力的船员就会被强征入伍，为英国作战。显而易见，带着将美利坚合众国的旗帜赶出大洋的目的，英国修改了海洋法，给航海法添加了更加严苛的条款，而且要求极其严格地按照新法执行。英国的巡逻船在各个大洋之间穿梭，劫掠他国船只，并将掠夺所得送至英国港口出售，所有的供给都为了支持英军驶向法国海岸。英国海军军官来到美利坚合众国的港口寻求庇护和补充供给，态度粗野无礼，专横跋扈，拒绝顺从；因为美国国内的海岸贸易看起来似乎只有在得到英国官员允许的前提下才能存在，美国与大不列颠之间的贸易也被塑造成依靠每年一次对于主权的宣告才得以维持。

事态的发展激起了美国公众的愤怒，共和党人的宣传，以及联邦政府在国会的反对派人士犹如巨大的风扇，使愤怒的烈火燃烧得更加炽热旺盛。国务卿杰斐逊与法国大使的私人关系十分熟稔，因此事情的进展需要来自内阁同僚们的压力，向杰斐逊传达的意见都带有适度的压力。然而另一方面，英国公使哈蒙德却一直在打官腔，在列举出一系列英国遭受的痛苦之后，他明显无意息事宁人，从而用友谊的纽带将美国与英国紧密联系起来，而是执意挑起事端。1793年，杰斐逊不再担任国务卿，事态最终发展到必须与英格兰进行更加深入的谈判才能解决。杰伊认为，英国的举动"不明智且不公正"，而且"如果真的爆发战争，一点儿也不令人感到奇怪"。保持和平看上去已经不具任何希望。华盛顿对于当前事态的发展万分忧心，下决心向英格兰派遣一名具有崇高个人魅力的大使，令其在尽可能的情况下，就美国与英国之间的所有冲突和矛盾展开谈判，同时也下定决心不惜任何代价避免战争的爆发，并且建议应当采取拖延措施，以争取足够的时间，使国家的防务达到令人满意的状态。在达成这一明智目标的过程中，提案在国会总是受到一小撮好战分子的阻碍，他们总是希望共和国立刻加入战争，因而对于任何推迟战争的措施都投否决票。让这伙人底气十足的武器主要有如下三项：对英国进行商业上的限制，废除英国债务，以及切断彼此往来。之后的政府的确实施了这三项措施，因此也就疏远了英政府的人员，使对英贸易陷入瘫痪；然而尽管实施了两败俱伤的措施，在华盛顿总统的提议被采纳之前，仍然没有任何国家尊重美国的权益。

美国公众对于英国的敌视愈发显著，此时的华盛顿总统不得不开发他所有的政治智慧、机智谋略,以其坚定的意志克服前行路上的重重障碍,更不用说英国政府的不明智决议,费城的英国侨民那不易取悦的脾气秉性在其中又平添了许多麻烦。华盛顿总统深刻意识到,对于美国的稳定成长和发展来说,持续的和平环境是必不可少的;华盛顿的伟大之处就在此时显露无遗,再没有比此刻能更加有力地显现出他身处极其困难的国际环境中,如何引导国家方向、处理国家事务的英明之举了。当华盛顿总统致力于进一步推行他的目标,希望与伦敦通过谈判达成和平的时候,国会众议院却通过了一旦采纳势必导致敌对情绪的报复性措施。在这样的关键时刻,谁能够担当重任成为国会两院支持华盛顿政府的议员们殚精竭虑苦苦思索的问题。能够承担这一极具难度、处境极其微妙的任务的人选包括麦迪逊、亚当斯、杰斐逊以及汉密尔顿。国会对于四位人选进行了反复磋商考察,最后一致认为汉密尔顿是承担重任的最佳人选。然而遗憾的是,此时忙碌的汉密尔顿却分身乏术。幸运的是,杰伊大法官就在此时抵达费城,主持联邦最高法院的开庭;汉密尔顿在征求过杰伊的意见后,给华盛顿总统写信,信中提到杰伊"是承担这项重任唯一的人选,他追求胜利的资格完全令人信服,而且我认为,只有他才是唯一值得建议作为此次出使之人"。汉密尔顿说:"这件事交到杰伊的手上,才会有达成目标的最大机会。"在这样的情况之下,杰伊被选为出使英国执行这最困难的任务的不二人选。人们公认,杰伊一直担任的显赫公职、他在之前的外交生涯中成功的谈判经验带来的信誉和名望、杰伊出色的个人能力带来的自信,以及对于祖国政府的耿耿忠心,以上一切都令国人对杰伊这次出使英国赋予了更多的希望,希望能够令英国人印象深刻地体会到此时美国形势的严重性。

将和平条约谈判的希望完全寄托在一个人的身上,未免不太适宜。何况这个人日后还可能成为从司法上解释和平条约的人物,因此接受这样的任务,看起来并不像是杰伊这样卓越的人物——华盛顿在这种情况下会求助其意见的人物——的决定。的确,这一次几乎没有考虑到任何程序问题。然而在选取接替杰伊所担任的联邦大法官的后继人选过程中,同样的事情也发生在前往革命法国的美国大使亚当斯身上。此举的失策之处如今已经显而易见,但是我们必须要牢记,当时的联邦政府各个部门的职能以及彼此之间的关系都没有明确的定义。尤其是联邦最高法院,近期几乎没有受到任何人的关注,呈交于联邦法院的案件也寥寥无几,因此联邦法院开庭的次数也一再减少。今天,我们甚至连联邦法院在费城开庭的地址都不知道。联邦最高法院代表的司法权成为全国政府重要的独立权力分支中的一个,联邦最高法院作为美国宪法阐释者的崇高地位和声望,是在杰伊之后的历史时期才建立起来的,在韦伯斯特、马歇尔、斯托里以及沃特等人的领导下,联邦最高法院的司法权逐渐成长壮大起来。

杰伊此时正处于人生的鼎盛阶段,如日中天。他为自己设定了崇高的道德准则,生性刚直纯良。因此他的名字从未与帮派阴谋小集团联系在一起。杰伊坚守自己的人生信念,以最诚挚的情感支持政治上的朋友,但是他从未将自己置于党派政治斗争的竞技场中。在公众的心目中,杰伊总是占据最高的位置。杰伊在联邦政府中担任的职务只处于总统一人之下，可谓身居要职，位高权重，无论在国内政治还是在国际外交领域都具有丰富的经验，他的个性正直，就连毁谤和中伤也不敢对其进行攻击，杰伊是美利坚合众国最优秀的政治家之一，甚至是大家公认的华盛顿总统的接班人。然而，他的任命并未得到所有人的同意也是实情。不赞同杰伊出使英国的人们，害怕一旦杰伊胜利完成任务，在与英国的谈判中取得了辉煌的成就，杰伊恐怕就会接替华盛顿，成为美利坚合众国的行政首脑。约翰·亚当斯预计到杰伊将是竞争下一任总统的有力对手，曾经这样说道："如果他成功了，这样显赫的功绩将确保他成为美国人民选择的总统。"然而，此时的政治气氛充满了扭曲的诽谤、诋毁、辱骂和指责，这些攻击直指杰伊和派遣杰伊前往英国行使和平使命的华盛顿总统。

对那些将仇恨挂在嘴上，整天叫嚷不已的人们来说，任何可能会有效的协议，不论多么令人满意，对事态的进展起到多么大的促进作用，都会招致他们的谴责和辱骂。他们总是雀跃地说："尽管杰伊的成功也许能够保护美国在海外的和平，但是却会点燃国内的战争。"同情法国的议员们决心不让任何对英和平条约得到通过。就在杰伊作为美国大使出访英国，进行和平谈判之前，有些人效仿巴黎的雅各宾俱乐部组成了相关的俱乐部，大肆宣传俱乐部方针，肆无忌惮地强烈谴责英国人，谴责杰伊的此次出访，并且发誓以击溃任何可能达成的协议为俱乐部的目标。甚至就在和平条约的具体条款公布之前，弗吉尼亚州长还公开宣称他对于与英国达成协议持强硬的反对态度："我们不会向任何停泊在我们港口的英国参战船只提供任何协助、援助或者安抚。"而且通过实施立法，弗吉尼亚州阻止对土地征税以还清债务，因此实际上阻止了英国债主从几乎完全依靠农业耕种获得收入的美国人民手中收取拖欠的债务。

第十九章

与英格兰缔结和约

杰伊如此适合这项加诸其身的任务,这一点,再没有比以下国务卿伦道夫的节选信件做出更好阐明的了。伦道夫写道:"从个人角度讲,您熟知和平条约在整个谈判过程中的前因后果以及每个相关细节的处理。您本人正是达成英美和平条约的大使;您在担任邦联政府的外交部长期间,邦联国会的所有意见表达也是通过您的办公室对外发布的;而且作为联邦最高法院的首席大法官,您亲眼见证了在我们的法庭上通过的法律,在英国债务问题上,得以最深刻地了解我们的法律实施的实际情况。"

杰伊带着对和平的期许,对战争的厌恶,承载着造福整个美国福祉的千斤重担前往英国。幸运的是,这样重要的任务落在一位具有超强的自控能力、判断极其敏锐的卓越人物身上——一位具有足够的能力,可以妥善处理各种重要的国家事务的伟大人物。在这次出使任务中,杰伊被指示要求英国必须从美国境内的军事据点撤军；对已经造成的掠夺和损毁以及未来将要发生的美国财物的遗弃进行赔偿；要求英国就违反英美和约中的规定，带走美国黑人奴隶进行赔偿；努力劝说英国将债务问题提交美利坚合众国法院进行审理裁决；就不开放觊觎已久的西印度贸易，决不达成任何协议，或者说决不违反任何法国和美国联盟的条款。除上述问题之外，解决所有其他争端的谈判权力似乎都留给了谈判者来辨析。在国会的进一步指示中有如下的话语："您以适合于这种形势下的论点，支持联邦政府的原则和信条，而且与之前您公开表达的意见相一致，自尊自重将证明您的举动的合理性，没有放松迄今为止我们一直维持的权益。"指示中的最后一句话，指的是杰伊作为邦联外交部长的时候向国会提交的报告。杰伊收到驻英大使的委任书后，便乘船出发前去赴任。他的儿子此次作为他的私人秘书随行，留下妻子和侄子照顾仍然留在美国的家人——大家都认为杰伊此次出使会很快返回家乡。

威廉·格伦维尔，《印花税法案》提议者的小儿子，内阁首相皮特的堂兄，当时担任皮特内阁的外交大臣，他与皮特之间亲密无间。威廉·格伦维尔是一名相当典型的英国政治家。他能力超群，受过良好的教育，博学多才，在承担政府职责方面十分精通，仪态庄重，坚守原则，毫不妥协，个性坚韧不拔，高贵正直，令人尊敬，他的政绩使其与许多卓越的欧洲外交家并肩而立而毫不汗颜。因此，对于即将抵达的美国大使杰伊来说，格伦维尔可不是一位容易对付的对手。更不用说，此时的杰伊已经被美国国内分裂的公众意见搞得焦虑不堪。格伦维尔已经得知美国国会的报告内容，他本人对于英格兰人民怀着深深的同情心。不论是杰伊，还是格伦维尔，两人在谈判事宜完成之前，都对彼此敬重有加。杰伊刚一抵达伦敦，便向外交大臣格伦维尔通报了消息，马上与格伦维尔和皮特进行了会晤，而且英国国王也优雅地接见了杰伊大使。杰伊在英国的初次印象十分令人满意。

双方的谈判从1794年初开始，但是谈判持续了很长一段时间后，并没有取得任何进展。美利坚合众国国内公众舆论的腔调，从美国国会传来的毫无节制、欠缺思量的大放厥词，热内事件在查尔斯顿的进展，费城人民的狂热情绪，这一切都令格伦维尔对美国政府寻求和平的诚意充满怀疑。尤其最近对法作战取得的阶段性胜利使英国内阁欢欣鼓舞，因此在杰伊刚刚抵达伦敦的时候，他们正在考虑出台敌对的对美政策；幸好在杰伊的不懈努力之下，以及英国内阁出于对华盛顿总统的高度尊重，最终才放弃了对美的敌对态度。8月，杰伊收到通知，英国政府准备出台自认为公平和宽容的条款，来解决英美冲突问题。杰伊此时意识到，对于双方来说，此时任何体现在书面上的立场，未来都不会轻易放弃和更改。因此他建议首先召开口头会谈，会谈双方都不必对任何提及的立场负责，直到双方达成一致为止；因而促使谈判双方能够迅速地确定双方分歧所在，并且对于做出多少妥协和让步才能达成一致做到心里有数。这种谈判方式，从其本身来说非常明智有效，但是对于后代来说却令人无限烦恼——因为后世如果想要解开谈判的面纱，揭示和平条约的形成过程，就会发现无迹可循。杰伊的确说过，那些只想抹平山尖的人们，对于其后的工作如何继续进行所知甚少。我们应当回顾一下这次抹去山尖的行动中,参与谈判的双方的态度。双方提出了什么要求?做出了什么削减?做出了什么让步?在谈判的过程中,杰伊在多大程度上遵从了美国发来的指令?杰伊在谈判中采用了什么样的论点来竭力维护祖国的权益?对于这些问题,我们所知不多,唯一知道的是,在希望和失望交替煎熬中度过五个月之后,双方终于签署了和平条约。消息传回美国,在国内引发的喧嚣和辱骂仿佛博林布鲁克那著名的《乌德勒支条约》。此次达成的和平条约本身,对于杰伊本人来说,也有许多方面不如人意,但是杰伊已经尽最大努力逼迫英国人做出了最大的让步,达成的和平条约已经是此时能够获得的最好的结果了;而且,痛苦地意识到美国现在别无选择,只能在立即接受调整的和约和与英格兰爆发战争这两种可能性之间进行选择,杰伊在文件上签署了自己的名字。他对于祖国人民的公众情绪十分了解,早已预见到此次达成和约的行为实际上是一次自我献祭的举动,通过此举,杰伊将自己置于政治诡谲风云的漩涡之中。杰伊深知,对于祖国的人民,没有什么和约能够使大多数人都接受,使美国对争端不让步。

必须承认的是,刚刚达成的和平条约中的确有许多条款会引起反对,而且美利坚合众国由此放弃了许多之前并未打算放弃的重要的权利。但是,这些都是不可避免的。平克尼在从伦敦写给部里的信中表示,"杰伊先生做出了最小的让步,使美国得到了最多的利益,考虑到所有的因素,(这部和约)是能够期待的最好结果。"在之前的《巴黎和约》中,大不列颠承诺将以令人满意的速度撤出所有美利坚合众国境内的英国军队。然而十二年过去了,英国仍然在美国联邦境内维持着数目众多的军事据点,此举激怒了当地的公众,致使双方矛盾冲突不断;而且英军还煽动印第安人对美国的仇视和战争,使西北地区利润颇丰的皮毛贸易转向英国在加拿大的领地。美国坚持,美国境内的英军必须立刻撤走,而并非留有两年的缓冲期以完成撤军,这一点连美国国内的反对派也表示赞同。然而英国声称,除了原有的承诺之外,在新达成的和平条约中,并不能给予美利坚合众国更多的撤军保证。英国在遵守之前的约定时极尽拖延之能事,如今英国的态度让人很容易猜测到,恐怕在这次协议的日期到来之后,美国还需要不停地敦促撤军。但是,新和约并未提及如何处理强行征用的问题。当英国刚开始进行强行征用水手作为士兵参战的时候,英国曾经做出保证只在美利坚合众国港口征用英国船只上的英国船员,或者逮捕从英国海军逃跑的士兵;但是不久前,英国却宣称不论在哪里发现英国船员,都有权力征召入伍。然而,实际上从面容上区分英国船员和美国船员简直是不可能的事情,虽然相对而言,被英国强行征用参战的美国船员数目并不很多,但是随着享有豁免权,这个数字将持续攀升。美国认为,趁着此时英国强行征用美国船员参战的范围还算适度,此时提出这一问题也许能够比较容易地得到妥善的解决。鉴于大不列颠假装只抓捕本国公民,强行征召入伍,美国方面毫无疑问曾经制定计划,阻止英国货物装载美国船只,从而不给英国军队彻底检查美国船只提供任何借口。强行征用美国船员为英国的战争服务,是英国强加在美国公民身上的极其恶劣的暴行,是对于美利坚合众国的直接侮辱,并且由于此事导致的仇恨情绪最终引发了两国之间的敌对和战争。

新和约中的另一个错误之处在于对来自西印度群岛的商品的再次输出设置限制。当母国忙于战争的时候，西印度群岛主要依靠美利坚合众国提供主要的物资供给；在战争持续期间，法国也敞开了殖民地港口。英国曾经于1756年做出相关规定，如今打算将这一规定嫁接到国家间共同遵守的国际法领域。英国认为，在和平时期未被允许与之进行商业贸易的殖民地，在战争时期，同样禁止与其进行贸易。英国如今在推广这一政策的同时，却放弃了部分权利，同意小型的美国船只可以在任何时候与其西印度群岛殖民地进行贸易。迄今为止，英国都从这种政策中获利。但是当英国禁止西印度群岛进口或者本地生产的产品在海外销售的时候，她侵犯了一个主权国家规划自己商业的权利，给当地的财政长官制造了巨大的麻烦，使得令人恼怒的扣押以及在公海上寻找英国船只的举动不断增多。

在新条约中，没有关于对英军撤军期间带走的美国黑人奴隶如何进行赔偿的条款，也没有规定将这些奴隶归还的条款。对于南部各个种植园州而言，黑人奴隶流失的打击是极其痛苦的，剥夺了他们的劳动力，使得南部各州在偿还英国商人债务的时候更加无能为力。英国如今是最不受美国人民喜爱的国家，实际上，美国允许她劫掠搭载在美国船只上的法国财产；而另一方面，法国根据法美同盟，向美国申明，不允许英国做出如此举动，美国反而应当允许法国享有同样的特权，即在其港口劫掠搭载在美国船只上的英国财产。

由此自然产生了两个问题。杰伊是否应该同意签署这样一部将会引发如此严重不满和反对的条约？对于美利坚合众国来说，批准这一和约是否是有利之举？当我们将美国所处的环境和自身条件考虑在内的时候，我们会发现，如果谈判破裂，英国与美国之间随即很有可能爆发战争，此刻美国已经无法从英国获取更好的条款，这一点也是确定无疑的。因此，我们认为，上述两个问题的答案无疑都应该是肯定的。战争无论如何都是有百害而无一利，从国家安全的角度考虑，无论何时都应当反对和避免战争的发生。从本质上讲，国家之间达成的商业条约和其他类型的条约都是妥协的结果，而美利坚合众国在刚刚达成的和平条约中，放弃了部分权利，却得到了对美国当前而言更加重要的好处作为回报。众所周知，新达成的和约条款中只列举了九点；而英国却在条约中向美国做出了实质损害自己已有利益的让步。英国在美利坚合众国西部原本已经牢牢掌握了许多军事据点，并且劫掠了许多商品；英国的西印度群岛的商业也从未让其他国家染指。英国畅行无阻地行使着海域搜索和强行征用船员的权力，只有在英国的允许下，美利坚合众国的旗帜才能在海上飘扬。实际上，在整个谈判过程中，美利坚合众国并非处于做出任何让步的位置之上，就英国放弃的权利而言，美国根本没有与之相等的权益用以放弃。美利坚合众国刚刚从战争的废墟上伫立起来，筋疲力尽，身负重债。不久之前刚刚创立的美国宪法还没有得到贯彻一致的力量；而且美国政治中的两党彼此仇视，使公众意见也分裂为两派——一派以兄弟之爱拥护法国，而另一派则与英国保持着亲密联系。联邦政府曾经建议美国应当建设为独立于外国势力的独立国家，曾经希望在和平条约谈判之前，通过明智的努力使国家做好主动防御的准备，然而这样的努力却受到了很大的挫折和打击。在这样的情况之下，对于美利坚合众国来说，即便仍然能够保持国家的存在，一场战争也无异于灭顶之灾。到时，美国不得不将自己置于法国的羽翼保护之下，而分崩离析的法国恐怕也无力回天，美国只能眼睁睁看着自己人民的鲜血点点滴落，最后很可能落得个向英国投降的下场，听凭英国任意发泄报复美国这个桀骜不驯的殖民地。

在美利坚合众国的历史上，从来没有任何一部和平条约如同杰伊努力促成的这一对英和约一般遭受如此强烈的谴责，也从来没有任何一部和平条约的实际结果被证明对于国家有如此巨大的好处。今天，以这部和约的结果来判断的话，恐怕所有人都会一致通过批准这部和约。杰斐逊、麦迪逊和门罗极其激愤地反对批准这部和约；然而他们之中的任何一位都没能在掌握美国最高行政首脑宝座的时候超越杰伊，为美国获取更为有利的条款。以上三位的徒劳无功，更是杰伊功绩最强有力的证明。杰伊的对英和约成功阻止了美国卷入一场不合时宜的战争，显而易见，如果美国参战没有任何获取更大利益的可能；杰伊对英和约还避免了美国与法国达成紧密联盟的必要，因此也就避免遭受法国充满恶意的军事力量的影响。在一场涉及欧洲所有国家的战争中，杰伊对英和约为美国设定了保持中立的基本政策，为美国夯实联邦根基赢得了宝贵的时间，也为新的政府机器流畅运转提供了可能。杰伊和约为美国商人赢得了超过两百万美元的赔偿款——如果与英国爆发战争，这部分赔偿将无从谈起，付之东流。而且，通过支付这笔赔偿款，大不列颠实际上承认了自己近期对美行为有失公允，也就放弃了将1756年的法规纳入国际法的努力。大不列颠同时也遵守了协议，在规定时间内平静地撤出了在美国境内的8个据点的军事力量。

莫里斯在抗议英国的强行征用无效后，与外交大臣进行了会晤，其间他机敏地说："阁下，我相信，这是唯一一次我们没有被当做外国人对待。"常驻伦敦的平克尼在杰伊抵达之前，一直极力敦促英国人在这个问题上做出调整，但是徒劳无功。虽然此次和平条约本身并未对英国的强行征用问题达成协议，但是没有任何一届共和党政府在促使英国放弃强行征用方面取得更多的成功。即便强行征用的矛盾激化引发了1812年战争，也并未使英国放弃它。韦伯斯特先生在写给阿什伯顿勋爵的强有力的信件中，单独去除了这一在英美之间引发争议的强行征用问题。迄今为止，在英美就西印度货运展开的谈判历史上，美国一直都无法获得更好的条款，她在这一问题上的努力一直没有见效。杰伊成功地促进了英美间的贸易自由和更加开明的殖民地立法方面的进步，虽然此次仅仅推开了一道门缝，但是在后人的努力之下，这道大门终于缓缓敞开。

杰伊对英和约并未涉及被英军带走的奴隶的赔偿问题，这一点十分重要。毋庸置疑，奴隶既是人类同时又是财产的双重属性，给解决这一问题布下了重重困难。性质类似的争议曾经发生在《根特条约》中，当时经过数年毫无结果的讨论之后，最后只好以双方的互相妥协收场，并没有就奴隶在战争中的处理达成定论。作为外交部长的杰伊，曾经指示当时身处伦敦的亚当斯向英国政府抱怨其掠夺美国奴隶的行径，杰伊在向大陆会议做出的报告中宣布，英国军队带走美国奴隶的行为完全违反了1783年和约的规定，毫无疑问是一次错误的行为，只有通过对美国进行赔偿，才能将其从违约的困境中解救出来。然而，格伦维尔显然并不打算这样做，归还奴隶看来也毫无希望。格伦维尔认为，《巴黎和约》并未涉及任何财产在身份上的变更；每一名走失的奴隶，如同每一匹走失的马一样，如今已经归属英国所有，这样的逻辑正适用于签订《巴黎和约》时的美国黑人；而且进一步讲，对于被邀请到英军的黑人奴隶来说，则已经被赋予了自由，是无法再作为奴隶归还美国的，因为他们已经在有能力的权力下得到了解放，获得了自由的身份。格伦维尔的观点看上去似是而非，但是杰伊在谈判第一个《巴黎和约》的过程中，深知格伦维尔的逻辑并未遵守当时双方对于此事的理解立场。杰伊在秘密报告中指出："从主人处逃离，被英国接收并保护起来的黑人奴隶们，从法理上非常清楚地被理解为仍然属于其主人的财产，这一点并不由于奴隶的潜逃而发生任何改变。"杰伊同时指出，当大不列颠的军队撤出纽约的时候，带走了当地的黑人奴隶，因此是英国首先违反了和约规定。许多从美国掳走的黑人奴隶被英军军官带到了英国的其他殖民地，落得被卖掉的下场；有一些黑人奴隶一次又一次地利用这种争议状况使其逃亡合法化；还有一些黑人奴隶声称得到了自由，给带他们走的英国军官当起了仆人。与其他姊妹州相比，弗吉尼亚州在这次奴隶流失事件中遭受的打击最为重大。而且看起来，弗吉尼亚州也无法就其损失的奴隶获得赔偿,美国联邦政府在和约中做出了妥协,放弃所有对掳走奴隶进行赔偿的诉求,并在双方成立的联合委员会的见证下,承担起美国人欠下英国商人的到期债务。以这样的方式就此问题做出谈判策略上的调整,虽然对于某些个人来说,并非令人满意的答案,但是总体而言,对于两国之间复杂的争端却可能是一种不失公允的解决方法。美利坚合众国在债务问题上成为最大的输家,因为在联合委员会的裁决下,美国必须支付高达六十万美元的债务。

杰伊对英和约还进一步规定了美利坚合众国与大不列颠之间进行互惠的自由贸易,而且英国向美国开放了利润丰厚的东印度公司的贸易权。这一巨大的让步成为英国对航海法的革新,在其后与美国进行的谈判中,再也没有做出过如此大的让步。而且在杰伊和约中,美利坚合众国历史上第一次签署了对罪犯进行引渡的条款,同时规定,在两国爆发战争的时候,任何一方都不允许没收扣留之前对彼此的债务。

第二十章

和平条约在美国

在英国期间,杰伊频繁地向美国国内通报谈判进展情况,但是却很少收到联邦政府的回复。我们可以想象,华盛顿总统是多么热切地希望杰伊能够达成和平协议,在焦急地等待承载着美利坚合众国命运的条约的到来,更不用说杰伊此行成败与否还极大地影响着华盛顿政府未来的走向、他个人的安乐与幸福。虽然杰伊对英和约在秋天已经达成,但是消息传到美国的时候,已经是来年的春天,当时国会已经处于休会期。华盛顿一收到和约,就马上召集所有参议员举行会议,而杰伊对英和约的文本就摆在每个人的眼前。经过数天的热烈讨论之后,参议院以三分之二的票数建议批准——除了一条之外——这部和约的内容。当时,参议院已经建立起一条闭门论事的规矩,责令其成员必须就参议院会议内容保守秘密,不得外泄。尤其在此时讨论的杰伊和约上,这条禁令显得尤为重要,因为杰伊和约的内容还未被提交给内阁,华盛顿总统仅仅是在做出自己的判断之前，先征求参议院的意见。然而不幸的是，有一位与会的弗吉尼亚州参议员违反了保密规定，完全没有考虑到泄密之举有多么不合时宜，会带来多么严重的后果，将和约的内容告知一位费城的编辑，第二天早上，和约的内容就全盘出现在报纸上。

就在瞬间，反对和约内容的浪潮犹如热带风暴一般，席卷全国。对于杰伊等谈判者的辱骂的传播速度，甚至比和约内容本身传播得还要快。党派攻击的声浪一波高过一波，他们的暴怒即将驱使美利坚合众国这条大船离开好不容易获得的安稳的停泊处。公众对此也怒不可遏。在许多重要的地区，人们举行集会谴责杰伊和约，示威抗议政府批准杰伊和约。杰斐逊称杰伊和约为"极其可恶"、"无耻的条约"，"赫然盖着贪婪和腐败的印章"。人们在费城杰伊的家门前，焚烧条约的副本，杰伊本人被贴上了叛国者的标签，人们拖着他的画像上街游行，愤怒地辱骂杰伊的行径。查尔斯顿甚至声称，杰伊应该被推上刚刚发明的断头台。

公众已经完全失去了理智。一位真正的绅士，曾经在英国侵略祖国的时候，冒着丧失生命中的一切的危险，为了祖国的利益尽全力进行顽强的抵抗；曾经坚决抵制西班牙过分的主权要求；曾经在巴黎奋斗，为祖国获取最大程度的承认和最广阔的领土边界；他的公职生涯以正直不阿地为祖国的利益持续奉献为己任，就是这样一位高尚的人，如今受到如此的诽谤与中伤，不得不让人扼腕叹息。造成杰伊受到今天的侮辱的原因，要归咎于党派之间的仇恨，以及别有用心的政客的蛊惑和煽动。对于反对派来说，杰伊和约恰好提供了一个开战的借口。迄今为止，他们还不敢直接攻击华盛顿总统，他们选择的策略是打击华盛顿政府内阁，通过一再谴责内阁取得的政治进展而削弱他们的力量，同时又对外声称总统先生是受到了内阁成员的蒙蔽才会支持他们的意见。汉密尔顿在财政方面的种种举措本来已经给反对派们提供了极佳的攻击武器，但是财政改革取得了极大的成功，反过来使反对派的武器成为攻击自己的利器。汉密尔顿击打国家资源的磐石，富足的财政水流便冒了出来。对汉密尔顿渎职违法的指控是对其所有指控中最多的一项，但是越对他进行调查，他在公众中的声望就越高涨。当时新闻界的恶意和下流可无法容忍这种事情的发生。所有恶毒的党派辱骂和诽谤如潮水一般倾倒过来，当这些人执意进行如此攻击的时候，没有人能够逃离，在他们的口中，没有任何人足够高尚，没有任何声望足够神圣。充满恶意的法国支持者在科贝特和弗瑞诺、费诺和贝奇的报纸上极尽谩骂之能事。人们使尽了一切手段阻止和约的通过，在和约内容泄露之前，贝奇就评论它为"黑暗的小恶魔、私生子"，并且说道："如果参议院希望将杰伊和约塞进人民的喉咙，他们可找错了人。"他的朋友们也对杰伊和约诉诸辱骂和尖刻的评论，论争从竞选演说转战到了舆论战场，从正式发表的声明和散发的小册子，到新闻评论文章和人们口中流传的话语，无不充满了强烈而凄苦的愤怒情绪。其中最显著的莫过于以"德西乌斯"为笔名发表的一系列反对杰伊和约的文章，和以"卡米拉斯"为笔名发表的一系列支持杰伊和约的文章。戴着面具作战的骑士"卡米拉斯"，据悉正是杰伊的妹夫汉密尔顿，也就是新任的联邦财政部长。杰斐逊带着极大的兴趣，从远处观察着这场论战，但是他很快便发现"德西乌斯"无法抵抗可怕的对手"卡米拉斯"，于是马上命令麦迪逊在"德西乌斯"摔下马来之前赶快加入战团。但是麦迪逊为人过于谨慎，无法抵抗联邦党人的攻势，至此此项重任就完全交给了利文斯顿。汉密尔顿的文章至今仍在美国文学史上占有重要的地位，虽然当时促使他写出这些绝妙文章的原因早已被人们所遗忘。

当杰斐逊在国内忙着组织自己的盟友迎战联邦党人的时候，杰伊仍然泰然自居，不为外事所动。杰伊看上去对外界的喧闹漠不关心，仿佛窗外那些谴责辱骂的声音并非针对他。以他为攻击目标的令人痛苦的仇视，没有在他思想里显露出一丝痕迹的影响；杰伊的举止行为显示出一位从良心上履行了自己对于国家的责任的绅士的所为，也准备接受任何后果，无论故乡的人们对于此行为做出了怎样的判罚。杰伊并未对和约做出任何辩解，只是简单地说："上帝统治世界，我们只能明智地尽到我们的职责，把其他事情留给上帝吧。"华盛顿总统此时也保持沉着和冷静。如同遇到其他情况一样，他就此征询意见，在这样的情况下他应该如何最好地维持和保护国家的利益，在获取了他信赖的人的意见之后，将这些意见置于自己无私的判断中深思熟虑，反复权衡，最终在和平条约上签了字，从而使杰伊和约成为正式生效的最高法律。在此期间，华盛顿总统只有一次曾经有些犹豫。那时有消息传来，大不列颠政府下达了新的指示，劫掠所有驶向法国海岸的船只。然而，很快这条消息被证明并不真实。就在一年前，华盛顿总统果断地镇压了威士忌叛乱；如今又顶着巨大的压力签署了《杰伊条约》，总统以此向全世界展示了新近建立的美国联邦政府的能力和强有力的地位。

在缔约双方都批准了和约内容，并由美国总统对外公布和约之后，大家因此猜测所有针对杰伊和约的争吵和喧闹都将散去；但是命运却安排了一场此前从未有过的规模更加宏大、气氛更加暴烈的致命对抗。由于国会拨款对于执行和约条款来说是非常重要的步骤，所以得到国会的批准也是不可或缺的一步。共和党人占据多数的众议院此时掌握了主动权。爱德华·利文斯顿——我们在前面的章节中对其童年时代稍做了些介绍——如今担任来自纽约的众议员，他的政治立场与大多数众议员相同，那便是反对华盛顿政府的决议。在利文斯顿的动议下展开了论战，他要求行政权方面向众议院提交与近期和约相关的所有文件的副本。利文思顿做了一次精彩的演讲，陈述众议院索要文件的必要性，他声称由于国会担负批准和约条款实施生效的职责，因此也具有否决行政部门批准的权力。然而，利文思顿索要文件副本的要求遭到拒绝，因为根据美国宪法规定，众议院所属的立法权分支无权干涉国家条约的制定，制定条约的权力归属于美利坚合众国总统和参议院。而且华盛顿政府进一步表示，国会针对和约做出必要的拨款，而搜集相关文件并不是其做出拨款的必要条件，因此进一步否决了提交文件的要求。如果国会索要文件的目的是行使弹劾否决权以否决此法案，那么国会提出的决议中应当明确表明这一目的。于是这一问题就引发了一系列言辞绝妙的能人发言，发言者包括麦迪逊、艾姆斯、加勒廷以及其他人等。利文思顿的决议最终以多数票得到通过，但是华盛顿拒绝遵守国会的这一决议，他的理由是如果遵守这一决议，将开创一个危险的先例。对于国家间的谈判总是需要倍加谨慎小心，而且很多时候正是由于成功保守了秘密，和约才能成功达成；而且在美国宪法的规定下，制定和约的权力被赋予给美利坚合众国总统和参议院。华盛顿总统给予的坚决反击，其中包含进一步的联邦理论支持，看起来有力地切断了所有他与其他反对派领袖的政治联系。从此以后，反对派对于华盛顿更是尊敬有加，在他余下的总统任期里，再也没有发生过类似的卑劣地诽谤中伤公职人员的事件。

众议院收到总统先生的强硬回复后，再一次重申了国会享有索要相关文件的权力，然后就按照条约分配必要的拨款的问题，展开了旷日持久的讨论。这是彼此敌视的两个党派第一次因为总统的想法而展开精彩的对战。对此，马歇尔大法官曾经说过："在这场纷争中展现出来的争论、雄辩和激情，再无任何事件可以与之相媲美。"就连仅仅提及参与这场雄辩的几位议员的名字，就已经令人血脉贲张，就已经能够令读者想象出在当时的立法竞赛中，是怎样的一种登峰造极、精彩绝伦的景象。经过一些热身的小论战之后，麦迪逊——从天性而言是一名联邦党人，但是在政治阵营上是一名共和党人——拉开了宏伟论战的序幕。麦迪逊认为，应当由各州议员来决定制定条约的总体权力是否能够取代众议院的行动。反对当前缔结的和约的主要原因，在于认为和约缺乏互惠精神，美利坚合众国支付拖欠英国商人的债务，但是英国人并未相应地支付给美国奴隶主因英国携带逃奴而使其承担的损失的赔偿；放弃对英国同种进口商品征收税率不同的差别关税的权力；坚称自由船只携带的财产和货物都是自由的原则；除此以外，麦迪逊同时也确认，这些条约条款放弃了一个债务国——此时的美利坚合众国——能够使用的最有力而有效的武器，协约规定如果发生战争，交战国双方不得没收扣押彼此的财产。贾尔斯是一位无论何时都毫不妥协的卓越的党派人士，同僚尼科尔斯、加勒廷与他站在同样的立场。加勒廷坦率地承认，如果当前讨论的和约不能获得批准，那么美利坚合众国也就失去了与英国谈判新的和约的机会，但是考虑到随之而来的战争风险，以及其他可以想象的恶果，促使他们批准和约生效。加勒廷并不支持众议院僭越权力，插手和约的谈判过程以及最终确定条约条款的权力，但是声称众议院有权对于行政权力协商谈判的条约进行监管。加勒廷说，在新缔结的和约中，美利坚合众国满足了英国所有的赔偿要求，然而从美国的角度出发提出的所有存疑的问题，都遭到了英国的拒绝；而且美国同意有条件地接收西部军事据点，就接收军事据点一事，美国已经等待了太久的时间。因为坚信英国债主也应当得到公平的对待，贾尔斯同意支付由于战争掠夺造成的损失；而且瓦特尔还专门发表演讲表述了这样的思想，国家法律规定奴隶为不动产，因此不能算作战利品。杰斐逊对于瓦特尔的这篇演说非常欣赏，他宣称这篇演说绝对应当在《联邦党人文集》中占据重要地位。

　　支持批准和约的朋友们回击说，各州千方百计阻止联邦履行偿还对英债务的作为，早已违反了第一个对英条约；英国人将黑人奴隶看作人类，绝不是财产，因此决不会对美利坚合众国损失的奴隶进行赔偿。他们认为，自由船只携带的财产和货物都是自由的原则，从未得到其他国家的承认，也并非国际法规定；而且就算如其声称一般是国际法的规定，和约也扩大了走私船只的规模，越来越多的走私船出没，而另一方面，英国规定美国必须赔偿之前的损失，结清从前的债务，并且未来还要利用一个对美国利益伤害如此巨大的体系对美利坚合众国进行抑制。但是，英国已经同意向美国开放其东、西印度群岛的贸易权，而在此之前，没有任何国家与英国分享这块巨大的蛋糕。虽然规定参与西印度群岛贸易的美国船只载重不得超过七十吨，但是对于参与东印度群岛的美国船只的载重则没有任何限制。东、西印度群岛贸易只对美国开放，其他国家无权参与；而且不隶属于东印度公司的英国本国贸易商人也无法享有这份特权。居住在塞勒姆的古德休所言证实了西印度群岛贸易已经达到了相当庞大的规模，而且利润丰厚。仅在塞勒姆一镇，就有三十艘船只参与贸易，如果计算整个美利坚合众国参与该项贸易的船只数目，数字或许可达塞勒姆一地的三倍之多。至于麦迪逊一再强调的放弃扣押财产的策略，一旦实施，势必会伤害涉及其中的个人利益，颇不公平，而且尤其对于像美利坚合众国这样的国家来说，更是失策的政治举措，因为美国如今匮乏的正是这些重要的因素——资金和信用。在谈及否决和约可能会带来的国际后果时，他们认为，一旦违背了这一和约——根据美国宪法的规定进行制定并得到批准的和约——美利坚合众国将在国际世界被视为言而无信的国家，无法与之签署任何协议和和约。

在激烈的讨论接近尾声的时候,费希尔·埃姆斯——他的崇拜者亲切地称他为"美国的埃蒙德·伯克"——发表了整个论战中最激动人心的一篇演讲。由于身染肺结核而深受其苦,埃姆斯无法在新一期议会伊始便加入讨论战团,而且他的医生还曾经严令禁止他参加国会的辩论。与埃姆斯同居一室的史密斯大法官后来回忆,埃姆斯本来并未打算在议会发言,因此他的演讲完全是没有经过准备的,显而易见是在当时的情境下,受到了无法抵抗的激情的驱使而发表了这篇演说。当埃姆斯起身准备发言的时候,他如此虚弱,几乎无法站立,在整个演讲过程中不得不斜靠着桌子的边沿。埃姆斯这番激动人心的卓越演讲充满了对于国家虔诚的怜悯和同情,对于人性的深刻理解,以及对于政治行为的完美的动机分析。他谈到美利坚合众国在对英谈判中的前后矛盾和不一致,批评了美国在履行和约时候的疏忽,甚至是故意违规。埃姆斯说道,这样的行为只能被其他国家看做违背国家信仰、破坏国家信誉的行为。他暗指条约为美国商人争取到了巨额款项,而且由于中立立场美国也获得了丰厚的利润所得,因此决不赞成用上述优势来换取一场战争的政策,这场战争将不仅威胁到国家的和平,甚至还会威胁到新生美国生死攸关的生存大计。埃姆斯指出,一旦和约失效,那么美国必须考虑到印第安人爆发战争的恐怖可能,而且他也认为应当由联邦众议院来承担考虑各种危险可能性的责任。最后,埃姆斯总结道,"在座的各位中,再没有一位会比我更加珍惜见证此次会议后果的机会;然而,如果今天否决和约的投票得到通过,就连我,拖着羸弱、几乎破碎了的身体的我,恐怕也会比我们国家的联邦政府和联邦宪法更加长寿。"在埃姆斯发言的时候,副总统亚当斯一直坐在联邦最高法院大法官詹姆斯·艾尔德尔的身边,他曾经写道:"艾尔德尔法官当时发出了惊呼,'自我出生开始,我还从没有听过今天这样伟大的演讲!'——'实在是太美妙的演讲了,犹如神助!'我回答道。当时在议会厅中,所有人的眼眶都湿润了,除了……"发言结束后,来自弗吉尼亚州的议员维纳布尔宣布会议进入休会期,"以免众议院在强烈情绪的影响下进行投票表决,那样或许会有损他们冷静的判断力"。事实上,考虑到国会会议的性质,以及当时强烈的党派斗争的氛围,埃姆斯的雄辩并没有引发在座议员更加强烈的发言和表态。埃姆斯身形消瘦,面色死灰,因此他的一番发言更是获取了议员们最深厚的同情心;自此之后多年,人们一直传说,"埃姆斯就对英和约的发言"是国会辩论历史上最出色、最强有力的一篇发言。

支持此次对英和约的盟友们的策略是尽量拖延议会讨论的时间,其目的是为了给美国的商人以及保守势力足够的时间发表自己的意见;考虑周全的人开始意识到这一条约如果无法生效,将会给美利坚合众国带来怎样的危险;许多曾经反对和约规定条款的人,如今由于这部和约已经根据美国宪法得到批准,因而转而支持和约的执行,也为在即将到来的下一届国会中寻求连任的议员们提供了机会。激烈的讨论持续了八个星期,在此期间议员们的大脑几乎完全被此事占据,几乎没有讨论过其他国家大事;而且在议员们不计其数的发言中,几乎全部针对和约事件,别无他事。利文斯顿提出决议,需要行政权向国会提交制定和约的所有相关文件,最终以62票赞成、37票反对被众议院通过。为了使和约生效，51票赞成，48票反对。所有来自新英格兰地区的议员，除了四位，都投票支持和约，大部分来自中部州的议员也表达了同样的立场，还有四位来自南部州的议员也站在同一阵营。就这一和约，弗吉尼亚州一直都是国内倍感委屈的州，因此她的议员无一例外投了反对票。弗吉尼亚州境内多条河流在切萨皮克湾汇集，肥沃的土地为此地建设大型种植园提供了便利，她的大型种植园主——弗吉尼亚人民的领袖——作为进口商，与英格兰的商人建立了直接的联系；而且毫无疑问，对英国的债务问题对于弗吉尼亚来说更是影响巨大，从《巴黎和约》开始，便为美国立法史上许多模糊的问题提供了清晰的线索。的确，几乎不用做出更多的解释，1800年之前由于地理差异而造成的党派分野，或许在某种程度上可以回溯到奴隶问题。

众议院在需要采取行动促进和约实施的前提下，是否拥有监管和约的权力，当前的决议并未做出肯定的回答，但是也没有否定其权力。今天，在这一问题上的进展仍然与九十年前一样。1803年，购买路易斯安娜的协议摆在第八届国会议员的眼前，那时的政党气候正好与此时相反，共和党人强烈赞成购买路易斯安娜，主要是看到了即将从购买中获得巨额利润的可能性。他们的对手民主党人反对购买路易斯安娜的主要原因，在于如果向法国付款购买路易斯安娜，那就意味着承认了法国在此地的主权，而且所购买的路易斯安娜地区的疆域界限当时并不明确。更加引人注目的一件事是购买阿拉斯加，在此事中并未涉及党派相争的问题。西华德先生负责条约的谈判工作,使美国未经深思熟虑就签订了协议,俄国将向美国转让这片广袤荒凉且极度寒冷的不毛之地。在和约条款的规定下,美利坚合众国将获得阿拉斯加,总统发布公告,宣布购买阿拉斯加的协议成为这片土地上的最高法律。1867 年 12 月,拨款的法案被提交到众议院,之后的六个月里,众议员们就购买阿拉斯加的问题进行了反复多次磋商。最终达成了如下决议:"根据美利坚合众国宪法的规定,所述条约内容应当提交给国会审议,而且国会对其内容拥有裁判权,因此上述条款在发挥充分效力之前,必须得到国会的首肯;考虑到现有条约,为了批准其实施,必须遵守同样的步骤。"在其后的程序中,当条约法案到达参议院进行讨论时,参议院拒绝认同任何暗指得到众议院的批准是条约生效必不可少的前提条件,同时委派了一个委员会对此做出进一步的调查和解释,最终提出以下原则:"除非提案得到了国会两院的一致同意,否则所述协议并不具有十足的效力和作用"等等。参议院委员会将他们的提议提交众议院,双方在措辞方面发生了激烈的对抗;最后应用了对之前类似问题的理解,加上参议院固执地坚持自己的立场,才使协议最终得到了通过。这次得到的支持多数票数只有四十三张,大约三分之一的议员缺席投票现场,或者没有投票。

在《杰伊条约》签订之后四十年,同样还是那位曾经质疑杰伊的爱德华·利文斯顿,发现自己正与杰克逊总统一道,处于极其类似于当年联邦党人的境地之中。他们极力敦促法国实行瑞维斯先生与法国国王路易斯·菲利普签订的条约,但是法国下议院却无法批准足够的拨款。在美利坚合众国,总统与参议院制定的和约就是法律,而且出于奉行法律的需求,如果联邦政府的立法分支机构对于条约内容表示不满,看起来它也没有任何办法能够阻止条约的执行。在国际关系中,美利坚合众国是一个独立存在的政治国家,通过官方的机构表达国家的意愿,并将意愿以条约的形式呈现出来。美利坚合众国宪法宣布,经过宪法批准的法律将成为这片土地上的最高法律;因此被称为"最高法",它们毫无疑问地具有至高无上的位置,这个国家的任何政治机构和组织——即便是国会——不论多么反对其条款,也不能干涉它的实施。要不是在购买阿拉斯加这件事情上,国会拒绝支付已经同意支付的款项,这种机制本来应该明明白白地呈现出来。购买阿拉斯加的条约已经履行了必要的正式手续,由参议院批准,得到总统的支持,美国政府即将将这片广袤领土并入自己的版图。根据国家间的法律,在这种情况之下拒绝支付购买的款项,俄国恐怕会将之视为美国宣战的信号。

第二十一章

纽约州州长

当克林顿担任纽约州长的任期行将结束的时候，杰伊仍然身处海外。纽约州的联邦党人将杰伊视为下一任州长的理想人选；而且三年前，本来胜券在握的杰伊被剥夺了担任州长的机会，这件事一直令联邦党人耿耿于怀，于是联邦党人一致公认此次杰伊应当作为下一任纽约州长的有力竞争者参选。此时的杰伊仍然担任着联邦大法官的职务，他从未表达过参加纽约州州长竞选的意愿，更没有任何人就此征求过他的意见，政党经理人自行提名了这位最适合担任州长职务的伟大人物。大家普遍认为，杰伊在代表美国进行和平条约的谈判中取得了很大的成功，但是同时，他也不得不牺牲祖国某些方面的利益，为了达成和约而做出让步；因此也有人害怕反对派将会抓住杰伊曾经在和约谈判中做出的让步不放，搅乱纽约州的民意，诱导人民反对杰伊，使杰伊失去民众的支持，因而很有可能在州长竞选中败下阵来。当时，在纽约州的两个全国性政党势均力敌，而且在国会详细调查刚签订的对英和约的过程中，对于和约的观感影响着民众的选票。虽然所有人都承认，不论从能力方面，还是是否适合担任下一任州长方面，杰伊都是完美的人选，但是始终存在着巨大的怀疑声音，质疑将杰伊送上州长的位置是否是明智之举。但是，就在政治家们犹豫不决的时候，纽约州内几个县的民意投票自然而然地将杰伊送上了州长候选人的席位，使政党决策者不得不接受并批准人民的选择。社会影响力庞大的利文斯顿家族如今完全与共和党人结成了联盟，大家都预测，此次争夺纽约州长的斗争将非常激烈，就此次选举还会煽动起许多强烈的情绪。共和党势必用尽一切手段保住州长的位置，而它的对手也必定使出同样的努力，试图夺回州长宝座，并为华盛顿的继承人最终争取到选举人团的投票。共和党方面根据以往的经验判断，克林顿为人过于谨慎，因而无法达到与杰伊竞争的要求；而罗伯特·叶茨被其政治盟友选举为杰伊的有力竞争对手。罗伯特·叶茨深受民众喜爱，曾经作为纽约州代表参加费城会议，但是在达成决议之前便离开费城回到了纽约，如今担任纽约州的司法部长。华盛顿曾经给身处伦敦的杰伊写信，在对英和约缔结之后，希望杰伊能够取代平克尼出任美国驻英大使。杰伊拒绝了这份任命，但是他在英格兰的滞留却使他的对手提出的反对意见显得更加可信——竞选对手指责杰伊滞留伦敦是为了换取对和约的批准。斯凯勒的女婿、著名的大种植园主史蒂夫·范·伦斯勒被联邦党人提名为副州长。1795年的春天，州长竞选拉开了帷幕。杰伊得到了大多数的民选票，而且，为了遵守相关法律规定，立法机关甚至在杰伊抵达纽约市的两天前就宣布杰伊当选为新一任的纽约州州长。纽约市的市民刚刚经历了一场惊心动魄、令人血脉贲张的激烈竞选,杰伊的支持者们正由于取得了胜利而情绪高涨、异常兴奋;卓越的纽约人杰伊一抵达故土,就受到了纽约市民最热情的簇拥和欢迎。钟声响起,礼炮齐鸣,摩肩接踵的人群簇拥着新任州长从港口一路走回居所。如果杰伊谈判达成的对英条约的细则传回国内,那么几乎不用怀疑,如今令杰伊当选州长的压倒性选票必定会流入对手名下,杰伊被击败的结局毋庸置疑。但是条约内容并未立即传回国内,或许帮助杰伊避免遭遇如此羞辱。杰伊从原则上始终效忠于联邦党。他不仅与联邦党人的领袖建立了亲密的友谊,而且支持华盛顿政府,这不仅仅是出于仰慕华盛顿的个人魅力而激发的私人感情,而且也是出于真正认同华盛顿采取的全国政策。在对英和约的条款细则暴露出来之前,当选纽约州州长这一当时在全美国最高尚最受推崇的职务对于杰伊来说似乎唾手可得;但是对英和约稍后激起了巨大波澜,无法马上平息下来,杰伊不得不承受沉重和凄苦的代价。联邦领袖的法定继承人(指杰伊)就这样被埋葬在偏见的巨大山峰之下,导致比其稍微年长的亚当斯成为华盛顿的继承人,顺利就任美利坚合众国第二任总统。

1795年夏天,杰伊脱下法官的长袍,准备承担起纽约州最高行政长官的职责。就在杰伊就任州长后不久,最近席卷了费城的可怕瘟疫也在纽约市初现端倪;在可怕的瘟疫传播期间,杰伊始终坚持留守纽约市,用尽全力努力工作阻止瘟疫蔓延,将受瘟疫感染的病人转移出去,清理纽约市的街道,并且实施严格的卫生规章制度。杰伊采取的积极主动的防治方式,非常幸运地保证了纽约市的安全和发展。当瘟疫终于消除的时候，杰伊深刻而虔诚热切的个性便从以下公告中展露无疑——他宣布全体纽约市民禁食、祈祷以表示感谢上帝的恩惠帮助纽约渡过难关。其实，在大陆会议召开的时候，时常举行这样的禁食和祈祷活动，稍后的民主党州长们也曾经这样做过，但是这样的举动在当时的纽约还是一件新鲜事。虽然杰伊一再重申官方并未强迫进行禁食和祈祷，但是他的决定还是受到共和党报纸的猛烈抨击，认为杰伊此举实为滥用职权。

在第二年年初，纽约州议会在纽约市开幕。新当选的州长杰伊在开幕辞中这样说道："以全副精力、无私公正以及绝对的自由来执行赋予我的权力，是我认识到的州长的全部职责所在。"杰伊在发言中表达了将会平等看待所有的纽约州公民，无论在何处发现优点，都将对之无比珍视并加以促进；杰伊认为全国政府和纽约州政府都是经由人民的意愿建立的，因此杰伊向民众发誓一定会尊敬并支持民众赋予的宪法权力铸就的政府。就如下三点公共事务，杰伊一再提醒公众加以注意，他在这三方面的功绩使故乡受惠颇多，民众将其视为对纽约做出重大社会改良的恩人——杰伊缔造的监狱系统创建了一个罪犯司法审理的新时代；实施社会内部改进的政策；逐步废除奴隶制。但是在未来的道路上，更加艰难的考验还等待着杰伊，这是区别一位政客和一位真正的政治家的试金石，明晰一位党魁和一位真正的尽职尽责的统治者的试验场。自从美国宪法确立以来，克林顿便一直以州长的身份主持纽约州政事，在此期间在政府中就职的大多是共和党人。当时，纽约的"战利品永远属于胜利者"的信条还未被确立,但是联邦党人在推翻了共和党人对于纽约州的控制权后,并非没有期望从这次大胜中撷取大把的胜利果实。然而,杰伊发表声明,宣布将不会出于政治因素的考量而对州政府成员进行罢免和替换,这样的态度未免使许多支持他的联邦党人感到沮丧和懊恼。在夺取纽约州州长的战斗中,杰伊本人并未亲身参与,也不曾给予联邦党人任何竞选得胜后会分享胜利果实的允诺,如今杰伊坚持他很久之前便表达过的立场,以公正的态度对待每一位州政府的任职人员。在杰伊担任纽约州州长的六年任期中,除非具备十分合理的原因,否则不曾有一位政府人员被无故随意解雇。只要政府人员忠诚地履行职责,他们将毫无疑问地保住自己的职位。据记载,一位委员会成员有一次向政府推荐一名空缺公职的候选人,声称这位被推荐人强烈地忠于联邦,而且此人的社会属性将对公职十分有用。杰伊打断他,说道:"您所说的那些,先生,并不是一个问题。我只想知道,他是否适合这个职位?"然而,无论如何我们并不能从上述记载中得出杰伊并非一位热忱的党派分子的结论。杰伊拥有坚定的信念,要求自己一定要承担相应的责任和义务,因此这样强烈的责任感必定使他成为一名忠诚于政党的领袖,除此之外,他别无选择。杰伊相信,他所忠诚的政党所做的一切都是为了保证美利坚合众国的稳定和发展,保证祖国得到最好的利益,这一点他深表认同;而且,虽然杰伊并未出于政党分歧考虑而替换掉前任政府中的共和党人,但是我们同样可以确信的是,在他的任期内出现的空缺职务,他都委派给了能力出众的联邦党人。华盛顿总统非常信任杰伊和汉密尔顿,三人的联系非常紧密。据信杰伊肯定曾经就纽约州的人事任免问题向华盛顿和汉密尔顿征求过意见,从那时起,三人考虑纽约州内的人事任免更多地像是考虑全国范围的事情。杰伊很高兴地向可以信赖的朋友汉密尔顿提供了担任纽约州参议员的职位,但是汉密尔顿却不得不婉拒了他的美意。在杰伊担任州长的第一个任期行将结束的时候,政治竞选运动又大张旗鼓地以极高的热情展开。杰伊在任期中展现出来的正直和卓越的办事能力赢得了纽约州公民的极大信任,于是联邦党人再次提名杰伊为纽约州长的候选人参加竞选;在一篇劝说杰伊接受提名、接受党派赋予他的殷切希望的演说中这样说道:"您是这样一位伟人,被公认为平等对待众人的自由意志,坚持原则始终如出一辙;实行政策坚定不移,毫不妥协;在您的政府中任何政治行为都秉承正直的原则,无懈可击。"此时,杰伊面对的对手是利文斯顿大法官。共和党人选利文斯顿作为州长候选人,这对于杰伊来说既充满痛苦,又异常尴尬。杰伊与利文斯顿在少年时代便建立了深厚的友情,两人不论是在社会关系还是政治联系方面都十分亲密,直至当时仍然保持着友好的情谊,这使杰伊十分不情愿加入到这样的竞选运动中来。利文斯顿大法官非常富有,野心勃勃,在政界和公众心目中都拥有强大的影响力,他的行为举止令人着迷,据说是当时最能言善辩的几位名家之一。利文斯顿曾经担任过外交部长,在敦促纽约州接纳美国联邦宪法的过程中起到了非常直接有效的作用;然而,华盛顿总统在委派新的联邦政府在美国国内和海外的重要职务的过程中,竟然完全忽略了利文斯顿的种种优点。据信,当杰伊，而并非利文斯顿被任命为联邦最高法院首席大法官的时候，利文斯顿便逐渐疏远了联邦党；从此以后，利文斯顿的名字越来越频繁地与旧日的竞争者共和党人联系在一起。在杰伊第一次竞选州长的运动中，党派分子出于一己私欲，曾经在每日的报纸和新闻报道中冷嘲热讽，极尽暗地讥笑之能事，费尽心机离间直至当时仍然关系亲密的杰伊和利文斯顿这一对老搭档。杰伊当时就注意到了这一点，深感苦恼。如今，杰伊更是不愿加入到这场混乱的战役中来。他曾经希望在担任纽约州州长的第一个任期结束后便隐退，不问政事；但是由于法国对美利坚合众国仍然咄咄逼人的态势，使美国仍然处于战争的阴云笼罩之下，这就要求美国必须做好应战的军事准备，对于纽约州、美利坚合众国和联邦政府的责任感令杰伊无法放下政事，安心归隐。杰伊在伦敦签署的对英和约曾经引发了民众的暴怒，但是在公众深刻认识到这样的和约给美国带来了无法计数的好处之后，对于杰伊的愤怒如今已经在很大程度上平息下来；但是这份和约仍然为其政治对手提供了不可多得的丰富的辱骂和攻击的借口，尤其在新近担任美利坚合众国第二任总统的亚当斯先生的筹划下。无论如何，由于公众对杰伊政府的纯洁度和办事效率感到十分满意，他仍然以2382票的绝对优势再次当选为纽约州州长。

  在杰伊担任纽约州州长的首个任期中，值得记录的重要事件乏善可陈。但是，在杰伊担任州长的第二个任期发生了几件流传后世的重要事件，包括建立公立学校体系、废除了纽约州内的家庭奴隶制度、与法国进入准战争状态、联邦党人在全国范围内的分崩离析导致其统治地位最终被推翻。在上述重大事件中，前两件慈善之举主要依靠杰伊强大的个人影响力而得以实行。杰伊始终提倡推广教育，始终相信美利坚合众国制度的传承和国家的持续发展，都有赖于人民的美德和才智。杰伊曾经以个人名义，赞助在他家附近的许多贫穷儿童的教育支出；而且在他的任期行将结束的时候，非常高兴地看到纽约州立法机构也认识到了自己的职责，批准了十万美元的专用款项用于教育——其中八分之一将拨给州内大学使用，用于在共和国范围内进行学术交流和传播，剩下的八分之七将用于鼓励建设公立学校。

出于对专制权力的憎恨和厌恶，第一届国会曾经做出决议，各个北美殖民地的人民将不会向奴隶贸易提供任何援助和支持；而且杰斐逊在最初的《独立宣言》草稿中，也曾经强烈谴责奴隶贸易是英国国王强加给美洲殖民地人民的重大苦难之一，不可饶恕。杰伊在奴隶制问题上的态度比第一届国会和杰斐逊更加激进，他提议不仅要禁止奴隶交易的路径，而且应该在纽约州内彻底废除奴隶制，而且杰伊长期以来一直持续地倡导这一诉求。当杰伊竭尽全力帮助祖国从外国的控制中挣脱出来的时候，他认为在国内仍然维持着禁锢自由的奴役制度是极其违背美利坚合众国秉承的自由精神的事情。或许正是由于杰伊未能参与制宪会议，因此在美国宪法中没有关于奴隶制的相关规定。杰伊在第一次出使海外的时候，就解放了自己的奴隶；他回到家乡之后，也曾经购买了仆人，但是杰伊不仅支付给仆人工资，而且还及时地保障他们获取自由。杰伊在担任美国外交部长的时候，将西北领地设立为自由领土（不推广奴隶制）的提议摆在了国会的面前。由于我们深知杰伊坚决抵制奴隶制的立场，因此我们几乎可以确信，在这件事情上，杰伊势必运用了其强大的影响力，来支持戴恩出于该目的而准备的条例。只有同样来自纽约州的罗伯特·叶茨投票反对这一条例。此前不久，杰伊曾经被选举为一个以促进奴隶解放运动为主旨的委员会的主席，但是在接受联邦最高法院大法官的职务之后，杰伊害怕在时机尚未成熟之前，过分强调解放奴隶的立场将导致有些问题直接提交到联邦法院寻求判决，因此切断了与该委员会的联系。然而，不久之后，他便当选为纽约州州长，他利用自己最大的权限推行在本州内废除奴隶制的动议，这一愿景深植于心已经数年之久，即便如此，也在州议会经由无数次失败后，最终才得以正式立法通过。1799 年 1 月，杰伊终于可以满意地在纽约州废除奴隶制的法案上署上他的名字，对法案给予正式的官方批准，从此以后，奴隶制这一阻碍纽约州进步和繁荣的恶魔被永远地驱逐出去了。

取代莫里斯出使法国的门罗，在与法国统治者的交往中，由于不断妥协而损害了联邦政府的利益，因此被召回国内。从门罗离开法国开始，法国对待美利坚合众国的态度就转变为将其视为一个附属的省份，而并非一个建立友好联系的国家。在保卫和平的真诚诉求的驱使下，亚当斯总统派遣了三个代表团赶赴巴黎，但是这三个使团带回的消息却是：只有美国加大向法国国库的贡献，而不仅仅是给其首领以及附属地一些打赏的小钱，法国才会与美国进行条约的谈判。美国使团在法国碰壁之后不久，就传来法国制定法令，授权捕获所有装载英国货物的船只的消息，而且法国还秘密布置了劫掠船强行抢夺美国贸易船只。在得知法国这些充满战争意味的措施之后，大部分美国民众怒不可遏，在国会中也只存在少部分反对意见，他们主要来自于农业地区的选民代表，由于他们很少参与航运贸易，因此也就在法国咄咄逼人的政策中很少受到损失。当前法国的"恐怖王朝"使美国感到惊呆和震慑，对于法国权威在其人民身上施加的严惩感到不寒而栗。完全是受害者的法国领袖在革命广场"丢掉了脑袋"，虽然在巴黎又上演了一幕新剧，但是美国人对在法国发生的一切仍然十分忧虑，心有余悸。与汉密尔顿的意见相左，有人向国会提出议案，制定法律保护美国不受如今定居在美国的数量众多的法国人的侵害，这些法国人虽然并未归化加入美国国籍，却令人不快地干预国家事务。该法案在国会讨论的过程中，针对的人群竟然逐渐扩大到包含所有在美国的外国人，赋予美国总统控制在美外国人的人身自由的权力，而且授权美国总统在某些特定情况下，拥有将美国境内外国人遣送回国的权力，这样的做法与当前美国对待各种非法移民的做法类似。当时，大量卷入战乱的爱尔兰人逃亡美国，这些爱尔兰人对于民主党的忠诚和坚贞，就是从那时开始的。这样程度的法案仍然无法让这些人感到满意，他们又进一步提出了更多的限制，而且忘记了培根曾经做出的不要攻击舆论力量的警告，通过了另外一条法案，规定任何以言语或者书面文字有意诽谤、污蔑行政分支或者国会两院名声的行为，都被视为犯罪行为追究其责任。然而，他们也在某种程度上缓和这一严苛的法律的执行，规定诽谤的事实只有在具备明确证据的前提下才成立，而且陪审团成员必须从法律和事实两方面来进行判决。最后这条措施被人们认为是尤其针对某些臭名昭著的人物而设立。

　　曾经作为美国盟友的法国，如今出台的决议激发了美国人民的尚武精神。美国开始为可能会即刻打响的战争进行战前准备，华盛顿总统为提议组建的军队委派了总司令，汉密尔顿被任命为美国军队的副司令。1798年夏天，由于观察到当时危急的国际形势，纽约州州长杰伊召集州议会成员举行特别会议。在他的倡议下，州众议院一致通过决议，表示纽约州将为了维护美利坚合众国的利益和光荣竭尽全力。此前的纽约城从未有过防御工事，但是如今大家决定要在城内竖起要塞碉堡，并且为看起来似乎已经无法避免的战争和暴力冲突做好准备。州政府拨款几近125万美元用于军事备战，这笔巨款将在州长的监管下进行支出。但是在考虑了汉密尔顿提出的调整方案之后，纽约州决定从这笔款项中扣除已经被证实的联邦政府对纽约州的到期债务部分，其余用以支持备战。令人感到高兴的是，这些紧张的战前准备最后被证明并没有必要。亚当斯总统宣布，除非法国方面能够保证以平等国家的崇敬尊严接待美国使团，否则将不会再委派使团前往法国。纯粹为了满足共和党人的需求，亚当斯总统开始转变其对法国的态度和政策导向；对法国态度上的转变，加之当时明显的其他原因，使得联邦党陷入了不可避免的分裂状态，随后便导致联邦党在政治舞台上的陨落。

　　现在是时候让我们将目光转向即将到来的总统选举中的政治运动了。

第二十二章

杰斐逊当选美国总统

杰伊连任纽约州州长的次年,是美利坚合众国历史上难以被超越的政治风云最为激烈变幻的年头之一。富兰克林博士曾经对亚当斯做出如下恰到好处的评价:"(亚当斯先生)始终是一位诚实可信的人,通常也是一位充满智慧的人,但是有时候某些事物则显然完全超出了他的理解范围。"亚当斯总统此时已经接近总统任期的尾声,美国公众的注意力完全被选择一位新总统的任务所占据。对于亚当斯来说非常不幸的是,他接收了前任政府所有的内阁成员,这些内阁成员显然仍然效忠于汉密尔顿,他们仍然将汉密尔顿视为联邦党的领袖。亚当斯将汉密尔顿的领袖影响力视为对自己的持续而巨大的威胁,因此非常渴望自己能够占据联邦党党魁的位置。但是自负、易怒、毫无谋略的亚当斯,无法在任何既有系统和程序上推进政治行动,令他几乎无法笼络其梦想能够代表的那些联邦党人的感情。政治形势的偶然变化,使亚当斯幸运地当选美利坚合众国的副总统，而在担任副总统职务期间的事务并非具有很大的挑战性，因此也并未向众人展示出亚当斯为人及处理政事的弱点；然而，当亚当斯坐上了美国总统的宝座之后，这些弱点很快就暴露无遗。如果亚当斯具有政治谋略和睿智的心智，他就应当将汉密尔顿拉拢到自己的身边，并全心听取汉密尔顿的建议和劝告。由于党内的诸多卓越人物都对汉密尔顿这位能力超群的政治家拥有令人难以置信的信心和尊崇，一旦汉密尔顿在亚当斯政府得到重用，这些联邦党人必定全心全意地支持亚当斯政府，因此也就避免了随后发生的不履行政务的行为。杰斐逊曾经写信给亚当斯，试图疏远他与汉密尔顿的关系，但是麦迪逊却并没有将这封信送到亚当斯手上。我们无从得知，在当事人之间的私人会面中是否达成了什么协议，或者在这一方向取得了什么进展，但是可以确信的是华盛顿在危急时刻进行了干预，才保证了汉密尔顿得以保全美军副司令的职位。

在亚当斯竞选总统的时候，美利坚合众国的地区主义情绪已经相当严重，预示着未来必将发展转变为不可收拾的巨大麻烦。自波多马克河以南的各州中，亚当斯总统只得到了两张选举人票。纽约州的十二张选举人票都投给了亚当斯，然而最终亚当斯却只领先对手三张选举人票。全国性的政党在纽约州的力量并不平均，因此显而易见，在下一次总统竞选中如果所有的选举人票都投给杰斐逊的话，那么杰斐逊就十拿九稳当选下一任美国总统。因此，为了达到这一目标，竞选小组投入了数月精力，热火朝天地辛苦奔忙，工作热情如同煮沸的热锅。美国与法国的矛盾在这一时期壮大了联邦党人的队伍,将他们的政治等级拉近,但是个性反复无常的总统以及内阁发生的激烈变化,却将联邦党人内部搞得支离破碎,并没有好好利用这个良机,从此再也没有团结起来。杰伊州长得到了纽约州人民和同僚的尊敬,尽管如此,他还是选择从州长的位置上退下来。虽然当时有人想出一切办法替换掉杰伊在纽约州政府中的朋友们,但是要不是受到全国政府施行的不明智、放纵的决议的影响,他的朋友们必将毫无疑问地继续掌握着纽约州的权力。的确如此,在与法国产生摩擦期间,看上去几乎可以确定,在纽约州政府公职的选举中,联邦党人仍将占据新一届州议会的大部分席位,因此也就可以保证在未来的总统竞选中,联邦党的候选人能够得到纽约州的选举人票。很快,这一令人欣喜的前景就得到了实现。不过,当联邦党人发现亚当斯总统坚决固执地执行《外籍法和惩治叛乱法》的时候,当他们看到亚当斯总统运用手中的最高权力,如此冷酷无情地对待一位纽约人民最尊敬的公民的时候,他们充满厌恶地逃离了联邦党,然而在过去的岁月里,他们都是曾经对联邦党的发展担负重要责任的重臣,负责推行联邦党的政策及其激进的办事程序。

共和党人长久以来一直在首府的政治较量中占据优势,然而在1799年的春天,这种优势却受到严重的挑战。人们对纽约州参议员阿伦·伯尔的计划指责声音不断,他已经明显沦为一名寡廉鲜耻的政客,而被人们所抛弃。伯尔本来是上一届州议会的议员,却以提供纯净且有益身体健康的水为借口获得了经营许可权,利用职权使其法人得以参与银行业。由于这一举动掀起了轩然大波,伯尔不敢再次参加议员竞选，但是在其聪明才智和孜孜不倦的努力之下，成功地弥合了本党内的派系分歧，并向州议会提出了一系列议员的候选人，其中包含了无论从财富、地位还是社会家庭影响力方面来说都最为卓越的共和党人。克林顿州长首肯了这份名单，协助克林顿的包括盖茨将军、布洛克霍斯特·利文斯顿以及其他一些声名显赫的公民。选票挑战着公众的信心，由于新近成立的银行向共和党人商人提供特别折扣——而这之前他们无法得到这样的好处——更加促使共和党人夺取胜利。事态正如伯尔计划的那样进展。联邦党人丧失了去年占据的大部分州议会席位，共和党人将纽约市牢牢控制在手中，以此为中心，将权力扩展到整个纽约州。结果，亚当斯从马里兰州以南的各州中只得到了四张选举人票，杰斐逊毫无疑问地接替他担任美利坚合众国总统。伯尔不知疲倦地努力工作，是这次杰斐逊竞选获胜的最大功臣，因此被引入杰斐逊总统内阁，担任副总统的职务。

当时各州的议会负责任命本州的总统选举人；而共和党人希望在未来，能够实行在上一届议会中就讨论过的提案，选举人将由各个地区的人民直接投票选举产生，通过这种方式得到足够的选票来选出他们的总统候选人。之前，联邦党人考虑到已经在州议会占据了绝对主动权，因此拒绝支持这一计划。然而，如今联邦党人确认对手已经攫取了州议会的控制权，如果按照原方案，州议会必将承担选取纽约州总统选举人的责任。汉密尔顿致信杰伊州长，建议趁着当前这届州议会在7月份到期之前，应当再次集结起来，目的是为了通过共和党人之前提出的关于改革选举人制度的提案，当时这一提案被斥为违反宪法而未得到通过。杰伊则坚持原则，并没有采取汉密尔顿的建议。在杰伊去世后，人们在他的书信中发现了这封信，杰伊在上面写着批注："出于攫取党派利益而提出议案，我想我不会这样做。"

这不仅令人想起一位著名的法国决斗者，当他在接受牧师最后的免罪祷告时，被要求宽恕自己的敌人，听到这样的要求，他大叫起来："我的敌人？我没有敌人，我把他们都杀死了！"对于杰伊的举动，杰斐逊或许会在赢得总统竞选的翌日以如上的方式回应。对于共和党人来说，杰斐逊的胜利仿佛是冲破重重冰川阻截的破冰船，看到了春天的希望。而对于联邦党人来说，杰斐逊的当选似乎意味着法国式原则的全面胜利，对于其信仰以及建立的政府来说都是毁灭性的打击。然而，他们都错了。杰斐逊总统在试图改变前任总统们采取的中立政策的时候，发现自己并无法完全摧毁前任们的成果。《外籍法和惩治叛乱法》很快由于到达限期而失效，但是前任两届政府的其他政策如此明智，其根基深深植入全国人民的民族情感中，因此杰斐逊无法突然推翻这些政策。在美国的政治历史上，还不曾发生过规模如此巨大、涵盖如此广阔的转变：下一次巨大的政治变革发生在1840年民主党人的统治被推翻的时候。民主党人在失利之后重新集结起来，最终在对手四年任期结束后，重新拿回了所有失去的权力。在我们当前讨论的例子中，联邦党作为一个全国性的政党组织似乎已经销声匿迹，尽管有些州仍有部分残余势力存在，但是联邦党如日中天的权力已经一去不复返，在未来的日子里，联邦党只能作为形式上吓唬共和党的稻草人。在新一代联邦党人中，有些人在普遍地被剥夺公权及持续的迫害下依然不屈不挠，他们采纳了肯塔基州决议精神，不过采用的方法则是他们的父辈们将会斥为背叛他们成功建立的联邦的叛徒行径。

如今，杰斐逊总统收获了十年勤勉努力的胜利果实，从此以后他成为民主党万神殿中功不可没的一位神祇。他将生命中的每一口呼吸都奉献给了自己坚持的信仰，他组织并率领他的跟随者取得了最后的胜利，在人们的眼中，杰斐逊总统是一名具有高超技巧的党派领袖。然而，杰斐逊是否能够在美利坚合众国最高行政首脑的位置上取得同样的好运，仍然值得期待。此时的形势与他主持故乡弗吉尼亚州的命运的时候截然不同。从杰斐逊的角度来说，他热切地盼望自己能够有朝一日成为自由的美国公民选举出来的最高行政首脑，但是他滥用舆论、煽起矛盾、谋利党派的做法，对于第一任总统华盛顿的不忠诚，以及无情地诋毁阻挡自己前进道路的敌人的名声的做法，无疑都占据了本应全力奉献于国家的杰斐逊的才智能力和热忱的爱国忠心。在美国革命时期涌现的政治伟人的私人信件如今几乎已经全部重见天日，通过重温他们的思想，信件的书写者中的诸多人物的声誉得到了提高，只《独立宣言》的作者杰斐逊除外。杰斐逊的信件和文章通常都为了特定的目的而撰写，表达出惊人的心智能力，却很少写下表露自己个性的言辞。而且也从未有哪位政治家如杰斐逊一般，对如此大范围多样化的各项公共事务发表意见。从现有的信件来看，杰斐逊从担任美国总统伊始，对于所有并未参与其领导下的共和党的政治人物的优点视而不见。同时期政见不同的其他政治家受到杰斐逊的轻视，他们的动机受到指责和责难。杰斐逊重回家乡过上退休生活之后，他回望历史的尘埃，正如他自己所说，"向过往历史投射光芒"，这样总结自己波澜壮阔的人生：对竞争对手心胸狭窄的丑闻，本应该一直埋葬，然而令人痛苦的冲突又使其重生。杰伊、马歇尔、汉密尔顿以及其他能力超群的人物都曾经是杰斐逊贬损评论的受害者，而且虽然杰斐逊不敢直接用言语攻击华盛顿，但是也曾经嘲讽华盛顿是政治傀儡，受到心怀叵测的权术人士的利用。

　　为杰斐逊辩解开脱的人宣称，杰斐逊相信他一直坚持的真理，以牺牲自己的聪明才智为代价来实践自己的信仰。杰斐逊太过机敏，其实他甚至从无一刻相信过那些关于自己的如此愚蠢的故事。但是他仍然将其传播出去，而且毫不犹豫地加以利用。杰斐逊占据如此位高权重之位，又在党派热情高涨的时代里实行猛烈地攻击敌手的政策，杰斐逊党人毫无疑心地接受了领袖的意图，感到自己天性就是如此。当杰斐逊到达纽约的时候，这里弥漫着一种君主主义的情感和气息，他感到联邦党领袖们正密谋在美国建立一个君主制王国，这完全是虚构的想象。杰斐逊却进而攻击那些费尽心机将美国从英国的魔爪控制中解放出来的人，那些深爱着联邦，对联邦怀有最热忱的情感的人们，那些爱国之心从未被州界所限制的人们，那些曾经仔细研究并且对于宪政政府的相关原则和条例无比熟悉的人们，那些深刻理解所有在宪政政府下的权力必须来自社会条件本身，必须来自人民的思想的习惯和模式的人们。相信这些人，这些刚刚用尽全力缔造和谐的社会组织结构的人们，将会在没有任何明显的明确目的的情况下，如今却蓄谋摧毁他们自己亲手缔造的美丽共和国，建立一个与他们之前的教化完全相反的君主制国家，与这片土地上的人们的心愿背道而驰，实在是荒唐可笑的想法。但是，杰斐逊却能够成功地在民众中煽起这种联邦党人将要建立君主制国家的忧虑，显示出美国民众的内心里是多么深切地热爱着共和体制，对于再现他们刚刚抛弃的君主制政体是多么地嫉恨。但是，从未有其他的公众人物发觉君主制受到任何位高权重的人物的首肯。我们因此可以提出疑问，重回历史的君主制到底能够对谁有利？符合谁的利益？在美利坚合众国，只有一位大人物才有可能挑战主权规则，他却已经在纽伯格愤怒地拒斥了请求他担任美国皇帝的提议。这位大人物自愿地回到生养他的家乡土地，他的宝剑已经入鞘。在杰斐逊和其他人最诚恳的劝说之下，华盛顿表示只有当美国人民迫切需求他的时候，他才会考虑重新回到政府，即便此举与他本人的意愿相悖。只要联邦党人还有一丝理智，能够对当前发生的政治形势的改变做出哪怕一点点思考，他们就不可能在当前国家如此无组织的条件下，抓住机会来实现他们"叛国"的目标，而不是竭尽全力建立一个稳定的全国政府，扶植并巩固它使新的国家结构更加稳固持久。如果汉密尔顿也如同纽约州其他代表一样退出费城会议，对于他本人来说是过上轻松生活的人生选择，但是却会使当前混乱的政治形势更加混乱。汉密尔顿对于提交给人民的新的政府制度的总体特征了如指掌，他认为现在提出的这一制度方案并未完全使自己满意。汉密尔顿已经是剩下的唯一一位代表纽约州出席会议的代表，如果汉密尔顿也退出费城会议，那么就会对费城会议的进展甚至最终达成胜利的协议造成致命的影响。如果汉密尔顿的确蓄意摧毁联邦政体，摧毁自己一手缔造的共和体制，他为什么还与杰伊、利文斯顿一并在波基普希召开的纽约州议会上，竭尽全力使当时已经成型的美国宪法得到纽约州的批准通过？如果汉密尔顿、杰伊或者利文斯顿上述任何一位政治家在当时提出反对批准美国宪法的意见，在当时混乱的政治氛围下，美国宪法根本无法得到通过，这样才算得上杰斐逊指控的心怀叵测蓄意破坏共和体制的罪名。

毫无疑问，在一些爱国者的头脑中仍然回荡着对于母国的法律法规、行为方式以及文学文化等的留恋，美国正是从母国那里获得了腾飞的力量。几乎花费了一个世纪之久，他们父辈的政府才发展成为完美的典范。政府的组成成为英国一代代稳定发展的根基，英国的政治体制曾经得到孟德斯鸠的热烈赞颂，由布莱克斯通从法理上进行了详尽解释。这些爱国者们或许曾经认为，在美国体制中，行政分支应该被赋予更大程度的权力和能量，但是无论如何，（尽管宪法最后的定稿并未完全达到他们的要求）他们都给予新生的共和体制最诚挚的支持。他们当时的通信和撰写的文章都表露出最崇高的爱国主义热情，以及对国家无比的忠诚。在扩展至欧洲的国际外交战场上，他们在凄苦的处境中，一方面断然拒绝了英格兰皇室对于北美人民权利的武断索求；另一方面识破了民主主义的法国政府向北美人民实施的阴险的诱骗。我们知道，英国公使宣布杰伊为母国英国的敌人；稍后不久，法国大使也认为他妨碍了高卢人的权益而对其仇视不已。

杰斐逊暗指汉密尔顿在国家立法机关实施贿赂腐败，完全是毫无证据的诽谤。利用公职贿赂他人的人，首先自己本人也会从中谋取暴利。然而汉密尔顿从部长的位置上辞职的时候一贫如洗，因为这份公职的薪俸实在微薄得不值一提。汉密尔顿为人公正诚实，无法允许自己牺牲国家的利益来谋取私利和财富，他个性骄傲，更不会容忍国家安全涉险来进行投机。当时在美国的塔列朗在提到汉密尔顿的时候这样描述他的处境："我看到的是一位伟大的人，以一己之力赢得举国财富，却不得不为了维持家用而彻夜工作。"杰斐逊的私人秘书加勒廷，为人慷慨坦诚，这样的个性也为其提高了威信。加勒廷曾经在杰斐逊的指示下检查所有财政部的文件，希望找到汉密尔顿谋私腐败的证据——不论是杰斐逊还是加勒廷都希望能够就此指控汉密尔顿——然而加勒廷在检查过所有的文件后发现汉密尔顿为美国缔造了一个"最完美的体系"。"汉密尔顿，"他说道，"没有犯任何错误，也没有任何欺诈行为。"汉密尔顿制定的金融政策，与其担任美国财政部长之前推崇倡导的政策具有同样的特点，他相信，实施这些政策将会促进整个美利坚合众国的福利和发展。国债的建立以及各州债务的消费，都是十分明智和公平的财政举措。在美国革命期间，汉密尔顿就已经提议建立全国银行。银行的建立，志在拯救美利坚合众国的荣誉，复兴美利坚合众国的信誉。通过联邦银行体系的运行，促使联邦中各州都加入到维护联邦政府权益的运动中来，这一点也是许多政治家想要看到的，甚至是深切盼望的。但是我们绝对不能无端猜测汉密尔顿通过某种不合法的方式使这些政策得到通过。当时来自马萨诸塞州的议员费希尔·埃姆斯在国会作证，施行这些政策的时候，"我从未见过哪个组织如同财政部一样，大家坦诚相待，不运用任何政治技巧；没有阴谋诡计，没有党派斗争，没有政党大佬的一言堂。"这显然不是一幅腐败组织的景象。在这件事上唯一的讨价还价来自于杰斐逊自己的办公桌，在他的支持下，两名来自弗吉尼亚州的议员提出，只有将联邦资金设置在弗吉尼亚州边境上，他们才会投票通过消费法案。亚当斯骄傲自负的虚荣心，以及对汉密尔顿的妒忌，使汉密尔顿反对亚当斯连任总统，也就不可避免地导致了联邦党的分裂，再加上在与法国交恶期间通过的一系列未经深思熟虑的法律，以及总统处理外交事务时的反复无常，严重削弱了联邦党人在民众中的公信心，因此当杰斐逊发出对联邦党人的指控后，这种责难迅速扩散开来，在公众的头脑里造成了最终加速联邦党陨落的决定性的影响。然而，即便没有杰斐逊等人的发难，就算是在相对友善的环境下，联邦党对于国家的控制能够持续多少年，也的确值得怀疑。联邦党人最重要的任务已经完成。在当前的形势下，联邦党已经变成了一个保守的党派，而并非成立初期的进步党派，他们现在竭尽全力在变革中维护他们缔造的制度。联邦党已经与时代精神脱节，如今的时代需要与过往断绝联系，在政治科学的领域进行大胆的探索。但是联邦党尊崇古老传统，已经举步不前；因此其组织也将随着它们诞生的那个世纪一起退出历史的舞台。充满新思想的年轻一代，将接替他们成为新的领袖。联邦政府搬到了波多马克河岸旁，"汤姆·杰斐逊"独自一人骑马来到首都，参加自己的总统就职典礼。到达后，他把马儿拴在一棵树上，就这样，随着新世纪的到来，杰斐逊的美国也开启了一个新的时代。

刚刚陨落的联邦党拥有如此众多才能卓越的政治家，他们个个为人崇高正直，秉承完美无瑕的爱国心。即便我们翻遍历史长卷，也无法找到任何一个政党能够与之媲美。在当前的形势下，仍然有些联邦党领袖坚持立场，奋战到底，例如皮克林；但是其他领袖都解甲归田，退出公共事务，没有一句抱怨和刻薄的反击，在印第安的夏日中度过余生，每当想起自己曾经成功地履行了对国家的职责，便会感到真心的满足。"所有他们想要达到的目标都是他们的国家致力的目标。"他们意识到，美利坚合众国的伟大使命和前景业已展开，他们已经帮助人口不断增加、领土不断扩张的祖国缔造了一个足够强韧的体制结构。他们号召将美利坚合众国的根本原则和国民特性广播至海外；为美利坚合众国缔造一个全新的政府；组织联邦政府的司法体系；复兴商业；创建国家税收体系；发行国债；更在横扫全球各地的欧洲列强战争中难能可贵地保持了美国的中立。以上所有都是赋予联邦党人的责任，时间更是明确无误地证明了他们在履行这些义务时的明智与忠诚。

他们的辛苦劳作换来的是美国宪法的成功通过，这期间遭受的磨难和痛苦没有其他人能够忍受。然而他们正是这般深深地将宪法根植到国家生活之中——成为所有美国公民的理想和生活方式。司法分支成为最后裁断的最高权力，具有完美无瑕的纪录；联邦税收体系一直成功地实施至当代；国家结清了所有债务；美国的国家主义和中立主义成为立足世界的两大法宝，正是由联邦党人定下的基调,通过这两大法宝,引领美国从濒临破产的财政崩溃的边缘走到财政高度繁荣的今天。正如如下的公正评判:"历史必须记录下这些伟大的政治家的名字,他们的原则正确无误,他们的政策公正明智,他们更好地理解了当前自由遭受的巨大威胁以及坚持自由将带来的奖赏,他们实施的政策都经过了高度缜密、高瞻远瞩的思考,他们的个性宽宏大量,目标纯洁。然而,虽然他们曾经受到了各种严厉的攻击,但是华盛顿、亚当斯、汉密尔顿、杰伊和沃尔科特以及其他所有伟大的政治家的名字不应被人民遗忘——他们的名字在全世界都享有无上的尊崇;他们的崇高声誉在很大程度上源于缔造了美利坚合众国宪法,并促使各州接受该宪法的光荣;他们之后的立法机构成为最具才干的宪法解释者,以及最有口才的维护者。"通过他们的辛勤努力,缔造出了格莱斯顿曾经评论过的最美妙的作品——"在有限的时间内,以最聪明的头脑和最坚定的意志完成的最美妙的作品"。世界上再也找不到其他的政府体制能够超越美利坚合众国的体制,再也找不到其制定者的才智能够超越上述伟大政治家的才智,从而大大促进了国家的教育、物质繁荣以及人民的幸福。

在成功地掌握政权十二年之后,联邦党人的统治被推翻了,被轻慢无礼地推向了政治边缘化的黑暗之中。是时间将他们的政治原则贴上了封条?共和党,或者说后来的民主党,与它的对手之间的主要分歧在于对联邦政府与各州之间的关系有着不同的理解,对于联邦政府被赋予的权利范围和州保留的权利范围有着不同的意见。两党其他的区别还包括对于权宜之计的不同认识。不论是共和党还是联邦党,都承认之前的邦联并不具有任何主权特征,但是联邦党人认为如今的联邦中央政府却并非如此,应当具有绝对的主权;在《宪法》第一条第十款中明确规定出严禁各州实行的某些权利,除此标明的权利之外的其他权利,有限制并有条件地归属各州所有。联邦党人相信,联邦政府法院维持并保护了各州实行自治权,如果各州对联邦国会两院以及行政分支的总统批准的法律存在异议,可以上诉联邦法院,以其裁断结果来保卫自己的权利。如果仅仅凭借上诉联邦法院无法为州权免受联邦政府的侵害提供足够的保障,那么各州还可以采取其他的方式,通过各州的众议员和参议员发起动议,推动废止他们认为违反宪法的法律条款。因此,联邦党人认为,一部有系统的法律,如果得到联邦内所有各州居民的批准,其实行受到公众意见的控制和左右,而且时刻面临联邦最高法院的检查,就完全没有必要担心州权会面临被侵犯的危险,废止该项法律的权利归属于美利坚合众国的司法权力,但是这一点在宪法中并未体现。而另一方面,杰斐逊赞成各州权力独立,根据其著名的肯塔基决议案,发展了原有法律的逻辑理论,支持各州拥有废止联邦法律的权利。卡尔霍恩将这一法律称为"联邦法律废止法案"。经过六十年的摩擦和冲突之后,对于宪法中权利设置的对立意见终于在现实中转变为战场上的兵戎相见,全国民众激烈的情绪爆发碾碎了决议的支持者,宣布联邦至上思想是不可更改的美国政策,联邦政府被授予自我保护的权利,至此至高无上的联邦掌握了整个国家。美利坚合众国民族在阿波马托克斯烙下了属于自己的印章。

当人们第一次直接接触联邦政府的时候，组成联邦的各州都戴着妒忌的眼睛看着联邦政府。州权仍然骄傲地占据着统治地位，第一任美国总统常常在劝说他选取的适合人选离开本州公职，担任联邦政府的职务的时候遭遇不少麻烦。甚至这都成为一个礼节问题，全看华盛顿总统和汉考克州长谁先向中意的人选发出邀请。趋势总是偏向于权力更大的组织一边；而今天，从旭日东升到迟暮时分，每双眼睛都将目光投向美国的国会大厦，就如同穆斯林总是将目光聚焦在先知清真寺，因为所有的祝福都来自于此。不断扩张的美国领土，积累的巨额物质财富以及全新的社会条件，所有这些都向美利坚合众国提出了新的责任和新的挑战，实现这些目标在很多情况下都超出了各州自己的能力所及；联邦政府在不激起各州妒忌心理的情况下，逐渐从各州获取了一些本属于各州的权力——而且趋势是不断使各州赋予联邦政府其他各种权力，以及扩大已授予的权力范围。如今美利坚合众国联邦政府施行的权力比最极致的联邦党人曾经要求得到的还要多得多。然而，只要地方自治州政府的体制还得到保留，在美国就绝对没有完全中央集权的可能性。随着加入联邦的州的数量不断增加，彼此之间的利益越来越多样化，保存美国制度这一显著特征的危险性也就越来越小。危险反而发生在腐败的政治家打着法律的幌子，在办公室做出以权谋私的丑事，为了提升自己的权力和地位而无度地利用手中现有的权力。"危机大多发生在国家事务的实践中，应当得到珍视的意见被无故牺牲。"麦迪逊、杰克逊，甚至是杰斐逊本人，在担任美国总统的任期内批准的政策措施，如果换个时代，将会被指责为本质上就是联邦主义的方法。当然，事后证明所有这些措施都是对国家有利的，这些政治家不但不应该因此而受到苛责，而且应该由于缔造了和谐的政党而被高度颂扬；他们的后辈政治家也将从中清晰明了地学习经验和教训，不再对维护前任政府原则的政治家们投去蔑视的眼光。除此之外，我们还因此得到了经验，这告诉我们大家，真正的国家宪法的根基深度，远远比看上去牢固得多，签订的条约和政党的原则总是应当结合当时的社会趋势来解读，因为在美国，"人民的利益高于一切"的原则，不论是在今天，还是它刚刚发表的时候，都一样无比正确。

第二十三章

在班夫德的退休时光

做出从公职中引退的决定之后,杰伊婉拒了再度担任纽约州州长的任命,表示多年来他都打算放弃管理公共事务,如今时机已到。杰斐逊总统赞赏杰伊令人惊叹地将"最大的价值集于一人之身",所以尽管杰伊一再表示打算退出政界,仍然提名他为联邦最高法院的首席大法官,参议院也批准了这项任命。即便这项深深符合他的个性和长处的任命也未能动摇杰伊归隐的决心,因此卓越的法学家和能言善辩的宪法阐释者约翰·马歇尔代替杰伊担任联邦最高法院的首席大法官,从此引领联邦最高法院进入了一个新的时代。

如果说杰斐逊兴高采烈地进入总统任期,开始履行美国人民最终选择赋予他的重要职责,那么杰伊选择在第二年夏天放弃公职归隐,寻求平静的个人生活,可能是一个令双方都感到满意的结果。经年的政界历练,使几乎每一位政治家都有理由厌恶政治生活；此时的杰伊高兴地看到时机已经临近，他终于可以从公职中脱身，做些自己喜爱的事情，同时做出这样的决定也并不会忽略祖国的需求。杰伊当年四十七岁，他的精力仍然旺盛，他的声名和荣誉正是如日中天之时。大部分在这个年纪的政治家们，胸中仍然燃烧着熊熊的野心之火，朝着一个永不后退的目标奋进，他们已经取得的成绩不过是政治升迁道路上的起点而已。但是杰伊的思想一向非常内敛自省，而且他热烈地深爱着家庭，因此他十分适合并向往平静的归隐生活。杰伊从母亲那里继承了广阔的班夫德庄园，地处纽约城五十英里之外，如今他选择住在这个僻静美丽的地方。自从英国军队从纽约撤走之后，就只有佃户居住在班夫德庄园中，由于多年来疏于打理，庄园因此变得残破不堪。杰伊在担任纽约州州长的时候，就开始在这片广阔的土地上重新建造宽敞明亮的房屋用以居住，并时常监督房屋建造的进程，同时重整庄园，这些繁杂费时的事务将毫无疑问地占据他未来数年的时间。

在离开纽约省首府奥尔巴尼之前，杰伊夫人的健康状况开始出现问题。由于班夫德庄园仍然处于建造期间，施工的喧哗和机器的轰鸣使虚弱的杰伊夫人倍感不适，因此她有数周时间无法与丈夫一同在新居所居住。在杰伊规划退休生活的时候，杰伊夫人密切地参与所有计划的制定，未来的每一步安排中都有她的陪伴。虽然由于丈夫担任公职的关系，杰伊夫人多年来不得不在时尚浮华的氛围中生活，但是如今她满心期待着能够过上乡村平静的私人生活。然而她的愿望只实现了几个月的时间，在这段人生中的美妙时刻，她曾经写信给一位朋友："真心实意地说，我从未享受过如今我在这里度过的这样惬意的生活。"在杰伊夫人搬到班夫德庄园一年之后,她患上了重病,寥寥几天之内便恶化成为不治之症,最终撒手人寰。平静且镇定的杰伊一直陪伴在妻子的床边,守护着她直到生命的最后一刻。杰伊遵从胡格诺派祖先的传统,将他的孩子们带到母亲隔壁的房间,以坚定的声音向他们诵读了《哥林多前书》的第十五章。杰伊夫人与丈夫的婚姻生活终其一生都晴朗温馨,充满幸福。

> 两条清越的河流相互交融,
> 令将其汇合在一起的河岸熠熠生辉。

杰伊夫人命中注定陪伴杰伊一生,分享丈夫的希望和志向,分担丈夫的忧虑和担心——在所有事务上都是杰伊最得力的伙伴和合作者。他们也拥有共同的忧伤,夫妇二人一同在死去的孩子的坟墓前流下热泪,一同为失去父母和朋友感怀悲伤。她令第一任总统在费城的画室光芒四射,并以州长夫人的身份高贵地管理着杰伊在奥尔巴尼的家。她是美国社会的领袖,而这不仅仅局限于引领社会高雅风尚方面。当法国革命同时在服装和行为举止方面开启了极简主义风潮的时候,联邦党人——不论是男性还是女性——致力于在这场横扫世界的趋势中,维持庄严高贵的举止以及过往古典政权的优雅礼仪。杰伊夫人的美丽优雅、友善和蔼、良好的教化以及活泼的个性使其成为她所涉足的社交圈中的魅力人物;同时,杰伊夫人忠于祖国,关切祖国的命运,赢得了与她的丈夫持有不同政见的人们对她的尊敬和好感。

有人可能会猜测，失去挚爱的妻子，以及发生在僻静的班夫德庄园的突然且巨大的变故，可能会使杰伊感到非常孤独、疲倦和无聊；但是实际上杰伊余下的人生岁月过得相当平静、祥和、幸福，他管理着庄园，博览群书，时常有卓越的政治家前来拜访请求他再度出任公职，尽管只是一些象征性的实际上并不需要负很大责任的荣誉职位。当被问及在庄园中忙些什么的时候，杰伊微笑着回答说："我有长长的一生可以回溯，还有无尽的未来可以期待。"现代文学无法令杰伊心仪。用他自己的话来说，他宁愿与那些过往时光中逝去的伟人谈话。杰伊每天认真地研读《圣经》，在最后的病重时刻，还向孩子们提起《圣经》是他的信仰根基所在。因此杰伊自然而然地致力于《圣经》教义的推广，对美国圣经协会的发展怀有深刻的兴趣。在德高望重的美国圣经协会会长布迪诺特辞世之后，杰伊被选为继任者领导这一协会。但是杰伊对于是否应当接受会长的职务有些犹豫，直到确信除了每年准备一篇演讲之外，没有其他更多的职责需要承担，杰伊才接受了任命。杰伊作为美国圣经协会会长，领导该协会长达七年的时间。虽然杰伊不再参与管理国家公共事务，但是他仍然十分热心时事，对于笼罩在美国上空的政治暴风雨十分担忧；对于邻里事务以及本州事务也显露出十分的关心；而且在形势允许的情况下，杰伊从未错过任何一次参与投票选举的机会，即便只是选举镇的行政官员。

杰伊认为奢侈的装潢与美国乡村生活简单质朴的特性不符，因此他建造的房屋风格简单朴素，实用方便，使用了可以获取的最好的材料，根据房屋的不同功能而直接建造，毫不浮夸。一位曾经在杰伊家中做客的朋友在参观过庄园后评论道，杰伊州长所有的举动都似乎要在这个世界缔造不朽的传奇，在另外一个世界缔造永恒。杰伊不愿给新扩建的庄园起名字，也不愿自己的家被冠之以庄园或者宫殿的名号，他只是简单地称之为农场。所有在杰伊农场饲养的家畜都是最优良的品种，受到良好的照料，从不过度劳累；而且杰伊的所作所为总是能够给贫穷的邻居们带来实惠，而不仅仅只是自己得利。当一个人年老迟暮，而且独自一人居住的时候，当所有的社会规则于他已经移除殆尽的时候，带有世俗思想的人通常会变得忧郁、暴躁、自私和乖戾。然而，杰伊随着年岁的老去，却变得更加温柔和善，更加能够体谅他人的感受，照顾他人是否感到舒适，对于自己的利益却越发地不再关注，甚至到最后，如果没有得到杰伊的言语或者眼色表达出的某种指令和情绪，没有一位儿女能够随意接近他，也没有一位仆人能够打扰他。如今，杰伊终于成为自己时间的主人，这位"老好州长"的生活作息相当规律。杰伊每天很早就起床，他在坚固的窗板上挖了一个洞，每当清晨的第一缕阳光射在他的枕头上的时候，就会把他从睡梦中唤醒。在天气条件允许的情况下，杰伊都在马背上度过大部分的上午时光，在庄园的土地上骑马四处查看，指导佃农们工作。午饭过后，他习惯于适度地抽上一些烟草。晚上的时间用来读书，以及与家人和其他朋友交流。得益于居住得相当独立，他可以明智地统筹自己的开销花费；这也就使他可以自由地响应每一个出于行善目的，或者是致力于促进国民整体福利目标的号召。

经过长年的教育和信奉，杰伊已然是一位极度虔诚的圣公会教徒。他搬到班夫德庄园之后，发现圣公会教派在他居住的附近地带并没有设立教会组织，他只能与长老会教友一起礼拜。因此他发挥影响力，主要在他的协助下终于在此地建立了一个圣公会教区教堂。杰伊定期地向教会捐赠财物，在他去世的时候更是慷慨地向教会牧师捐赠了一大笔数目可观的遗产。由于杰伊不愿意在教会中担任职务，因此他并未参与本地教会事务的管理。在高教会派与低教会派的宗派差别中，杰伊支持低教会派的观点，要不是他选择不再参与管理事务，他一定会以激发其政治生涯的精神和思想来参与教会事务的管理。当在他的赞助下建造起来的圣公会大教堂即将投入使用的时候，纽约的三一教堂权威提出要在日常祷告仪式中加入一些创新的行动。作为本地圣公会教区喉舌的杰伊，对此表示反对，他这样抗议道："我们相信，圣公会是罗马教皇治下的组织，但是我们不承认各种高教会派的信条和特权，高教会派利用人们的轻信和弱点来实践他们的野心。侵犯政府权力，侵犯人民权利，他们时常发现这很容易，尽可能地削减有宗教原则的牧师的权利；而且倡导者从未停止鼓吹基督教的信条、戒律以及人的欲望。高教会派的信条与当前社会的形势并不相符，更不符合容忍的原则，更不用说与对于自由忠诚的热爱背道而驰，这一点可是我们国家普遍流传的情绪，我们引以为傲的氛围。"

杰伊通过每周寄来的邮件来了解外面的世界正在发生的重大事件。他带着浓厚的兴趣关注着发生在欧洲的巨大权力斗争，尤其是美利坚合众国与英格兰之间的复杂矛盾，而这场冲突最终激化，引发了1812年的美英战争。虽然这场战争并未影响到杰伊的退休生活，但是杰伊因此再度与仍然在纽约州担任公职的朋友们就政事展开了诸多讨论和商榷。他在写给一个朋友的信中这样评论这场战争："我认为这场战争既非必须，也无利可图，更不合时宜；然而既然宣战符合宪法，美国人民显然一定会遵守宪法规定的原则，尽力支持这场战争。"杰伊当然并非认为美国参战是完全错误的决定，也并非觉得大不列颠不应当受到责备。无论何时，战争都是一种纠正错误的残酷方式。杰伊意识到，在美国革命期间国家交恶状态下，将英国人的私人债务没收充公的做法是不公平的，如今使其闻名的杰伊对英和约第十条中的规定的明智之处有力地凸现出来。杰伊对英和约第十条规定，不论在任何情况之下，任何私人债务都不应被查封和没收。这令人想起在那场旷日持久的国会辩论中麦迪逊极力反对这条规定，麦迪逊认为如此一来便放弃了打击大不列颠的有力武器。当时的大不列颠是一个债权国家，但是如今形势发生了倒转，英国商人拖欠美国商人的债务高达数百万英镑。这种情况使得麦迪逊在担任总统任期内，为了保护美国的利益，表示公正和真正的政策必须相符合。

我们在前文已经提及杰伊对于美国国内奴隶制的态度和看法。杰伊深信，奴役人类的做法不仅不符合基督教的教义，更与美利坚合众国独立的原则相悖。作为一名普通公民，杰伊始终致力于在故乡纽约州减轻奴隶制带来的罪恶；作为纽约州州长，他终于成功地将奴隶制从纽约的土地上根除。因此，当密苏里发生了奴隶制的冲突问题在全国闹得沸沸扬扬，甚至发展至分裂联邦的危险的时候，杰伊的意见——国会应当在即将加入联邦的新州境内严禁施行奴隶制——被支持禁止奴隶制的政治家们所引用。杰伊这样的立场毫无疑问来自一位心中始终怀揣联邦宪法的人。杰伊认为,在任何新加入美利坚合众国的州境内,都不应当引进或者允许任何奴隶制的发生;在美国境内的奴隶制,也应当被逐步限制,直至最后被彻底废除。杰伊进一步相信,宪法中关于进口管理权的条款,赋予国会禁止境内奴隶迁移到任何即将并入联邦的新领地,或者是新近加入联邦的州的权力。毫无疑问,杰伊的这些意见过于激进,当时美国的政治氛围难以接受这样的提议,没有一位当权的政治家敢于批准这样的提议。如果当时杰伊提议的方案能够在总体上得到认可,并将其反映在立法中,奴隶制就会被限制在它原有的范围内,最终奴隶制会被窒息而亡,就不会引发日后美利坚合众国历史上血腥的内战,落得到了最后,只有付出巨大的流血牺牲,以国家财富的巨额流失为代价,才能将奴隶制摧毁的境地。

虽然杰伊步入老年时期,身体日渐虚弱,但是总体来说他仍然享受了相当平静的老年时光。如同河流汇入海洋,生命似乎平稳地向前流淌,安详而美丽,直至到达最后的终点。岁月流逝,时代已经向前发展了整整一代,杰伊的名字逐渐湮没在烦扰尘世中。随着杰伊的离世,他曾经遭受的诽谤、中伤和攻击也一并消散,一切皆成过往云烟。杰伊早早退出政坛,享受退休生活,使其免于遭受现代政党彼此之间的冲突和仇视;而且杰伊向国家提供的卓越服务,以及他白璧无瑕的纯良个性,都使后辈对他极其崇敬。多年来,人们都在独立日这一天,庆祝并铭记美国人民享受的物质繁荣。自从联邦政府成立以来,美利坚合众国的领土范围及其人口已经扩张超过两倍。几年前,萦绕在地平线上方的重重乌云如今已经消散,"感觉良好的时代"再度来临。在美利坚合众国独立十五周年即将到来之时,人们决定隆重地庆祝美国取得的繁荣和昌盛,这不仅仅是庆典和节日。制宪委员会的两位成员仍然在世——一位是宪法的制定者,一位是力促宪法得到国会批准的决定者。人们认为,杰伊作为曾经竭尽全力帮助宪法获得批准从而生效的伟人,也应当参加这场庆典。在收到来自纽约市政府的邀请函后,杰伊回信写道:"我无法接受您给予的这次机会,我在这里表达最诚挚的希望,希望我们热爱的国家享有和平、幸福、繁荣和昌盛,使这一切变得可能的上帝引领着我们前行,我们向他奉献赞美和感恩,正是从上帝那里生发了对于美国所有的祝福和裨益。"杰伊的这封信向国民指出当他沉入黑暗谷底的时候,是信仰的巨大力量支持着他克服万难,这是他最后公开发表的文字之一。

最后的时刻终于到来了,杰伊毫无惧色地接受了等待在那里的结局。1829年5月14日的夜晚,杰伊的身体突然出现了明显的症状,夜里还发生了中风。他弥留至5月17日中午时分离世,享年八十四岁。他选择与妻子合葬。杰伊几乎比所有曾经共同经历风浪的政治同僚们都活得久。在大陆会议成员中,亚当斯、杰斐逊,以及大会秘书汤姆逊都在近期辞世,只留下了德高望重的卡罗尔,如同韦伯斯特先生所说:"仿佛伫立在平原上的一棵老橡树。"但是卡罗尔很快也撒手人寰,在旧日无上荣光的最后一位巨人也陨落了。在杰伊的要求下,他的葬礼朴实节制,毫不铺张,节省下来的钱捐助给寡妇邻居及其家庭,用以减轻她们的生活负担。

全国人民得知杰伊逝世的消息后，无不感到遗憾悲伤，回忆起他曾经为联邦所做的所有事情——从参与公共事务管理，处理国家大事，到作为一名普通公民能够做到的小事。纽约州最高法院的法官们联合起来——那些真正认识且了解杰伊的人们——表达了他们对于杰伊的欣赏和感激："杰伊身上崇高的个性美德和对于公共事务的无上价值，使整个国家的人民都无比喜爱他；他的爱国心，作为政治家具有的伟大天赋，作为法官具有的杰出造诣，作为一名基督徒表现出来的无比的纯净，作为一名真正的绅士表现出来的刚正不阿，所有这些美德和特点结合起来展现在公众面前的是一名伟人的典范，他的身上闪耀着卓越人生的光芒。"

第二十四章

结 论

　　一个人的个性特点要在其一生的记录中寻找。而这部关于杰伊先生职业道路的略传无法涵盖他一生的所有时光，那些本书未曾评论的人生部分，对恰当地评价杰伊先生却是非常重要的。

　　作为美利坚合众国第一任联邦最高法院的首席大法官，杰伊始终精神饱满，做事有条不紊，思绪和谐平稳，他的头脑受到开明的道德原则的主宰，因此杰伊的人生判断总是准确、合乎逻辑而且明辨曲直。或许，杰伊的缺点在于想象力——理性最高效的婢女——的匮乏以及幽默感的欠缺，只有幽默感才能赋予枯燥的逻辑以热情。从杰伊笔端写就的书信和其他文书中，我们很少发现运用比喻来阐述意见的情况，或者是使用机智妙语、漂亮话来使他的演讲活跃生动起来。杰伊最伟大的特点在于具备超人的智慧，能够清晰地从纷乱的权宜之计中分辨何为正确的方针，然后便坚定且耐心地一直坚守并跟随这一正确方针前行。从培根男爵的意义上来说，杰伊并非一个全才，他的知识主要来自于与他人之间的交流。杰伊并未经过学习研究而拓深对于知识的理解，也并未随着教化而加宽知识面。杰伊满心怀有对于真理的热爱，和对于责任的忠诚，这些美德在他担任的所有公职和私人生活中都表露无遗。杰伊做人从不采取诡诈之术，但是该隐藏的情绪他依然能够藏起；对于诚实的人来说，杰伊明白无误地表达出自己追求真理的信念。杰伊的坦率使擅长权术戏法的西班牙和法国外交家困惑不已，赢得了奥斯瓦尔德以及谢尔本的尊敬和赞叹，更令不屈的约翰·亚当斯惊呼道："如果有一天我不再信任杰伊先生，那么我肯定不再相信任何人，与所有人都断绝了关系。"

杰伊对于花销精打细算，但是在支持慈善事业方面又非常慷慨大方。无论在任何情况之下，他的欲望都遵从于他的收入和财富，他做出的成功投资成为他睿智判断力的明证。在一次私人聚会中，汉密尔顿和罗伯特·莫里斯向众人推荐购买新的土地，而杰伊却推荐大家购买市郊房产。当他们各自按照计划做出投资后，汉密尔顿亏了本，莫里斯破了产，只有杰伊从投资中赚取了利润。

杰伊生性是一个急脾气，但是如同华盛顿一样——杰伊在许多方面都与华盛顿有相似之处——他很早就意识到自己的弱点，并能够有效地控制它。早在杰伊成年之前，他就确立了规划人生的原则，并且始终忠贞地坚守原则，因此杰伊一生的所作所为始终前后一致。他处事庄重，行为举止对于陌生人来说算不上迷人，更容易让人心生崇敬，而非亲近感。他为人真诚，从没有因为自己的错误行为而失去任何一位朋友。但是一旦一个人失去了杰伊的信任，那么他永远也无法再次得到他的信任。不再信任一个人并不意味着这背后充满了敌意和仇视，只是那种无法信任的印象无法消除。

杰伊并不具有强大的野心，为占有更大的权力而做出必需的牺牲，他的勇气和企图心也不足以使其成为一名高超的政治领袖。他的欲望看起来似乎正好与他的意识相符，从而得到明智且品行良好的人们的尊敬。没有任何证据显示，杰伊曾经寻求成为公众人物，或者是公众关注的中心。为此，他甚至拒绝了汉密尔顿打败杰斐逊的计划。

约翰·杰伊的一生，是谦卑的基督教徒的一生，纯净无瑕；如果我们试图在那个时代的公众人物之中，寻找到一位比杰伊承载更多美德，或者说具备更加无私的爱国主义热情的人，我们的搜寻势必徒劳无功。如同古老的圣训所说："他做了那些在上帝的眼中是正确无疑的事，对于上帝的吩咐谨守遵行，毫不偏离。"